한 번에 합격, 자격증은 이기적

이렇게 기막힌 적중률

 함께 공부하고 특별한 혜택까지!
이기적 스터디 카페

 구독자 약 15만 명, 전강 무료!
이기적 유튜브

오직 스터디 카페 멤버에게만
주어지는 특별 혜택!

이기적 스터디 카페

이기적 스터디 카페

 합격을 위한 기적 같은 선물
또기적 합격자료집

 혼자 공부하기 외롭다면?
온라인 스터디 참여

 모든 궁금증 바로 해결!
전문가와 1:1 질문답변

 1년 내내 진행되는
이기적 365 이벤트

 도서 증정 & 상품까지!
우수 서평단 도전

 간편하게 한눈에
시험 일정 확인

합격까지 모든 순간 이기적과 함께!
이기적 365 EVENT

QR코드를 찍어 이벤트에 참여하고 푸짐한 선물 받아가세요!

1. 기출문제 복원하기
이기적 책으로 공부하고 시험을 봤다면 7일 내로 문제를 제보해 주세요!

2. 합격 후기 작성하기
당신만의 특별한 합격 스토리와 노하우를 전해 주세요!

3. 온라인 서점 리뷰 남기기
온라인 서점에서 책을 구매하고 평점과 리뷰를 남겨 주세요!

4. 정오표 이벤트 참여하기
더 완벽한 이기적이 될 수 있게 수험서의 오류를 제보해 주세요!

※ 이벤트별 혜택은 변경될 수 있으므로 자세한 내용은 해당 QR을 참고해 주세요.

이렇게 기막힌 적중률

바리스타 2급 필기 기본서

"이" 한 권으로 합격의 "기적"을 경험하세요!

저자 소개

임형준

스타요리커피학원 원장 및 커피 교육 강사
starcookcoffee.modoo.at

보유 자격증

- SCA Barista skills Intermediate
- (사)한국커피협회 바리스타 2급, 1급
- 커피지도사 2급, 1급
- 홈카페마스터, 로스팅마스터, 커피머신관리사
- 일본식 정드립, 라테 아트 과정 이수

학력

연세대학교 생물학과

CAREER

- 카페 바리스타 경력 다수
- 사회복지법인 스롤라인 바리스타 자격증 교육
- 정부기관 이북5도위원회 바리스타 자격증 교육
- 프랜차이즈 커피 M사, T사 본사 직원 바리스타 자격증 교육
- 마포구청, 서대문구청 연계 프로그램 커피 교육
- 기타 카페 창업 컨설팅
- (사)한국커피협회 인증 교육기관 운영 중

 **발간사**

바리스타 자격증을 처음 접하는 분들이 제대로 알지 못하는 것 하나가 바리스타 자격증은 민간 자격증이란 사실이다. 민간자격 정보서비스에서 '바리스타'로만 검색되는 건수만 해도 수백 건이 넘다 보니 수많은 기관의 입장에서 그만큼 많은 교재가 출간되고 있다.
그러한 교재들은 자격증 시험에만 극한된 내용이 많다는 점이 아쉽게 느껴지기도 했다. 때문에 영진닷컴과 함께하는 본 서적에서는 자격증 내용뿐 아니라 보다 전문적인 내용을 반영하여 바리스타 기본서에 충실하도록 목표를 두었다. 그리고 바리스타 2급 이론 시험을 실시하는 여러 기관의 시험 규정과 문제 유형을 포괄적으로 담아 수험생들의 합격에 도움을 드릴 수 있도록 구성하였다.

오랜 시간 현장에서 고객을 상대하고, 바리스타 실무 및 자격증 교육을 하면서 크게 안타까운 것 중 하나가 바리스타 자격증이 현실을 충분히 반영하지 못하고 있다는 점이다. 우리는 스펙이 중요한 나라, 자격증이 중요한 시대에 살고 있다. 그렇기에 수없이 난립해 있는 국내 민간 기관뿐 아니라 미국, 이탈리아 등 해외의 민간 자격증까지 들어와 '국제 바리스타 자격증'이라는 이름으로 교육을 하는 실정이다. 당연히 현 상황에 대해 쓴소리를 하는 전문가들도 있으며 나 또한 크게 공감하는 바이다.
하지만 레시피에 맞춰 커피 음료를 빠르게 서비스하는 카페 업무상에서 커피를 제대로 배우기가 어렵기도 하고, 젊은 연령층 위주로 채용하는 현실의 벽으로 인해 나이가 조금 있는 경우는 학원이나 기관을 통해서 커피를 배울 수밖에 없는 것도 현실이다.

따라서 하루빨리 다른 국가 공인 자격증처럼 바리스타 자격증도 국가 자격증으로 관리되는 것이 필요하다. 현실을 반영하여 국가에서 조금 더 체계적으로 관리한다면, 여러 민간 협회를 선택해야 하는 수험생들의 혼란과 국제 자격증을 통해 외국으로 반출되는 내화를 줄일 수도 있다. 국가 공인 자격증으로의 전환이 실무 위주를 전부 반영하지는 못하겠지만, 현재의 바리스타 자격증 무용론에 대한 비판은 많이 줄어들 것이다.

'바리스타'를 단순하게만 보면 커피 음료를 만들어 고객에게 제공하는 직업이다. 하지만 넓은 범위에서 바리스타가 해야 할 일은 음료 서비스 그 이상이다. 기본 재료인 생두를 고르는 일부터, 커피 향미를 제대로 이해하고 표현하는 로스팅 방법, 그리고 적절한 기구와 효과적인 추출을 통해 고객의 만족을 이끌어 내기까지 종합적인 모든 것이 바리스타의 역할이다. 따라서 바리스타 자격증을 여러 개 가지고 있다거나, 현장 경력이 오래되었다고 해서 나와 다른 커피를 섣불리 비판 및 배척하는 자세를 지양할 필요가 있다고 얘기하고 싶다.

마지막으로 제대로 커피를 알게 해 주고, 항상 진지한 조언을 아끼지 않으신 도깨비 커피 박철곤 님과, 커피의 길을 추천해 준 평생의 반려자 최경선 조리기능장님, 부족한 면이 많은 저를 찾아와 커피 애호가, 전문가로서 함께 공부해 주신 학원생분들, 그리고 이렇게 전문서적 출간의 기회를 주신 영진닷컴 출판사 모든 분께 깊은 감사 인사를 드린다.

차례

이 책의 구성 6
협회별 시험 안내 8

PART 1 커피학 개론

Chapter 1 커피의 정의 18
Chapter 2 커피의 품종 및 재배 25
Chapter 3 커피의 등급 42
출제 예상 문제 47

PART 2 로스팅(Roasting)

Chapter 1 로스팅의 이해 64
Chapter 2 로스팅 방법 71
Chapter 3 로스팅 디펙트와 블렌딩 78
출제 예상 문제 81

PART 3 분쇄와 추출

Chapter 1 커피 분쇄와 그라인더 92
Chapter 2 커피 추출 94
Chapter 3 커피 보관 및 포장 103
출제 예상 문제 106

PART 4 에스프레소와 커피 음료

Chapter 1 에스프레소 … 116
Chapter 2 에스프레소 음료 … 126
Chapter 3 우유 스팀(Milk Steam) … 131
출제 예상 문제 … 136

PART 5 커피 향미 평가

Chapter 1 커피 관능 평가 … 150
Chapter 2 커핑(Cupping) … 155
출제 예상 문제 … 160

PART 6 커피 서비스

Chapter 1 커피으- 건강 … 170
Chapter 2 위생 관리와 서비스 … 172
출제 예상 문제 … 179

PART 7 모의고사

모의고사 1회 … 186
모의고사 2회 … 194
모의고사 3회 … 202
모의고사 4회 … 210
모의고사 5회 … 217
모의고사 정답 & 해설 … 225

이 책의 구성

핵심 이론
시험에 자주 출제되고 꼭 알아야 하는 이론만 골라 쉽게 설명했습니다.

임쌤의 꿀팁
내용을 좀 더 이해하기 쉽도록 추가적인 설명을 하였습니다.

다양한 그림 자료
어려운 내용을 쉽게 이해할 수 있도록 그림으로 표현하였습니다.

Chapter 1 에스프레소

1 에스프레소의 정의

에스프레소(Espresso)라는 용어는 영어의 '익스프레스(Express)'에서 유래하여 '특별', '매우 빠르게' 추출한 커피를 의미한다. 앞에서 언급한 대로 커피 입자는 가늘수록 물과 만나는 접촉면이 많아져 커피 성분이 잘 추출되고 적은 양의 물로도 추출이 가능하다는 장점을 갖는다. 하지만 일반적인 방식으로 커피를 추출해서 얻을 수 있는 농도에는 한계가 있다. 때문에 에스프레소 머신 개발을 통하여 높은 압력과 30초 전후의 매우 빠른 추출로 농도도 진하고 향미도 강한 소량의 커피가 만들어졌다. 에스프레소 추출 메커니즘은 90~95℃의 물에 1잔 기준 약 7g(2샷 18g 내외)의 원두 가루를 사용하여 약 9bar의 압력으로 약 30초 정도의 짧은 시간 안에 30ml 정도를 추출하는 것이다.

▲ 에스프레소

▼ 에스프레소 추출 기준

원두의 양	7±1.0g	추출 압력	9±1bar
물의 온도	90~95℃	추출 시간	25±5초
추출량	25±5cc	pH	5.2

에스프레소의 추출량, 지역, 머신, 바리스타에 따라 조금씩 달라질 수 있다.

> **임쌤의 꿀팁**
>
> **추출 압력**
> 압력은 단위 면적당 누르는 힘이다. 커피 추출 압력에서 사용하는 1bar는 1.019716kgf/㎠이다. 58mm의 포터필터를 사용하고 9bar의 압력이 가해진다면 238kg의 힘이 전달된다고 생각할 수 있다.

116 PART 4 : 에스프레소와 커피 음료

출제 예상 문제

01 다음 중 로스팅에 대한 설명은?
① 생두에 열을 가하여 물리 반응을 통해 향과 맛을 이끌어 내는 과정이다.
② 로스팅에서 가장 중요한 ○ ○화와 마이야르 반응이다.
③ 생두를 로스팅하고 나면 ○○ 감소하고 부피는 증가한다.
④ 카페인은 로스팅이 진행될수록 감소하다가 강배전이 되면 대부분 소실된다.

02 커피를 로○○○ ○○○○ 일반적인 물리적 변화로 틀린 것은?
① 중량 감소   ② 색상이 갈색으로 변화
③ 수분 감소   ④ 밀도 증가

03 다음에서 설명하고 있는 로스팅 열전달 방식은?

> 열풍식 로스터의 주된 열전달 방식이다. 가열된 공기가 드럼 내부로 이동하여 생두가 뜨거운 공기와 함께 회전하며 열이 생두 전체에 전달되면서 로스팅이 진행된다

① 전도   ② 복사
③ 대류   ④ 반사

04 뉴 크롭인 생두와 풀 시티 정도로 로스팅이 끝난 원두의 각 수분함량은 대략 얼마 정도인가?
① 약 12%, 약 1%   ② 약 20%, 약 1%
③ 약 20%, 약 3%   ④ 약 8%, 약 3%

PART별 예상 문제
이론에서 꼭 알아야 하는 중요한 내용들을 문제로 출제했습니다.

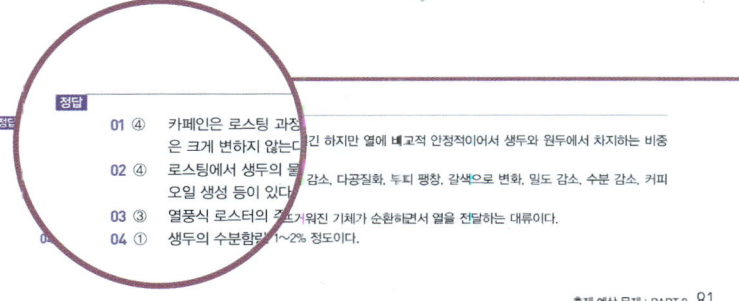

정답 & 해설
문제 아래의 정답과 자세한 해설로 이론을 복습할 수 있습니다.

협회별 시험 안내

(사)한국커피협회

1. 협회 자격 개요
2005년 1회 자격시험을 시행한 이후로, 2021년 12월 기준 2급 취득자 31만 명을 넘어서고 있다. 바리스타 3급, 2급, 1급, 커피 지도사 2급, 1급, 로스팅 마스터, 홈카페마스터, 워터소믈리에, 티마스터, 커피 머신관리사, G-ACP 등의 자격증이 있다.

2. 응시자격
응시자격에 대한 제한은 없다.

3. 시험 방법
① 필기시험(50문항)

출제위원	정회원 중 회장이 위촉
출제범위	커피학 개론, 커피 로스팅과 향미 평가, 커피 추출 등 바리스타(2급) 자격시험 예상문제집 포함
출제형태	사지선다형
시험시간	50분
시험감독	고사장별 책임감독관은 회장이 위촉하며, 시험감독은 책임감독관이 회장의 재청에 의하여 배정한다. 책임 감독관 및 시험감독은 공정한 시험 감독에 대한 서약서를 제출한다.

② 실기시험

평가위원	정회원 중 능력이 인정되는 자를 회장이 위촉하며, 위촉된 평가위원은 실기 평가 시, 서약서를 제출한다.
시험의 범주	준비 평가, 에스프레소 평가, 카푸치노 평가, 서비스 기술 평가
시험방식	기술적 평가와 감각적 평가로 구분하며, 1인의 피 평가자를 3인의 평가자가 평가
시험시간	준비 및 시연시간 15분
시험준비	실기고사장 책임자는 원활한 시험이 진행될 수 있도록 기계 점검, 비품 및 소모품 준비에 최선을 다해야 한다.

(사)한국커피바리스타협회

1. 협회 자격 개요
한국능력교육개발원 산하 및 업무 제휴한 국내 교육 전문 기관이며, 2016년 등록되어 커피 자격증을 관리한다. 2급, 1급, 커피마스터, 와인 소믈리에, 핸드드립, 라떼 아트 등의 자격증을 다룬다.

2. 응시자격
① 대한민국 국민이면 누구나 응시 가능, 학력, 경력, 연령 제한 없음
② 외국인도 응시가 가능, 단 통역은 본인 해결
③ 장애인 필기시험 면제 신청 방법
- 필기 응시가 어려운 경우 소정 기간의 교육을 이수하면 필기 면제 가능
  ※ 단, 장애인 할인율 적용과 필기 면제는 중복 적용 불가
- 서류 : 장애인교육기관의 신고필증, 장애인복지카드, 관련 교육의 출석부(36시간 이상의 교육이수 확인)

3. 자격검정

구분	검정 과목	검정 방법			합격 기준	응시료
필기	• 커피학개론 • 커피기계학 • 커피추출원론 • 매장관리서비스	• 시간 50분, 50문항 출제 • 객관식 4지선다형			100점 만점 기준, 60점 이상 합격 (30문제 이상)	30,000원
실기	• 에스프레소 1잔 • 카푸치노 1잔 • 카페아메리카노 1잔 • 카페라테 1잔	총 25분			100점 만점 기준, 60점 이상 합격	50,000원
		준비 10분	조리 10분	정리 5분		

4. 필기시험
검정 전 홈페이지에서 온라인 필기 검정 시행과 방법 확인 후 시험을 진행할 수 있다.

5. 실기 심사과정
필기 검정에 합격한 자에 한하여 응시할 수 있다.

(사)한국관광음식문화협회

1. 협회 자격 개요
2013년 등록된 바리스타 자격 관리 기관으로, 2급·1급, 핸드드립 마스터, 커피 로스팅 마스터, 스페셜 바리스타, 커피 강사 자격증 등이 있다.

2. 2급 자격의 활용도

수준	자격 활용 현황
커피에 대한 기본 지식 바탕으로 커피음료를 제조(커피 추출, 카푸치노, 커피음료 등)하고 고객에게 서비스하는 일련의 과정을 수행하는 업무에 종사할 수 있는 기본수준	• 커피전문점을 비롯한 다양한 형태의 외식업계에 진출 • 커피 관련 취업, 창업 교육 • 해외 취업

3. 2급 검정 기준
① 커피 관리의 기본 이론을 이해하였는지를 검정하는 기초 수준
② 커피기계 운용, 에스프레소 추출 및 에스프레소 음료, 커피음료 제조 등 에스프레소와 카푸치노를 판매할 정도의 수준으로 한정된 범위 내에서의 커피음료를 제조하는 능력을 갖춘 기초 수준

4. 2급 검정 방법 및 합격 기준
① 응시 자격 : 제한 없음
② 검정 방법

구분	검정 과목	검정 방법
필기	• 50분간 총 60문제 • 사지선다형 객관식 A, B형	• 총점 100점 중 60점 이상 • 시험시간 50분 • 난이도 중·하
실기	• 5분 준비과정 • 10분간 시연 • 에스프레소 4잔, 카푸치노 4잔 • 기술 평가, 감각 평가, 복장·위생·서비스 평가	• 기술심사위원 100점 • 감각심사위원 100점 • 기술(100점)+감각(100점)=200점 만점으로 각각 60점 이상 * 단, 심사위원 중 단 1명이라도 60점 미만일 경우 실격처리

③ 2급 검정 과목

검정 방법	검정 과목(분야 또는 영역)
객관식	에스프레소 음료제조, 커피로스팅, 커피생두선택, 커피음료제조, 커피추출운용, 커피기계운용, 커피매장영업관리, 커피기계수리, 커피테이스팅, 커피블렌딩, 라테 아트, 커피원두선택, 커피매장운영
작업형	• 기술 평가 : 준비 평가, 에스프레소 평가, 카푸치노 평가, 위생 평가, 중요 평가 • 감각 평가 : 에스프레소 평가, 카푸치노 평가, 서비스 평가, 시연시간 평가

(사)한국외식음료협회

1. 협회 자격 개요
커피바리스타 자격검정은 커피에 대한 이론 및 접객능력, 각 추출 테크닉 등의 실기 능력의 습득으로 커피 전문점 종사에 활용할 수 있는 능력을 평가하는 검정이다. 본 협회는 커피바리스타 1급, 커피바리스타 2급, 스페셜 바리스타 세 등급으로 운용 중에 있다.

2. 시험 과정
필기 접수 → 필기 검정 → 실기 접수(필기 합격자) → 실기 검정 → 자격증 취득

3. 응시 자격
자격 제한 없음, 누구나 응시 가능(외국인의 경우는 통역 본인 해결)

4. 응시 방법
① 개별 인터넷 접수
② 개인정보보호를 위해 아이핀 인증 후 홈페이지 회원가입
③ 회원가입 완료 후 검정 일정 및 검정장 확인 후 검정 접수

5. 커피 바리스타 자격검정 안내

급수	구분	검정 과목	시험유형			합격 기준	응시료
스페셜	실기	• 에스프레소 2잔 • 카푸치노 2잔	준비 10분	시연 10분	정리 5분	• 기술 평가 • 맛 평가 (100점 만점 기준 70점 이상)	50,000
2급	필기	• 커피학개론 • 커피실무이론	총 60문항(60분) 4지선다형(객관식)			100점 만점 기준 60점 이상	30,000
2급	실기	• 에스프레소 2잔 • 카푸치노 2잔	준비 5분	시연 10분	정리	• 구술 평가 • 기술 평가 • 맛 평가 (100점 만점 기준 70점 이상)	50,000
1급	필기	• 커피학개론 • 서비스 실무 • 카페메뉴 • 기계관리 • 카페창업	총 30문항(60분) 4지선다형/단답형			100점 만점 기준 70점 이상	60,000

실기	• 에스프레소 2잔 • 디자인카푸치노 2잔 • 디자인카페라테 2잔 * 결하트, 로제타, 튤립(2잔 이상) 중 선택하여 동일한 디자인으로 제작	준비 10분	시연 및 정리 15분	• 기술 평가 • 맛 평가 (100점 만점 기준 70점 이상)	90,000

6. 이론 시험 출제기준(2급)

과목	주요항목	세부항목	출제 비율
커피 이론	커피의 이해	커피의 의의, 커피의 기원, 커피의 역사, 커피의 전파, 국가별 커피문화, 커피나무의 구성	10%
	커피의 제조	열매의 수확, 열매의 가공방법, 배합(Blending), 배전, 분쇄, 추출	25%
	커피의 분류	커피의 품종, 산지별 종류 및 특징	25%
	커피의 성분과 효능	커피와 건강, 커피의 활성성분, 커피의 영양성분, 커피의 의학적 기능, 커피와 다이어트	5%
	커피의 보관법	커피의 신선도, 신선도 저해요인, 커피의 산패, 유통기한	5%
	커피의 맛과 향	커피의 맛과 향, 맛과 향의 용어, 향미와 로스팅의 관계, 커피 평가에 의한 분류	5%
	커피의 부재료 및 조화 음식	커피 맛을 더하는 부재료, 커피맛 내기, 커피와 어울리는 음식	5%
	커핑 테스트	커핑의 이해, 맛과 향 기본평가용어, SCAA테스트	5%
	바리스타 해설	바리스타의 의의, 바리스타가 되기 위한 준비, 바리스타 직업의 이해, 필수 커피 용어 해설	5%
	기타 커피추출테크닉	각종 커피추출기법	10%

SCA(Specialty Coffee Association)

1. 협회 개요

1982년 뉴욕에 설립된 미국 스페셜티 커피 협회 (SCAA, Specialty Coffee Association of America)와 1998년 영국 런던에서 조직화된 유럽 스페셜티 커피 협회(SCAE, Specialty Coffee of Europe)가 2017년 통합되어 SCA가 출범하였다. 전 세계 스페셜티 커피 업계의 단합과 더 나은 커피 체인을 만들기 위해 그리고 고품질 커피 성장, 보호, 공급 등에 헌신하며 더 나아가 현실적이면서 세분화된 교육을 설계하며 가르치고 있다.

2. SCA의 교육과정

▲ SCA 커리큘럼 세분화

3. 협회 자격 개요

바리스타 스킬(Barista Skills), 브루잉(Brewing), 그린커피(Green Coffee), 로스팅(Roasting), 센서리(Sensory Skills) 5개 카테고리에 각각 3단계 파운데이션, 인터미디어트, 프로페셔널(Foundation, Intermediate, Professional Level)로 세분화되어, 총 15개의 과정이 있고, 각각의 과정마다 학위(Diploma)가 주어진다. 감독관(또는 공인 트레이너)인 SCA AST(Authorized SCA Trainer)에 의해서 교육 및 평가가 이루어진다.

IBS(Italian Barista School)

1. 협회 개요
이탈리아 북동부 베네토주 브레시아에 본부를 두고 한국, 대만, 일본 등 해외 여러 나라에 지부와 아카데미를 두어 이탈리아 바리스타 기술과 정통 메뉴를 가르치고 보급하는 이탈리아 커피 기관이다.

2. 교육과정
이탈리아 정통 에스프레소 및 카푸치노 제조법, 커피 칵테일 제조 등을 4가지 단계(Professional, Premium, Masterclasses, Home)에서 교육을 한다. 세부적으로는 이탈리아 문화 및 커피학 개론, 에스프레소의 이해, 이탈리아 지역에 따른 커피 맛의 차이, 커피 머신 세팅 및 추출, 라테 아트, 칵테일 등이다.

GCS(Global Coffee School)

1. 협회 개요
미국에 본사를 두고 전 세계 21개국 40여개 도시에서 바리스타 교육을 하는 해외 기관이며, 커피를 추출하는 것 뿐만 아니라 국제 표준이 정한 방법, 과학적인 분석, 향미 평가, 고객과의 소통 등으로 프로페셔널 바리스타 양성을 목표로 한다.

2. 교육과정
바리스타(Barista), 음료 크리에이터(Beverage Creator), 로스팅(Roasting), 향미 평가(Classfying), 브루잉(Brewing), 바텐더(Bartender) 6개 과정에서 3단계(Level 1, 2, 3)로 세분화되어 있다.

PART 1

커피학 개론

Chapter 1
커피의 정의

Chapter 2
커피의 품종 및 재배

Chapter 3
커피의 등급

커피의 정의

1 커피

커피란 커피나무(Coffea Arabica, 커피 아라비카) 열매(Coffee Cherry, 커피 체리)의 씨앗을 볶고 갈아서 음료로 만든 것이며, 커피나무는 AD 600~800년경 에티오피아에서 처음 발견된 것으로 알려져 있다.

커피나무는 열대지방에서 자라는 꼭두서닛과 쌍떡잎 상록수 식물이다. 커피나무에서는 재스민 향 또는 오렌지 향이 나는 흰색의 꽃이 피고, 열매는 녹색 ▶ 노란색 ▶ 빨간색으로 익어 가며, 빨갛게 잘 익은 커피 열매를 수확하여 가공 과정을 거쳐 커피로 만들어진다. 일부 품종의 커피 체리는 성숙했을 때 빨강이 아닌 노랑, 분홍을 띠기도 한다.

▲ 커피나무

▲ 커피나무 꽃

▲ 커피 열매

2 커피 체리의 구조

커피 체리의 구조는 바깥쪽부터 외과피(Outer Skin), 과육(Pulp), 점액질(Mucilage), 내과피(Parchment, 파치먼트), 은피(Silver Skin), 생두(Green Bean)로 되어 있다. 커피 체리 내 생두를 가공 및 로스팅하여 커피 원두로 만들고, 원두를 분쇄하여 커피를 추출하는 과정을 거친다.

일반적으로 커피 체리 안에는 2개의 생두가 들어 있으며, 간혹 하나의 생두가 들어 있는 경우가 있는데, 이를 피베리(Peaberry)라고 하며, 유전적인 결함 또는 불완전한 수정 등이 원인이 된다.

▲ 피베리

과거에는 피베리를 결함이 있는 콩이라 생각하였으나, 오히려 더 단맛이 우수하기 때문에 피베리만을 따로 골라내어 판매하기도 하고, 따로 골라내지 않고, 통상적으로 10~15%가 섞여 있는 상태로 유통되는 편이다. 매우 낮은 확률로 하나의 체리 안에 3개의 빈이 들어 있는 트라이앵글러 빈(Triangler Bean)도 있다.

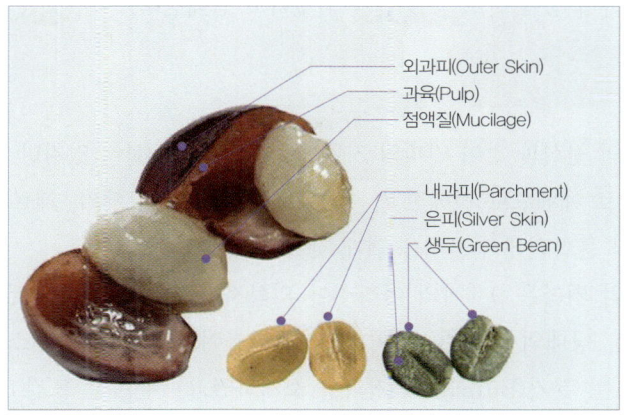

▲ 커피 체리 구조

③ 커피의 역사

1) 커피의 기원

❶ 칼디(Kaldi)의 전설

커피의 기원으로 가장 잘 알려진 칼디의 전설은 기원전 7세기경으로 거슬러 올라간다.

에티오피아 카파(Kaffa) 지역의 목동 칼디는 평소에는 얌전하던 염소들이 처음 보는 열매를 먹은 후 이상하게도 날뛰는 모습을 보았고, 근처 수도원에도 이 같은 사실이 알려지면서 처음으로 그 열매의 효능을 확인하게 되었다. 덕분에 수도사들은 더 이상 야간에 졸음 때문에 힘들어하지 않아도 되었고, '불멸의 수도원' 이야기가 널리 퍼져서 지금의 칼디의 전설이 유명해지게 되었다. 그러나 한참 이후인 1597년이 되어서야 문헌에서 칼디의 전설이 언급되기 시작한다.

▲ 칼디의 전설

❷ 오마르(Omar)의 전설

기원전 1258년 아라비아 모카 지역의 이슬람 장로였던 오마르는 윤리적인 죄를 지어 추방 생활을 하게 되었고, 굶주림에 시달리다가 새들이 먹고 있던 열매를 따서 먹게 된다. 열매를 먹은 오마르는 기운이 나고, 머리가 맑아지는 경험을 하고, 이 열매의 놀라운 효능이 전해지면서 추방에서 벗어나 모카로 금의환향하여 커피 열매로 많은 사람들을 치료하였다고 한다.

❸ 모하메드(Mohammed)의 전설

이슬람 창시자인 모하메드가 병을 앓던 중에 꿈에 나타난 천사 가브리엘의 계시를 받아 커피나무와 커피 열매를 발견하여 병이 낫고 힘을 얻게 되었다고 전해진다.

2) 커피의 전파

칼디의 전설, 오마르의 전설과 같이 커피의 기원에 관한 다양한 설이 있지만, 커피는 원산지인 에티오피아에서 처음으로 예멘으로 전해졌고, 이후 사우디아라비아 메카, 페르시아, 이집트로 전해지면서 초창기 이슬람 문화권에서 흔적을 쉽게 찾을 수 있다.

커피와 관련된 최초의 기록은 9세기의 아라비아 의학자였던 라제스(Rhazes)의 문헌에서 유래를 찾아볼 수 있는데, 당대의 의학자, 철학가, 천문학자이기도 했던 라제스는 자신의 문헌에서 '분춤(Bunchum)' 또는 '분카(Bunca)'로 커피를 소개하였고, "분춤은 뜨겁고, 건조한 성질을 지녔으며, 소화, 위장에 좋다"라고 기술하고 있다. 시대와 지역을 거치면서 커피는 아랍어인 '카와(Qahwah)', 튀르키예어 '카흐베(Kahve)'로 그 명칭이 변화하였다.

시기	내용
6~16세기	예멘에서 커피나무 경작
1517년	오스만튀르크(현 튀르키예) 콘스탄티노플 커피 하우스
1585년	승려 바바 부단에 의해 인도로 커피 종자 밀반입
1600년경	교황 클레멘트 8세가 커피나무에 세례를 줌
1645년	이탈리아 베네치아 커피 하우스
1650년	영국 최초의 커피 하우스
1669년	네덜란드 식민지인 인도와 인도네시아에서 커피나무 경작
1671년	프랑스 최초의 커피 하우스 개장
1679년	독일 커피 하우스 함부르크에 오픈
1691년	미국 보스턴에 최초로 커피숍 '거트리지 커피 하우스' 오픈

❶ 예멘

예멘은 에티오피아에서 6세기경에 옮겨진 커피나무를 본격적으로 경작하였다. 16세기까지 독점적으로 커피를 생산하고 교역했던 예멘의 모카(Mocha) 항구는 이슬람권뿐만 아니라 유럽의 상인들도 드나들던 세계 최대의 커피 교역항으로 유명하다. 이 당시 커피는 주로 약용으로 많이 사용되었다.

❷ 튀르키예(터키)

이집트로 전해진 커피는 1500년경 오스만튀르크(현재의 튀르키예) 제국 시대에 이집트 정벌 당시 들어오게 되었고, 수도였던 콘스탄티노플에 1517년경 최초의 커피하우스가 개장되었다. 이브릭(Ibrik) 또는 체즈베(Cezve)와 같은 커피 추출 도구를 이용하여 커피를 추출하게 되는데, 이러한 튀르키예식 커피 문화와 전통은 지금까지도 남아 있는 커피 문화로써 2013년 유네스크 세계문화유산으로 등재되었다.

❸ 인도

이슬람권에서 다른 나라로의 커피 종자 유출을 엄격히 제한하던 당시에 인도 이슬람교 승려 바바 부단(Baba Budan)이 예멘 모카에서 커피 종자를 밀반출하여 인도 남부에 심어 재배한 것을 계기로 커피 산지가 확대되었다.

❹ 이탈리아

1600년경 베네치아의 상인들에 의해 커피가 조금씩 유럽으로 소개되기 시작하여, 일부 유럽인들 사이에서는 커피를 즐겨 마시는 문화가 퍼지기 시작하였다. 초기에는 커피를 색깔이 좋고 '이슬람의 와인'이라는 별칭이 있다는 이유로 '이교도의 음료' 또는 '악마의 음료'라고 비난하고 반대하는 여론이 있었다. 하지만 로마 교황 클레멘트 8세(Pope Clement Ⅷ)가 커피를 마신 후 이교도들만 먹기에는 너무 훌륭한 음료라고 생각하여 커피나무에 세례를 준 것이 곧 유럽 내에 본격적으로 커피가 퍼지는 계기가 되었다. 그리하여 이탈리아 베네치아에서는 1645년에 최초의 커피하우스가 문을 열었고, 1720년에 오픈한 '카페 플로리안(Caffè Florian)'은 현존하는 가장 오래된 카페 중의 하나로 알려져 있다.

> **임쌤의 꿀팁**
> 이슬람에서 온 커피는 카톨릭 문화인 유럽에서 '이교도의 음료'라며 박해를 받았으나, 교황 클레멘트 8세의 커피나무 세례를 계기로 유럽으로 널리 퍼졌다.

❺ 네덜란드

1616년에 네덜란드의 한 상인이 커피나무를 몰래 들여와 암스테르담 식물원에 이식하였다. 이에 커피 재배에 야심이 있었던 네덜란드는 자국의 식민지인 인도네시아의 자바(Java) 섬과 실론(Ceylon), 현재의 스리랑카섬 등에 커피 농장을 만들었으며, 이후 한동안 커피 생산과 무역을 주도하였다.

특히 실론 섬은 18세기 중반까지 아라비카종의 생산지로 이름을 떨쳤으나, 커피 생산에 악영향을 끼치는 커피녹병(Coffee Leaf Rust Disease)으로 1869년 아라비카종이 멸종되었고, 이후 내성이 있는 로부스타종과 홍차의 주요 산지로 탈바꿈하게 되었다.

> **임쌤의 꿀팁**
>
> 커피 병충해
> - CLR(Coffee Leaf Rust) : 1861년 영국의 식물학자에 의해 동아프리카 야생 커피나무에서 처음 발견되다. 이 병충해의 첫 번째 유행이 실론(현재의 스리랑카)과 인도에서 발생하여, 1870년 이후로 1920년대까지 실론과 인도, 인도네시아의 커피 산지를 황폐화시켰다. 기온이 너무 높은 경우 열매는 빨리 익고, 수확량은 많아지지만 이 병에 걸리기 쉬우며, 특히 아라비카종이 취약하다. 현재까지 알려진 커피 질병 중 가장 피해가 큰 것으로 알려져 있다.
> - CBD(Coffee Berry Disease) : 1922년 케냐에서 처음 발견되었고 탄저병에 걸려 체리가 썩어가는 병충해이다.
> - CBB(Coffee Berry Borer) : 브로카(Broca)라고도 불리는 천공충이 커피 체리 안에 알을 낳아 구멍이 생기는 병충해이다.
> - CWD(Coffee Wilt Disease) : 커피 시듦병 또는 잎마름병이라고 하며, 바나나 등의 농작물에서 이 병을 일으키는 곰팡이로부터 유래된 것으로 알려져 있다.

❻ 영국

영국에서는 1650년 옥스퍼드에 최초로 커피하우스가 생겨났으며, 런던 최초로는 1652년에 파스카 로제(Pasqua Rosée)라는 인물이 커피하우스를 오픈하여 1715년경에는 런던에만 2,000여 개가 넘는 커피하우스가 성행하기도 하였다. 그러나 1730년 이후 영국에서는 식민지로부터 들어온 홍차에 의해 커피에 대한 애정과 관심이 급속도로 줄어들었고, 커피를 재배할 수 있는 식민지가 부족해지며 커피에서 홍차로 소비 전환이 이루어지기 시작하였다.

❼ 프랑스

프랑스에서는 1671년 마르세유(Marseilles)에 최초로 커피하우스가 개장되었지만 1686년 파리 최초로 생긴 '카페 르 프로코프(Café Le Procope)'가 더 유명한 장소가 되었다. 프랑스의 커피하우스는 주로 당대의 지식인(철학자, 시인, 작가, 화가, 배우 등)들이 출입하는 장소였으며, 커피 문화와 함께 계몽 운동과 토론의 장으로 활용되어 프랑스 혁명의 씨앗이 되었던 의미 있는 장소이다.

❽ 독일

1675년 문헌에서 독일에 커피가 처음 등장하였고, 1679년 함부르크(Hamburg)에 처음으로 커피하우스가 문을 열었다. 처음에는 귀족들만의 소비문화였다가, 18세기에 서민들도 커피를 마시기 시작했다. 그러나 곧 독일 맥주를 보호하기 위해 1777년 커피 금지령이 선포되었다가, 19세기 초가 되어서야 커피 금지령이 철회되었다.

❾ 오스트리아

오스트리아는 1653년 오스만튀르크와의 전쟁 당시 커피가 들어오기 시작하여, 오스만 제국 패전 후 1683년 빈(Vienna)에 처음으로 커피하우스가 문을 열었다. 1683년 오스만튀르크가 오스트리아 수도 빈를 포위했을 당시 폴란드인 게오그르그 프란츠 콜쉬츠키(Franz Georg Kolschitzky)가 빈를 구하고 그 대가로 명예와 커피를 하사받았으며, 빈 최초의 커피 노점을 열었다.

❿ 미국

미국은 16세기 후반에 처음 커피를 접한 기록이 있으며, 1691년 보스턴에 최초의 커피숍인 거트리지 커피하우스(Gutteridge Coffeehouse)가 문을 열고, 1696년에 뉴욕에 최초로 더 킹스 암스(The King's Arms) 커피숍이 오픈하였다. 이때만 해도 미국은 영국의 식민지 영향으로 주로 차를 소비하던 나라였는데, 보스턴 차 사건을 계기로 커피 소비가 활발해졌고, 현재에 와서는 세계 최대 프랜차이즈 커피 브랜드 스타벅스(Starbucks)를 보유하며 최대 커피 소비국으로서 커피 트렌드를 이끌고 있다.

⓫ 한국

한국에선 고종황제가 커피를 처음 접하였다는 일화가 유명하다. 1896년 아관파천 당시에 러시아 공사관에 머물던 고종황제는 처음 커피를 접하게 되었고, 이후 덕수궁에 '정관헌'이라고 하는 서양식 건물을 지어, 커피를 즐겨 마셨다는 이야기이다. 하지만 일부 기록에 따르면 1890년 독립신문에 커피 판매 광고가 실리기도 하였고, 1883년 제물포항에 생두가 수입된 기록이 남아 있는 걸 보면 고종황제 이전에 커피가 국내에 유입되었음을 짐작할 수 있다.

우리나라 최초의 커피하우스는 1902년 독일인이었던 손탁(Sontag) 여사가 운영하던 손탁 호텔 내에 있던 커피하우스이다. 이 당시 커피는 가배(珈琲) 또는 양탕국(洋湯麴)으로 불렸다

일제강점기에 소수만이 접할 수 있던 커피는 1950년 한국전쟁 이후 미군에 의해 들어온 인스턴트 커피가 시중에 퍼지면서 일반인들도 커피를 쉽게 마실 수 있게 되었고, 2000년 이전까지 국내 커피 시장은 인스턴트 커피가 주를 이루었으며, 1998년부터 프랜차이즈 커피 시장이 열리게 되었다.

3) 커피에 관련된 인물 · 명언 · 일화

❶ 바흐(Bach) 커피 칸타타(Coffee Cantata, 1732년) 中

"아! 커피, 얼마나 매혹적인가!
천 번의 키스보다 황홀하고 모스카토 와인보다 부드럽구나.
커피, 난 커피를 마셔야 해.
누가 내게 즐거움을 주고 싶다면 커피 한 잔이면 족해"

❷ 베토벤(Beethoven)

"나는 조반상에 더할 수 없는 벗을 한 번도 빠뜨린 적이 없다. 커피를 빼놓고는 그 어떤 것도 좋을 수 없다. 한 잔의 커피를 만드는 원두는 나에게 60여 가지의 좋은 아이디어를 가르쳐 준다."

❸ 나폴레옹

"나에게 빚진 돈을 갚지 않아도 좋으니 그 대신 커피로 주시오."

❹ 교황 클레멘트 8세
"악마의 음료라고 불리는 이 음료는 어떤 음료보다도 맛있는 음료다. 우리 모든 인류는 이 음료로부터 세례를 받았다. 진짜 그리스도 신자의 음료라는 자격을 받았다네."

❺ 토머스 드 퀸시(Thomas de Quincey, 영국의 작가)
위대한 철학자 칸트가 보낸 일생의 마지막 1년은 그가 커피를 무한히 즐기며 마셨던 해였다. 식사가 끝나면 빨리 커피를 가져오라고 다그쳤고, 빨리 가져오지 않으면 입속에 무언가 돋아나는 것 같다고 성화였다.

❻ 발자크(Balzac, 프랑스의 소설가)
하루에 두 시간밖에 잠을 안 자고 60잔이나 되는 커피를 마신 인물로 전해진다.

❼ 튀르키예의 속담
커피는 지옥만큼 어둡고, 죽을 만큼 강하고, 사랑만큼 달콤하다.

❽ 독일의 격언
커피와 사랑은 뜨거울 때 가장 좋다.

❾ 영화 「바람과 함께 사라지다」 中
"다른 이유야 어쨌든 설탕과 진한 크림이 들어간 진짜 커피를 마실 수 없게 되었다는 사실만으로 그녀는 북군을 증오했다."

커피의 품종 및 재배

① 커피의 식물학적 분류

스웨덴의 생물학자였던 린너(Carl von Linne, 1753년)에 의해 커피나무는 코페아(Coffea)속에 해당하는 다년생 상록 쌍떡잎식물로 분류가 되었다. 그리고 커피 열매는 복숭아, 자두, 호두같이 과육 안에 씨앗이 들어 있는 핵과(Stone fruits)로 분류된다.

코페아속에 속하는 커피의 종(Species)은 크게 아라비카(Coffea Arabica), 카네포라(Coffea Canephora), 리베리카(Coffea Liberica)로 나누어지며, 리베리카종은 상업성이 부족하고, 생산량이 미미하며, 카네포라종의 대부분(95% 이상)을 차지하는 품종이 로부스타(Robusta)인 관계로, 흔히 아라비카와 로부스타로 구분해서 부르기도 한다.

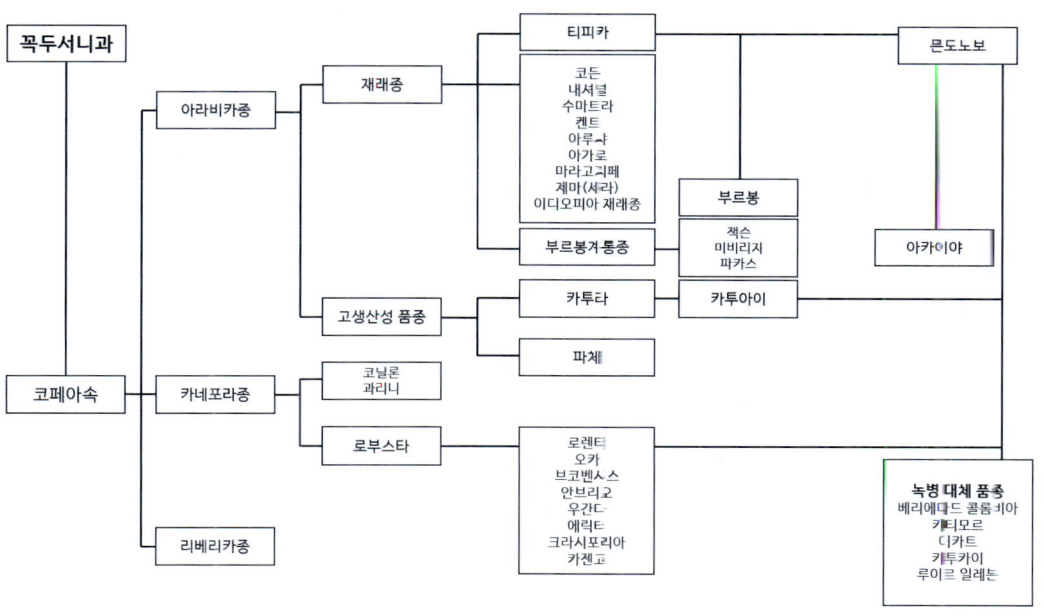

▲ 커피 품종 계통도

구분	아라비카	로부스타	리베리카
원산지	에티오피아	콩고	라이베리아
생산 비율	60~70%	30~40%	매우 적음
재배 조건	기온 : 15~24℃ 표고 : 800~2,000m 강수량 : 1,500~2,000mm 병충해에 취약	기온 : 24~30℃ 표고 : 200~800m 강수량 : 2,000~3,000mm	기온 : 15~30℃ 표고 : 100~200m
나무 높이	5~6m	10m	10~15m
생두의 형태	납작한 타원형	둥글둥글하며, 길이가 짧은 타원형	길고, 양 끝이 뾰족한 모양
카페인 함량	약 1.4%	약 2.2~4.0%	1% 이하
맛의 특징	풍부하고 개성이 있는 향과 맛	쓰고 구수한 맛	강한 쓴맛
용도	원두커피	인스턴트 커피, 캔 커피, 블렌드	상품성 낮음
주요 생산 국가	브라질, 콜롬비아, 케냐, 코스타리카, 에티오피아, 탄자니아, 인도네시아 등	콩고, 우간다, 베트남, 인도, 인도네시아 등	필리핀, 라이베리아, 말레이시아 등

❶ 아라비카종

에티오피아가 원산지인 아라비카는 44개의 염색체를 가지며, 자가수분(동일한 개체의 꽃가루에 의해서 수정되는 것)을 한다. 재배조건이 까다롭지만 고지대에서도 잘 자라는 품종이다. 고도가 높은 지역에서 생산되는 커피일수록 밀도가 높아지며 복합적이고 풍부한 향을 많이 함유하게 되어 높은 등급의 커피로 취급된다.

㉠ 티피카(Typica)

아라비카 원종에 가깝고 좋은 향과 신맛이 우수한 품종이지만, 병충해에 취약해 생산성이 떨어진다. 현재 주요 생산지는 하와이 코나, 자메이카, 파푸아뉴기니, 동티모르 정도이며 그 외 콜롬비아 일부, 쿠바, 도미니카 등에서 소량 생산된다. 향미는 은은하며 부드러운 산미와 깔끔하고 섬세한 맛의 특징을 가졌다.

㉡ 버번(Bourbon)

에티오피아에서 전파되어 부르봉 섬(지금의 레위니옹)에서 재배되다가 자연 돌연변이를 일으킨 종이다. 수확량이 티피카보다 30%가량 많지만 다른 종보다는 부족하여 점점 대체되는 중이다. 부드럽고 감칠맛이 나며 산미와 바디감이 조화로운 것이 특징이다.

㉢ 카투라(Caturra)

1935년 브라질에서 발견된 버번의 돌연변이로 커피녹병에 강하고, 키가 2m로 작은 편에 속한다. 수확량이 티피카의 3배 정도로 높은 생산성을 자랑하며 중미에서 많이 재배된다. 향미는 버번만큼 화사하진 않지만 품종 개량의 모태종으로 많이 사용된다.

ⓔ 문도 노보(Mundo Novo)

1943년 브라질에서 발견된 버번과 티피카 계열의 수마트라종의 자연 교배종이며, 브라질에서 많이 재배된다. 병충해에 강하고 생산성이 높지만 향미는 마일드하다. 나무의 키가 크고 성숙 기간이 긴 편에 속한다.

ⓜ 카투아이(Catuai)

문도 노보와 카투라의 인공교배종으로 1949년에 개발된 브라질의 주력 품종이다. 병충해와 강풍, 홍수, 가뭄에 강한 장점이 있지만 향미에 있어서는 큰 특징 없이 무난하다.

ⓗ 마라고지페(Maragogype)

1870년 브라질에서 발견된 티피카의 돌연변이종이다. 다른 품종에 비해 나무의 덩치도 매우 크고 생두도 크기 때문에 '코끼리 콩'이라고 불린다. 생산성이 낮고 두드러지는 향미 특징은 없는 품종이다.

ⓢ HdT(Hibrido de Timor)

1917년 인도네시아에서 발견된 아라비카와 로부스타의 자연 교배종으로 나무와 생두의 크기가 큰 편이다. 커피녹병(잎곰팡이 병, Coffee Leaf Rust)에 강하여 이 병에 대한 저항성이 큰 품종을 연구하기에 좋은 모태종이다.

ⓞ 카티모르(Catimor)

1959년 포르투갈에서 개발한 HdT와 카투라의 인공교배종으로 커피녹병에 강하며 조기 수확과 다수확이 가능한 품종이다. 생두의 크기가 크고 나무의 크기는 작은 편이다.

ⓩ 게이샤(Geisha)

에티오피아의 게샤(Gesha) 마을 근처에서 발견된 야생 품종으로 코스타리카, 콜롬비아 등을 거쳐 파나마 에스메랄다 농장을 통해 세상에 등장했다. 현재는 파나마, 에티오피아, 콜롬비아, 케냐 등에서 소량 생산하고 있다. 화려하고 과일 향이 진하며 개성이 강하다. 현재 세계에서 가장 고가에 거래되는 품종 중의 하나이다.

ⓒ 켄트(Kent)

인도에서 생긴 티피카의 돌연변이종이다. 커피녹병에 강해 인기가 있으며 탄자니아 등에서 많이 재배되고 있다. 버번종에 비해 묵직하고 깔끔하며 맑은 향미의 특징이 있다.

ⓒ 파카스(Pacas)

1956년 엘살바도르에서 발견된 버번의 돌연변이종이다. 생두의 크기가 작고 커피 체리가 빨리 익기 때문에 수확량이 많다. 저지대에서도 잘 자라지만 높은 지대가 있는 온두라스에서 재배된 파카스의 향미는 매우 뛰어난 편이다.

ⓔ 파카마라(Pacamara)

파카스종과 마라고지페종의 교배종으로 생산성은 높지 않은 종이다. 티피카처럼 깔끔하고 부드러운 맛이 나며 중간 정도의 바디감을 가지고 있다. 엘살바도르, 과테말라, 니카라과 등지에서 소량씩 생산된다.

ⓟ SL28, SL34

1935년 케냐의 커피연구소인 스콧 레버러토리(Scott Laboratory)에서 재배하여 케냐의 주력 품종이 되었다. SL28은 가뭄에 강하고 고지대에서 재배하기에 알맞다. 생산성과 커피 품질이 높으며 균형 있는 산미와 바디감이 특징이다. SL34 역시 가뭄에 강하며 화사한 산미와 복합적인 향미를 지닌 우수한 품종이다.

❷ 로부스타종

콩고가 원산지인 로부스타는 22개의 염색체를 가지고 있고, 타가수분(곤충이나 바람 등의 매개를 통해 다른 유전자를 가진 개체끼리 수정되는 것)을 통해 열매가 생긴다. 아라비카에 비해 병충해와 기후에 강해서 습하거나 더운 지역 어디서나 잘 자란다. 또한 카페인 함량이 높아서 주로 인스턴트 커피 제조용으로 사용되고 있다. 최근 들어서는 아라비카종의 생산성 하락과 더불어 로부스타의 고소한 맛과 향이 재조명되고 있다. 특히 우간다 등에서는 고품질의 로부스타를 생산하고 있기도 하지만 법적으로 로부스타 재배를 금지하는 나라도 있다.

❸ 리베리카종

리베리카는 아프리카의 라이베리아가 원산지인 품종이다. 기후나 토양 등 자연조건에 잘 적응하지만 나무의 키가 10m 이상으로 매우 큰 편에 속하여 재배 및 수확이 어렵다. 또한 과육(펄프)이 두꺼워 가공이 어려운 데다가 특별한 향미도 없고 단순한 편이어서 생산량이 미미하다. 아프리카 서부 지역 일부와 아시아 일부 지역에서만 생산되며 자국 소비가 주를 이루는 편이다.

▲ 아라비카, 로부스타, 리베리카 비교

> **임쌤의 꿀팁**
>
> **스테노필라(Stenophylla) 품종**
> 스테노필라 품종은 1834년 서아프리카 시에라리온에서 처음 발견된 커피 체리가 검은색인 품종이다. 아라비카에 비해 병충해와 서리에 강하고 향도 우수하다는 평가를 받았으나 낮은 경제성과 긴 숙성 기간, 심각한 병충해 등으로 인해 차차 사라져서 멸종된 것으로 알려졌다가 2018년에 서아프리카에서 야생 군락지가 발견되었다. 기후변화로 인해 아라비카의 재배가 위협을 받고 있는 와중에 스테노필라종의 재발견은 크게 주목을 받고 있다.

❷ 커피 원산지

커피를 생산하는 국가는 현재 세계적으로 70여 개국 정도로 알려져 있으며, 70여 개국 모두가 적도를 중심으로 남북 양회귀선(북위 25°와 남위 25° 사이)에 위치해 있다. '커피 벨트(Coffee Belt)'라고 불리는 이 지역에 속한 아시아, 아프리카, 중남미 등의 산지들은 평균 기온 22℃, 연 강수량이 1,200~2,000mm 정도로 커피 재배에 이상적인 기후조건을 갖추고 있다. 그러나 생산 국가에 따라 수확 및 가공 방식, 기후 등이 다르기 때문에 같은 품종의 커피라도 향미는 차이를 보인다.

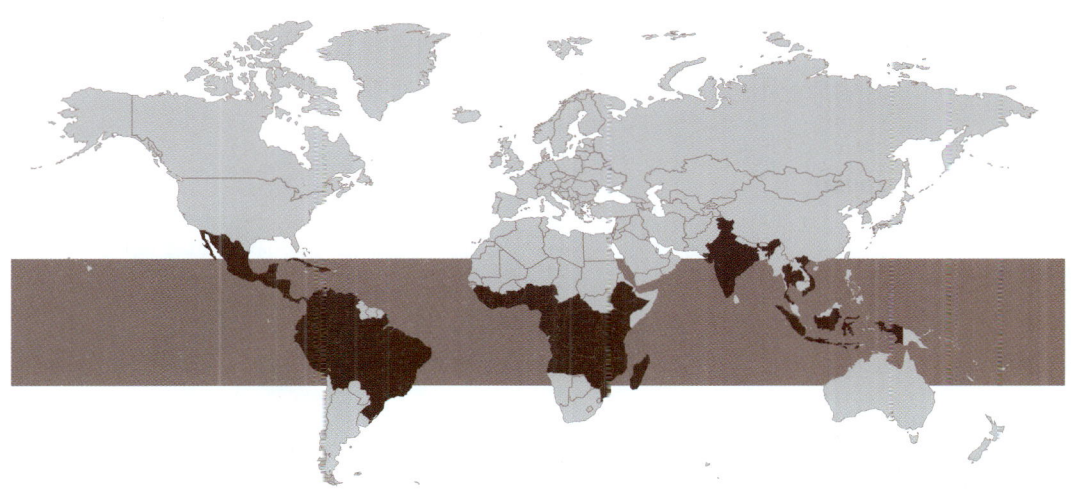

▲ 커피 벨트

1) 아프리카(Africa)

❶ 에티오피아(Ethiopia)

아라비카 커피의 탄생지이자 절반 이상의 지역이 해발 1,500m 이상의 고지대인 에티오피아는 야생 또는 거의 야생에서 저절로 자란 커피나무로부터 커피 재배가 시작되었다. 대부분의 다른 커피 생산지들이 식민지 시대의 유산에 의해 커피 재배가 시작되었다는 점과 큰 차이를 보이고 있다. 개발되지 않은 야생 품종까지 3,500여 종이 넘을 정도로 아라비카종의 다양성이 세계에서 가장 풍부한 나라이다.

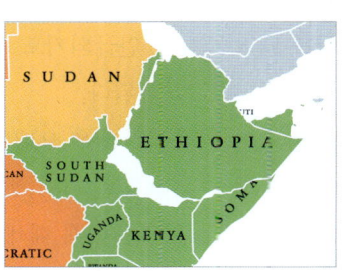

▲ 에티오피아

각종 과일의 향기 및 꽃향기 등 다채로운 맛과 향이 화려한 것이 특징이고 내추럴 커피를 주로 생산한다. 대형농장이 많지 않으며 주요 재배 지역으로는 하라(Harar), 시다모(Sidamo), 구지(Guji), 이르가체페(Yirgacheffe), 짐마(Jimma), 리무(Limu) 등이 있다.

❷ 케냐(Kenya)

인접 국가인 에티오피아에 비해 케냐는 상대적으로 늦은 시기인 19세기 말 영국의 식민 지배 아래에 커피가 들어와, 1896년에 처음으로 커피를 생산하기 시작하였다.

전통적으로 SL28과 SL34가 주력으로 재배되고 있고 커피녹병에 내성이 있는 루이루 11 품종도 재배한다. 주로 워시드 가공법으로 정제하는 케냐 커피는 베리류의 복합적인 향미와 단맛, 강렬한 산미, 풍부한 바디감도 있는 것이 특징이다. 때문에 가장 균형이 좋은 커피로 꼽히고 세계 스페셜티 커피 시장에 없어서는 안 될 중요한 생산국이다. 해발 1,500m 이상의 고지대 산맥이 펼쳐진 중부와 서부 지역의 니에리(Nieri), 메루(Meru), 키암부(Kiambu), 엠부(Embu), 키시이(Kisii) 등지에서 주로 재배된다.

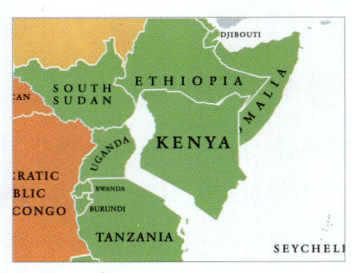
▲ 케냐

❸ 탄자니아(Tanzania)

탄자니아는 국토의 대부분이 고원지대이고, 주로 소농가에서 커피 재배가 이루어진다. 대부분은 해외로 수출되어 탄자니아 수출 총액에서 가장 큰 부분을 차지하는 농산물에 해당한다. 아라비카 80%, 로부스타 20% 정도를 생산하며, 북동부 화산지대 아루샤(Arusha), 킬리만자로(Kilimanjaro) 지역과 남부지역의 음베야(Mbeya) 등지에서 재배된다. 탄자니아 커피 향미의 특징으로는 초콜릿, 너트, 캐러멜 등이고, 적당한 신맛이다.

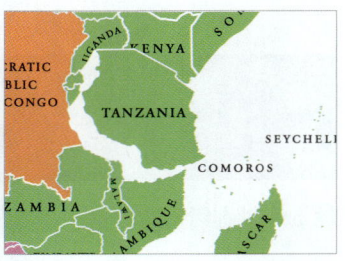
▲ 탄자니아

2) 아시아(Asia)/태평양(Pacific)

❶ 예멘(Yemen)

아프리카 국가로 언급되기도 하는 예멘은 사실 지리학적으로 서남아시아로 분류된다.

예멘 커피의 기원은 매우 오래된 것으로 알려져 있고, 에티오피아와 함께 가장 오래된 커피 생산국이기도 하다. 예멘의 모카항(Port of Mocha)은 현재 폐쇄되었지만 그 당시 세계에서 가장 유명한 커피 무역항이었기에 모카라는 단어는 커피 용어에서 다양하게 쓰이고 있다.

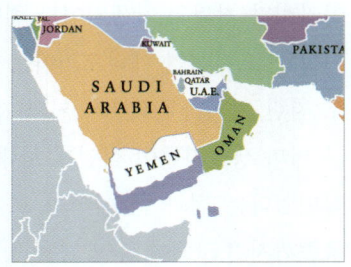
▲ 예멘

예멘의 주요 산지로는 사나(Sana'a), 하자(Hajjah), 라이마(Raymah) 등이 있다. 물이 풍족하지 않고 주요 산지들이 높은 고도에 위치했기 때문에 주로 계단식 밭에서의 재배와 내추럴 방식의 가공이 이루어지고 있다. 예멘 커피는 향미가 와일드하고 복합적이며 굉장히 독특한 맛을 지니고 있다. 때문에 세계 커피 시장에서 높은 수요를 보이고 있지만, 제한적인 생산량, 높은 생산 비용 등으로 활발히 거래 되고 있지는 않다. 특히 '모카 마타리(Mocha Mattari)'라는 커피는 세계적으로 고가에 거래되는 고급 커피 중의 하나이다.

❷ 인도(India)

1670년경 메카로 순례를 다녀오던 승려 바바 부단(Baba Budan)이 예멘에서 커피나무 씨앗을 몰래 가지고 들어오면서 커피 재배가 시작되었다. 19세기 영국의 통치는 인도의 커피 재배와 교역이 급속히 성장하는 배경이 되었다. 당시에는 아라비카종이 주류를 이루었으나 커피녹병이 퍼지면서 로부스타종 또는 교배종이 주로 재배되다가 현재는 낮은 고도와 기후적 특성으로 인해 주로 로부스타를 생산한다. 다른 로부스타 생산지에 비해 인도산 로부스타는 불쾌한 향미가 적어서 에스프레소 블렌드용으로 인기가 있는 편이다.

▲ 인도

> **임쌤의 꿀팁**
>
> **몬순 커피(Monsooned Coffee)**
> 인도에서 가장 유명한 커피로 인도 말라바(Malabar) 지역에서 건식으로 가공한 커피를 몬순 남서 계절풍에 건조 및 숙성시켜 만든다. 생두가 노란빛을 띠며, 약한 신미와 강한 바디감, 흙내와 같은 거칠고 독특한 향미를 지녔다.

❸ 인도네시아(Indonesia)

1696년에 네덜란드인에 의해 인도에서 인도네시아 자바(Java)로 커피 묘목이 들어왔다. 18세기까지는 상당한 양의 아라비카 생산지였다가 1876년 스리랑카에서 시작된 커피녹병이 전염되어 커피 산지가 거의 황폐화되었다. 이후에 병충해에 강한 로부스타 재배로 전환되어 현재 90% 이상의 로부스타와 10% 미만의 아라비카를 생산하고 있다. 수마트라(Sumatra), 술라웨시(Sulawesi), 자바(Java), 발리(Bali) 등 각각의 섬에서 재배되는 커피의 특색에는 차이가 있다. 수마트라 북부에서 생산되는 만델링 커피가 가장 널리 알려져 있으며 만델링은 옛날 만델링족이 커피를 재배하여 붙여진 이름이다.

▲ 인도네시아

> **임쌤의 꿀팁**

코피 루왁(Kopi Luwak)
인도네시아의 '루왁'이라는 사향고양이의 배설물에서 채취하여 가공한 커피를 말한다. 코피 루왁은 야생의 사향고양이가 커피 체리를 먹고 소화시키는 과정에서 발효되어 특유의 향을 가지게 되는데, 매우 진귀한 커피로 알려지면서 고가에 거래가 되고, 전 세계에서 커피계의 전설 같은 존재가 되었다. 하지만 사향고양이를 우리에 가두고서 커피 체리만 먹이는 등의 행태로 동물학대 논란, 또 비싼 값에 거래되기에 위조 및 가품 유통 등의 사건들이 비일비재하여 윤리적인 문제에 직면한 커피이다.

▲ 사향고양이(Luwak)

▲ 루왁 커피

동물의 배설물을 이용한 커피
루왁 커피 이외에도 베트남의 다람쥐 똥 커피인 콘삭 커피(Consoc Coffee), 베트남과 라오스의 족제비 똥 커피인 위즐 커피(Weasel Coffee), 태국의 코끼리 똥 커피인 블랙 아이보리 커피(Black Ivory Coffee) 등이 있다.

❹ 베트남(Vietnam)

현대에 와서는 아라비카종으로 만드는 원두커피가 각광을 받고 있다. 때문에 향미가 떨어진다고 평가받는 로부스타를 주로 생산하는 베트남을 커피 산지에서 언급하는 경우는 드물다. 하지만 전 세계 커피 생산량 2위를 차지하는 베트남은 여전히 커피 생산지에서 빼놓을 수 없는 주요 국가이다.

1857년 프랑스인 사제에 의해 커피가 처음 도입된 베트남에서는 1990년대에 들어서야 상업적으로 대량 생산을 하기 시작했

▲ 베트남

다. 사실 베트남은 재배 고도가 높지 않아 고품질의 커피를 기대하기는 어렵다. 하지만 베트남에서 주로 생산하는 로부스타는 낮은 단가의 커피를 원하는 상업적 수요에 부합하기 때문에 세계 커피 산업에 큰 영향을 끼치고 있다.

베트남 커피의 향미는 대부분 밋밋하고 나무 향이 나며, 단맛 이외의 특성은 거의 없는 편이다. 때문에 고도가 비교적 높은 북부 베트남 등지에서 최근 아라비카로 전환하려는 시도가 계속 이루어지고 있다.

❺ 하와이(Hawaii)

하와이는 미국 영토 내 유일하게 커피가 생산되는 지역으로 1825년 브라질에서 들여온 티피카종이 주로 재배된다. 초창기에는 사탕수수 재배에 밀려 성공적이지 못했지만 설탕 생산이 부진해지고 1980년 이후 관광산업과 더불어 커피에 대한 관심이 고조되면서 세계적으로 유명한 '코나 커피'라는 명성을 가지게 되었다. 화산지형과 북동 무역풍으로 인해 커피 재배에 적합한 환경을 가진 대표적인 코나 지역과 더불어 카우아이, 마우이 등 하와이 여러 섬에서 커피가 재배된다. 주로 워시드로 가공되지만, 일부 세미 워시드 가공법도 증가하는 추세이다. 하와이 커피의 향미는 바디감이 무거우며, 약한 산미와 복합성이 뛰어나지 않은 마일드한 특징을 가지고 있다.

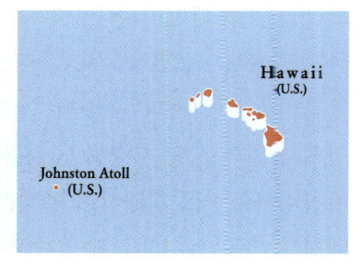

▲ 하와이

3) 남미(South America)/중남미(Latin America)

❶ 브라질(Brazil)

세계 커피 생산국 1위 자리를 150년 넘게 지키고 있는 브라질은 커피 생산과 더불어 드물게 커피 소비 국가로서도 세계에서 손꼽을 정도로 큰 나라이다. 18세기 포르투갈 선교사에 의해 커피나무가 처음 전해진 브라질은 1920년대에는 세계 커피 생산량의 80%를 차지하기도 하였고, 현재는 30~40%만을 담당하고 있다. 80%의 아라비카, 20%의 로부스타를 생산하는데, 브라질 현지에서는 로부스타를 코닐론(Conillon)이라고 지칭한

▲ 브라질

다. 다른 나라에 비해 비교적 낮은 저지대에서 커피를 생산하며, 주로 국토 동남쪽에 위치한 대규모 커피 농장에서 기계적으로 산업화된 커피 재배가 이루어지고 있다. 생산 지역으로는 미나스 제라이스(Minas Gerais), 세라도(Cerrado), 에스피리토 산토(Espirito Santo), 상파울루(Sao Paulo), 술 데 미나스(Sul de Minas), 바이아(Bahia) 등이 있다.

오래전부터 내추럴 가공 방식을 가장 많이 사용하고 있지만 일부 농장에서는 워시드, 펄프드 내추럴 등 다양한 방식으로 변화를 주고 있다. 30만이 넘는 수많은 농장에서 다양한 기후 조건, 다양한 품종, 여러 가공 방식으로 커피를 생산하고 있다. 일반적인 커머셜(Commercial) 커피는 대체로 마일드한 향미를 가지고 있지만, 고품질의 좋은 브라질 커피는 초콜릿과 견과류의 향미가 나고, 약한 산미와 깔끔한 맛을 지닌 매력이 있다.

❷ 콜롬비아(Colombia)

브라질, 베트남에 이어 세계 3위로 커피 생산량(약 10%)을 차지하는 콜롬비아는 18세기에 커피가 들어온 것으로 알려져 있다. 콜롬비아에서 커피는 19세기 초부터 상품화가 되어 콜롬비아 전체 산업의 상당 부분을 차지할 정도로 매우 중요한 산업이다. 아라비카종만을 재배하며 안데스 산맥 주변의 소규모 농장에서 워시드 가공으로 고품질의 커피를 생산한다. 물 부족과 수질 오염 등의 문제로 인해 최근에는 세미 워시드 방식을 도입하는 곳도 늘어나고 있다. 주요 생산지는 우일라(Huila), 메데인(Medellin), 나리뇨(Narino), 마니살레스(Manizales), 아르메니아(Armenia), 안티오키아(Antioquia) 등이다.

▲ 콜롬비아

콜롬비아 커피에서는 바디감, 초콜릿의 단맛, 중간 정도의 신맛 등이 느껴지며, 다채로운 향미가 있는 커피가 전 지역에서 생산된다. 최근에는 콜롬비아 엘 파라이소 농장에서 생산되는 무산소 발효(Anaerobic Fermentation) 가공 커피가 세계 시장에서 크게 주목받고 있다.

❸ 파나마(Panama)

파나마는 19세기 말 유럽으로부터 이민자들에 의해 커피가 유입되었다. 비옥한 화산 토양, 높은 재배 고도, 습한 기후 조건 등 커피 재배에 유리한 조건을 가진 우수한 커피 산지이다. 티피카, 카투라종을 많이 재배하지만 화사한 향미로 고품질, 고가의 커피로 자리 잡아가고 있는 게이샤(Geisha)종으로 인해 세계 스페셜티 커피 시장에서 점점 주목을 받고 있다. 전통적으로 워시드 방식으로 가공하며, 게이샤 품종을 세계 시장에 알린 라 에스메랄다(La Esmeralda) 농원이 있는 보케테(Boquete) 지역 등에서 주로 생산한다.

▲ 파나마

❹ 코스타리카(Costa Rica)

중미 국가 중에서 가장 발전한 국가로 평가받는 코스타리카는 1729년 쿠바에서 넘어온 커피나무에 의해 커피 재배가 시작되었다. 이후 코스타리카 정부의 적극적인 투자와 장려, 높은 수준의 환경 보호 대책, 좋은 커피 인프라로 인해 세계 시장에서 고품질의 커피로 평가받고 있다. 커피녹병에 내성이 있는 카투라, 카투아이종을 주로 재배하며 로부스타종을 재배하는 것은 불법이다. 환경 부담이 적은 세미 워시드 방식을 많이 활용하여 가공하고 생산한다. 코스타리카 커피는 특별한 맛이라기 보다는 깔끔하고 기분이 좋으며 밸런스가 좋은 맛에 가까우며, 최근에는 소규모 농원에서 창의적인 방식으로 생산이 되면서 다양한 향미를 가진 커피 생산도 늘어나고 있다. 생산지로는 오랜 명성을 유지하고 있는 타라주(Tarrazu) 지역이

▲ 코스타리카

가장 유명하며, 웨스트 밸리(West Valley), 센트럴 밸리(Central Valley), 산호세(San Jose) 등이 주산지에 해당한다.

❺ 과테말라(Guatemala)

1750년경 예수회 선교사들에 의해 처음 커피가 전해진 것으로 알려진 과테말라는 지형적으로 높은 산과 화산지형으로 이루어진 곳이 많아 독특한 향의 커피 재배에 유리하다. 거의 아라비카종, 그중에서도 버번종을 가장 많이 재배하고 있으며 그 외에도 카투라, 카투아이 등 여러 품종을 재배하고 있다.

과테말라 커피는 가볍고 과일 향의 단맛이 좋은 커피부터 무겁고 초콜릿 맛이 풍부한 커피까지 다양하며 2000년 초 세계 스페셜티 커피 성장에 크게 기여하였다.

재배 고도가 높아 품질이 우수하다고 평가받는 안티구아(Antigua), 그 외에 우에우에테낭고(Huehuetenango), 누에보 오리엔테(Nuevo Oriente) 등지에서 재배한다.

▲ 과테말라

임쌤의 꿀팁

떼루아(Terroir)
와인 분야에서 많이 알려진 용어인 떼루아는 포도나무와 재배 환경의 밀접한 관계를 설명하는 데 많이 쓰인다. 커피 나무 역시 기후, 토양, 재배 고도 등의 영향을 많이 받기 때문에 점점 그 상관관계에 대한 관심이 높아지고 있다.

지속 가능 커피(Sustainable Coffee)
1989년부터 2000년대 초까지 커피 가격 하락이 지속되면서 커피 생산국들이 사회, 경제적으로 큰 어려움을 맞았던 시기에 등장한 개념으로, 비교적 환경친화적인 커피 농사를 짓고 각 농가에 돌아가는 수입을 적정 수준으로 유지하는 것이 목적이다. 공정무역 커피(Fair-Trade Coffee), 유기농 커피(Organic Coffee), 조류 친화적 커피(Bird-Friendly Coffee), 열대우림 커피(Rainforest Coffee) 등을 모두 포함하는 개념을 말한다.

---

❸ 커피의 재배 및 가공

1) 재배 조건

❶ 기후

- 아라비카종 : 연평균 기온이 15~24℃ 정도로 30℃를 넘지 않고 5℃ 이하로 내려가지 않는 온화한 열대 기후에서 재배된다. 기온이 높아지면 열매가 빨리 익고 수확량이 많아지지만 잎곰팡이병에 걸리기 쉽다. 반대로 기온이 너무 낮으면 나무가 늦게 자라고 수확량이 적다. 커피나무는 특히 서리에 취약하기에 서리가 내리지 않아야 하고 강한 바람이 불지 않아야 하며 우기와 건기가 뚜렷해야 한다.
- 로부스타종 : 아라비카종에 비해 온도가 높은 지역에 잘 적응하고, 최적화된 기온은 24~30℃이다.

❷ 일조량

직사광선이 닿지 않는 완만한 곳에서 잘 자라며, 커피나무에 닿는 강한 햇빛을 막기 위해 셰이드 트리(Shade Tree)를 심는 재배법도 있다.

❸ 강수량

적절한 연 강수량은 아라비카종 1,500~2,000mm, 로부스타종 2,000~3,000mm 정도이며, 열매를 맺기 전에는 우기, 열매가 맺은 후부터는 건기가 적합하다. 연간 적정 강수량으로 알 수 있듯이 아라비카종이 로부스타종에 비해 가뭄을 더 잘 견디는 편이다.

❹ 토양

많은 커피 산지들이 화산지형과 관계가 깊은데, 유기물이 풍부한 화산성의 충적토가 좋다. 용암과 화산재가 풍화된 토양은 부식(초목의 뿌리를 박아 심는 것)이 잘 되며 경작성과 배수성이 좋은 편이고, 뿌리가 쉽게 뻗을 수 있는 다공질 토양인 경우가 많다.

> **임쌤의 꿀팁**
>
> 커피 산지의 토양
> - 테라로사(Terra Rossa) : 석회암의 풍화작용으로 형성된 적색 토양
> - 테라록사(Terra Roxa) : 현무암과 휘록암이 풍화된 자색 토양
> - 라테라이트(Laterite) : 열대지방이나 온난 다습한 사바나 기후 지방의 적색 풍화토
> - 레구르 토(Regur Soils) : 현무암이 풍화된 다공질의 흑색 토양

❺ 고도

고지대일수록 커피 재배에 유리하다. 고지대에서 생산된 생두일수록 더 진한 청록색을 띠며 밀도가 높고 향미가 풍부하다. 아라비카종은 800~2,000m의 고지대, 로부스타종은 800m 이하의 저지대에서 재배가 주로 이루어진다.

2) 번식

생두를 감싸고 있는 내과피가 있는 상태에서 묘판(Nursery)에 심고, 발아하여 30~50cm 정도의 묘목이 되면 커피 밭에 이식한다. 보통 우기가 시작되어 비가 많이 온 다음 날에 이식을 하고, 이식 후 2년 정도가 지나면 1.5~2m까지 자란다. 수확은 첫 번째 꽃을 피우고 3년 정도가 지나면 가능하지만 안정적인 수확을 위해선 보통 5년 후에 시작하며, 30년까지도 수확이 가능하다.

3) 커피 꽃과 열매

커피 꽃은 나무를 심고 우기와 건기가 반복되는 2~3년이 지나고 나서야 피는데, 우기가 시작되어 많은 비가 오기 시작하고(Blossom Shower, 블로섬 샤워), 이 블로섬 샤워가 그치면 자극이

발생하여 흰색의 꽃이 피기 시작한다. 꽃향기는 주로 재스민 향과 오렌지 향이 난다. 이후 꽃이 진 자리에 열매가 맺혀서 성숙되며 녹색 ▶ 노란색 ▶ 빨간색으로 익어 간다. 빨갛게 잘 익은 커피 열매를 커피 체리(Coffee Cherry)라 부른다.

▲ 커피 꽃

▲ 커피 체리

4) 수확

❶ 핸드 피킹(Hand Picking)

핸드 피킹은 사람 손으로 직접 수확하는 방법으로, 손으로 일일이 커피 체리를 직접 눈으로 보고 수확한다. 잘 익은 체리만을 선별적으로 수확하기 때문에 커피 품질이 우수하지만, 비용이 많이 발생한다. 주로 습식 가공 커피를 생산하는 국가에서 많이 쓰인다.

▲ 핸드 피킹 수확

❷ 스트리핑(Stripping)

스트리핑 역시 핸드 피킹과 마찬가지로 손으로 수확하는 방법으로, 가지에 달린 커피를 한 번에 훑어서 수확하는 방식이다. 수확 과정에 드는 비용이 절감되지만 커피나무에 손상을 줄 수 있고, 미성숙두가 포함되는 등 품질이 균일하지 않다는 단점이 있다. 건식 가공 커피를 생산하는 나라와 대부분의 로부스타 생산 국가에서 주로 사용하는 방식이다.

▲ 스트리핑

❸ 기계 수확(Mechanical Picking)

기계로 커피 체리를 수확할 때는 기계가 커피나무 전체를 잡고 흔들어 열매를 털어내는 방식을 사용한다. 주로 브라질의 대규모 농장이나 재배 고도가 낮은 지역에서 많이 시행한다. 커피나무가 가장 많이 손상되는 방식이며 커피 선별도가 가장 떨어지는 단점과 인건비가 많이 절약되는 장점이 있다.

▲ 기계 수확

5) 가공

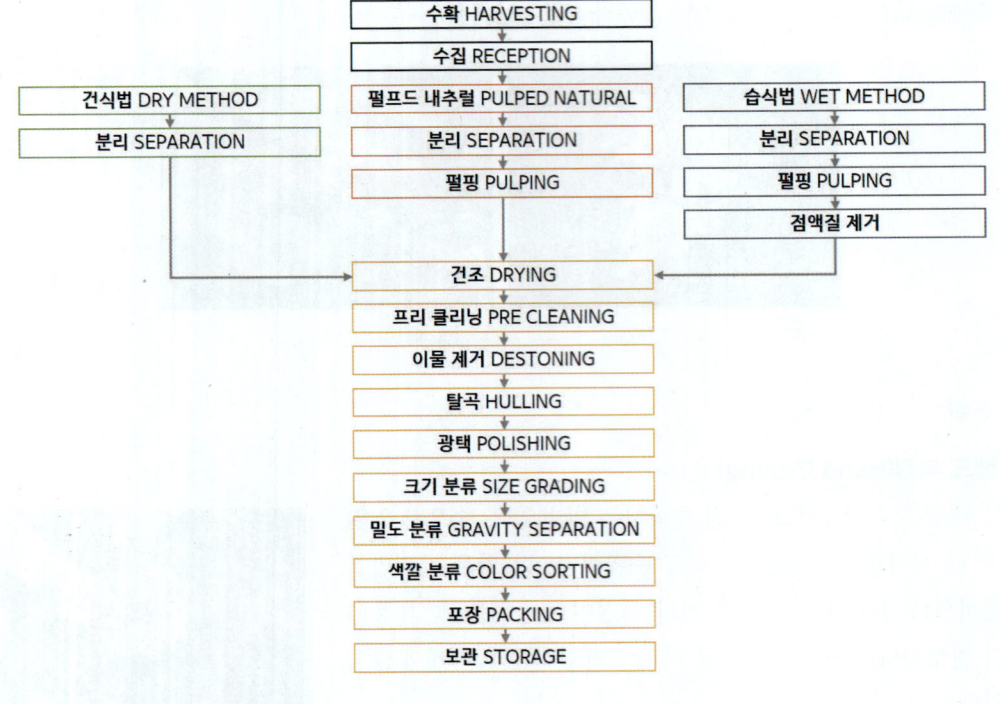

▲ 커피의 가공 방식

❶ 건식법(Dry Method, Natural Processing)

수확한 커피 체리에서 펄프(과육)를 제거하지 않고 콘크리트나 비닐 시트 위에 펼친 뒤 자연 건조시키는 방식이다. 물이 부족하거나 넓은 평지가 있는 산지 혹은 햇빛이 좋은 지역에서 전통적으로 이 방식을 통해 정제한다. 습도가 높은 나라에서는 건조할 때에 썩기가 쉬워 이용하기 힘들다. 보통 수분함량이 12% 정도가 될 때까지 건조시키는데, 건조가 충분하지 않으면 미생물 등에 의해서 생두가 상하고, 너무 과하면 생두가 갈라질 수

▲ 건식법

있는 위험이 있다. 이러한 단점으로 인해 과거에는 건식법으로 가공된 커피는 저급이라는 인식이 있어 부정적인 인식을 바꾸기 위해 품질 개선에 많은 노력을 기울이고 있다. 브라질, 에티오피아, 인도네시아, 예멘, 그리고 로부스타 생산 국가에서 많이 이용하며, 과육의 단맛이 생두에 흡수되어 충분한 바디감과 단맛을 지닌다.

❷ 습식법(Wet Method, Washed Processing)

습식법은 물을 많이 사용하는 전통적인 정제 방식이다. 먼저 커피 체리를 수조에 담가 물에 뜨는 미성숙 커피 체리와 불순물을 거른다. 그렇게 바닥에 가라앉은 돌이나 이물질 등을 선별한 뒤 펄퍼(Pulper, 과육 제거기)를 이용하여 과육을 벗겨 파치먼트 상태로 만든다. 파치먼트에는 점액질(Mucilage)이 붙어 있는데 발효 수조에 담가 24시간 내외로 자연 발효를 시키면서 점액질을 제거한다. 이 점액질 제거 과정에서 막대한 양의 물이 사용되며, 수질오염 등 환경문제를 야기한다. 물이 풍부한 중남미 콜롬비아, 과테말라, 그리고 아프리카 탄자니아 등지에서 아라비카 생산에 주로 이용한다. 향미는 상대적으로 시고 깔끔한 맛과 균형 있게 갖춘 것이 특징이다.

▲ 습식법

❸ 세미 워시드(Semi Washed)

세미 워시드란 과육과 점액질을 제거한 후 건조시키는 방법이다. 전통적인 발효공정을 거치지 않기 때문에 시간이 단축되고 물을 적게 사용함으로써 환경오염도 줄일 수 있다. 환경오염에 관한 규제가 엄격한 코스타리카의 경우 대부분 이 세미 워시드 방식으로 커피 체리를 가공하고 있다. 효율성 및 환경보호 측면의 장점이 많아서 최근 전 세계적으로 확대되고 있는 가공 방식이다.

❹ 펄프드 내추럴(Pulped Natural)

펄프드 내추럴은 수조에 담가 덜 익은 커피 체리, 이물질 등을 거른 후에 과육을 벗기고 점액질이 붙은 상태의 파치먼트를 자연 건조시키는 방식이다. 2000년대부터 브라질에서 시작하여 다른 국가에서도 종종 사용하는데, 내추럴 방식에 비해 덜 익거나 상한 체리가 섞이는 것이 덜해 고품질 커피를 기대할 수 있다. 코스타리카에서 사용하는 허니 프로세스(Honey Process) 역시 펄프드 내추럴과 유사한 가공법이며, 점액질을 벗기는 정도에 따라 화이트-옐로-레드-블랙 허니 프로세스로 세분화하기도 한다.

> **임쌤의 꿀팁**
>
> **건식법과 습식법의 차이**
> 커피 체리 100kg을 수확하여 가공과정을 거쳐 얻게 되는 생두의 무게는 20kg 정도이다.
>
> | 구분 | 건식법 | 습식법 |
> |---|---|---|
> | 공정 | 세척-선별-건조 | 세척-선별-펄핑-발효-세척-건조 |
> | 장점 | 친환경, 적은 물 사용량, 낮은 생산 단가 | 품질 우수, 균일함 |
> | 단점 | 균일하지 않음, 품질이 낮음 | 환경오염 |
> | 특징 | 단맛, 강한 바디감 | 산미 우수, 복합적인 향미 |
> | 지역 | 브라질, 에티오피아, 인도네시아 등 로부스타 생산 국가 | 대부분의 아라비카 생산 국가 |

6) 탈곡(Milling)

건조가 끝난 파치먼트 상태의 생두는 수분 수치를 안정시키는 휴지기(레스팅)를 8주가량 거친 후에 파치먼트와 은피를 제거하는 탈곡(탈각) 과정을 가진다. 건식 가공된 커피의 껍질과 파치먼트를 제거하는 것을 허스킹(Husking), 습식가공 파치먼트를 제거하는 것을 헐링(Hulling)이라고 하며, 은피를 제거하는 것을 폴리싱(Polishing)이라고 한다.

7) 포장과 보관

탈곡을 마친 커피 생두는 통기성이 좋은 백(Bag, 주로 황마 포대를 사용)에 담는데, 국제적인 포장 기준 단위는 1백(bag)당 60kg이지만 생산 국가마다 일부는 개별적인 포장 기준 단위를 사용하기도 한다.

▲ 커피 포장

> **임쌤의 꿀팁**
>
> **뉴 크롭(New Crop)과 올드 크롭(Old Crop)**
> 수확한 지 1년 이내의 생두를 뉴 크롭, 1~2년 이내의 생두를 패스트 크롭(Past Crop), 2년 이상 지난 생두를 올드 크롭이라고 칭한다. 뉴 크롭이 가장 녹색을 띠며 향미, 유지 성분 등이 풍부하다.
>
> **카스카라(Cascara)**
> 커피 껍질로 만든 차이다. 'Cascara'는 스페인어로 껍질을 의미하는데, 커피 체리를 펄핑(Pulping)하고 난 뒤 남겨진 껍질을 건조하여 우려내서 마시는 음료이다. 커피의 원산지인 에티오피아와 예멘에서는 이미 오래전부터 생활 속에서 즐겨 마시던 형태이고, 가난한 자들의 커피(Poor Man's Coffee)라고도 불리었다. 최근 들어 미국, 유럽 등지에서 인지도가 올라가면서 인기를 얻고 있다.

> **임쌤의 꿀팁**

디카페인 커피(Decaffeinated Coffee)

독일의 화학자 룽게(Friedrich Ferdinand Runge)가 1819년 최초로 커피에서 카페인을 분리하는 데 성공하였으며 이후 1903년 독일의 로셀리우스(Ludwig Roselius)가 상업적 카페인 제거 기술을 개발함으로써 디카페인 커피가 탄생하였다. 디카페인 커피 제조법은 다음과 같이 나뉜다.

	내용
물 추출법	생두를 물에 담그거나 뜨거운 물을 생두에 통과시켜 카페인을 제거하는 방법이다. 화학약품을 사용하지 않고 안전하게 99.9%까지 카페인을 제거할 수 있으며 추출된 카페인의 순도가 높아 음료수나 약품 제조에 다시 쓸 수 있다.
용매 추출법	벤젠, 클로로포름, 디클로로메탄, 트리클로로에틸렌 등의 유기용매를 이용해 커피로부터 카페인을 추출한다. 97~99%의 카페인이 제거되나 미량의 용매 성분이 커피에 잔류하는 문제점이 있다.
초임계 추출법	높은 압력으로 만들어진 액체 CO_2를 생두에 침투시켜 카페인을 제거하는 방법이다. 유해 물질의 잔류 문제가 없고 카페인의 선택적 추출이 가능하지만 설비 비용이 많이 든다.

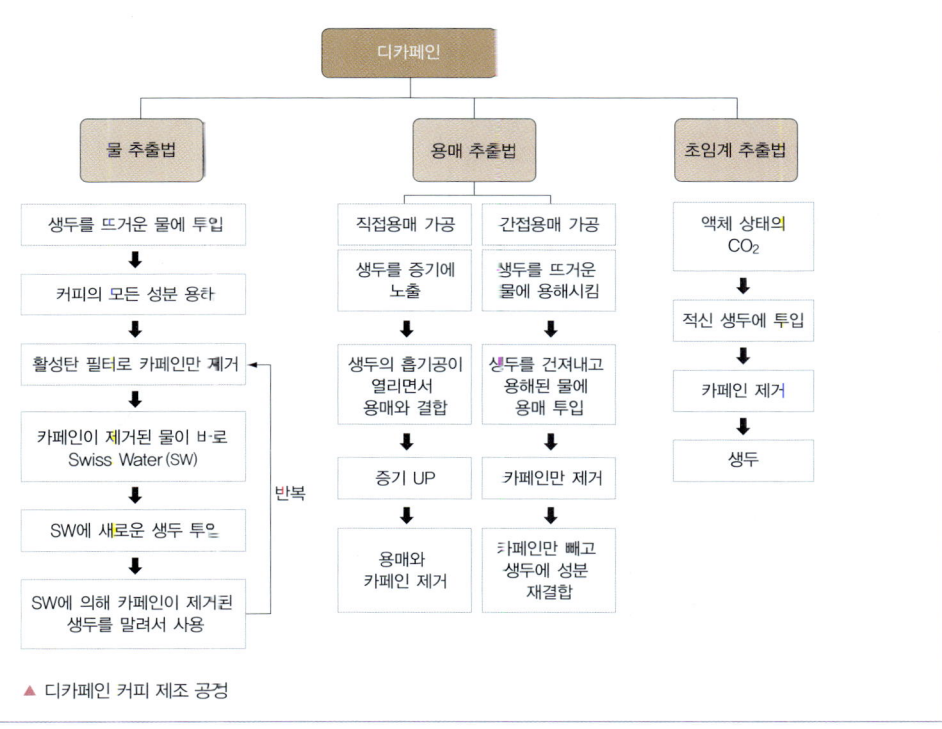

▲ 디카페인 커피 제조 공정

Chapter 3. 커피의 등급

❶ 생두의 분류

전통적으로 가장 보편화된 등급 기준은 생두의 크기이지만 오늘날에는 생두의 품질에 중점을 두고 등급을 평가하는 국가들이 많아졌다. 생두의 크기와 품질 사이에 상관관계가 있는 것처럼 많이들 생각하지만 사실 생두의 크기와 품질은 비례 관계가 성립하지 않는다. 크기 외에도 나라별 생산 지역의 고도에 따라, 결점두(Defect Beans) 개수에 따라 등급을 분류하는 국가도 있다.

1) 크기에 따른 분류(Screen Size)

스크린 No.	크기 (mm)	영어 명칭	중남미 (Spanish)	콜롬비아 (Spanish)	아프리카, 인도	하와이, 자메이카
20	7.94	Very Large Bean	–	–	–	Extra Fancy
19	7.54	Extra Large Bean			AA	
18	7.14	Large Bean	Superior	Supremo	A	Fancy, Blue Mountain No.1
17	6.75	Bold Bean				
16	6.35	Good Bean	Segunda	Excelso	B	Blue Mountain No.2
15	5.95	Medium Bean				Blue Mountain No.3
14	5.55	Small Bean	Tercera		C	–
13	5.16	Peaberry	Caracol	UGO (Usual Good Quality)	PB	–
12	4.76					
11	4.30		Caracoli			
10	3.97					
9	3.57		Caracolillo			
8	3.17					

생두의 크기는 스크린 사이즈에 따라 분류하며, 체에 뚫린 구멍의 크기별로 번호가 매겨진다. 각 번호의 구멍을 통과하지 않는 콩을 의미하며, 1 스크린 사이즈는 1/64인치로, 약 0.4mm이다. 예를 들어, 스크린 사이즈 18은 0.4 × 18로 약 7.2mm에 해당한다. 생두의 크기 등급 중 가장 작은 것은 피베리(Peaberry)이다.

2) 재배 고도에 따른 분류

커피 생두가 생산된 지역의 고도에 따라 분류하는 방법으로, 재배 고도가 높은 지역에서 생산된 커피일수록 밀도가 높아서 높은 등급으로 평가한다.

국가	등급	재배 고도(단위 : m)
과테말라	SHB(Strictly Hard Bean)	1,600~1,700
	FHB(Fancy Hard Bean)	1,500~1,600
	HB(Hard Bean)	1,350~1,500
	SH(Semi Hard Bean)	1,200~1,350
코스타리카	SHB(Strictly Hard Bean)	1,200~1,650
	GHB(Good Hard Bean)	1,100~1,250
	HB(Hard Bean)	800~1,100
멕시코	SHG(Strictly High Grown)	1,700 이상
	HG(High Grown)	1,000~1,600
	PW(Prime Washed)	700~1,000
	GW(Good Washed)	700 이하
온두라스	SHG(Strictly High Grown)	1,500~2,000
	HG(High Grown)	1,000~1,500
	HB(Hard Bean)	950~1,100
	CS(Central Standard)	700~1,000

3) 결점두(Defect Beans)에 따른 분류

결점두란 말 그대로 결함이 있는 커피 콩을 말한다. 재배 단계부터 가공과정, 유통, 보관 등 모든 공정 단계에서 자연적 또는 관리 소홀로 생기는 비정상적인 콩을 모두 결점두라고 한다. 브라질, 인도네시아, 예멘, 에티오피아 등의 생산 국가에서 샘플(통상 300g)에 섞인 결점두를 점수로 환산하여 분류한다. 브라질은 No.2~8등급으로 분류하고, 인도네시아나 에티오피아는 Grade1~6으로 분류한다.

> **임쌤의 꿀팁**
> - 브라질 커피는 NY2~8로 등급이 표시되는 것도 볼 수 있는데, 이는 뉴욕 무역 거래소 등급으로 표기된 것을 나타내고, 브라질 자국 기준으로는 No.2~8로 표시한다.
> - 위와 같은 결점두에 따른 분류 외에도 여러 분류 기준이 존재하며, 맛에 의한 분류로는 Strictly Soft 〉 Soft 〉 Softsh 〉 Hard 〉 Riada 〉 Rio 〉 Zona가 있다.

4) SCA 분류법

SCA(스페셜티커피협회, Specialty Coffee Association)의 생두 분류법(Green Coffee Classification)은 다른 커피 생산 국가와는 다른 방식으로 분류한다. 스페셜티 등급(Specialty Grade)과 프리미엄 등급(Premium Grade)으로 분류하며, 분류 기준에 따라 결점계수를 환산하여 분류한다.

항목	내용
샘플 중량	• 생두 350g • 원두 100g
콩의 크기	크기 편차가 5% 이내
수분함량	10~12% 이내
냄새	외부 오염된 냄새가 없어야 한다.
로스팅 균일도	• Specialty Grade : 퀘이커(Quaker) 한 개도 허용되지 않는다. • Premium Grade : 퀘이커 3개까지 허용된다.
향미의 특성	• 커핑(Cupping)을 통해 Fragrance/Aroma, Flavor, Acidity, Body, Aftertaste에서 각각 독특한 특징이 있어야 한다. • 향미 결점이 없어야 한다.

등급	조건
스페셜티	• Category 1(Primary Defect)는 허용되지 않는다. • Full Defects 5개 이내
프리미엄	• Category 1(Primary Defect)는 허용된다. • Full Defects 8개 이내

> **임쌤의 꿀팁**
>
> **퀘이커(Quaker)**
> 로스팅 후의 색깔이 다른 콩에 비해 현저히 밝은 콩을 말한다. 퀘이커가 발생하는 이유는 안 익었거나 덜 익은 커피 체리를 수확했기 때문이다.
>
>
>
> ▲ 퀘이커(Quaker)

❶ SCA 기준 결점두

㉠ 카테고리 1 결점두(Category 1 Defects)

카테고리 1 결점두	원인과 특징
드라이 체리/포드(Dried Cherry/Pod)	• 잘못된 펄핑이나 탈곡 • 콩의 일부 또는 전체가 검은 외피에 싸임
펑거스 데미지(Fungus Damaged)	• 보관 상태에서 곰팡이가 발생 • 곰팡이로 인해 누렇거나, 퍼런 색깔을 띠게 됨
시비어 인섹트 데미지(Severe Insect Damaged)	• 해충이 생두에 파고 들어가 알을 낳은 경우 • 벌레 먹은 구멍이 세 군데 이상
풀 블랙 빈(Full Black Bean)	• 수확이 늦었거나 흙과 접촉하여 발효됨 • 콩 전체 색깔이 검은색
풀 사우어 빈(Full Scur Bean)	• 너무 익어 땅에 떨어진 체리 또는 과발효 체리 • 콩의 색깔이 붉거나 황갈색
포린 매터(Foreign Matter)	커피 이외의 이물질(작은 돌, 나뭇잎, 나뭇조각 등)

㉡ 카테고리 2 결점두(Category 2 Defects)

카테고리 2 결점두	원인과 특징
헐/허스크(Hull/Husk)	• 잘못된 탈곡이나 선별 과정 • 드라이 체리의 일부분이 섞임
파치먼트(Parchment)	• 불완전한 탈곡 • 콩의 전체 또는 일부가 파치먼트로 덮인 상태
브로큰/칩트/컷(Broken/Chipped/Cut)	• 잘못 조정된 장비 또는 과도한 마찰력 • 깨진 콩 또는 깨진 파편
플로터(Floater)	• 잘못된 보관 또는 건조 • 색깔이 연하고, 콩의 밀도가 낮음
이머처/언라이프(Immature/Unripe)	• 덜 익은 상태에서 수확 • 은피가 두껍게 말라붙은 형태
위더드(Withered)	• 발육 기간 수분 부족 • 옅은 녹색, 표면의 많은 주름
쉘(Shell)	• 유전적 원인 • 콩의 안쪽이 떨어져 나가 바깥쪽만 남은 형태
파셜 블랙 빈(Partial Black Bean)	• 수확이 늦었거나 흙과 접촉하여 발효됨 • 콩 절반 미만이 검은색
파셜 사우어 빈(Partial Scur Bean)	• 너무 익어 땅에 떨어진 체리 또는 과발효 체리 • 콩의 절반 미만이 색깔이 붉거나 황갈색
슬라이트 인섹트 데미지(Slight Insect Damaged)	• 해충이 생두에 파고들어 알을 낳은 경우 • 벌레 먹은 구멍이 세 군데 미만

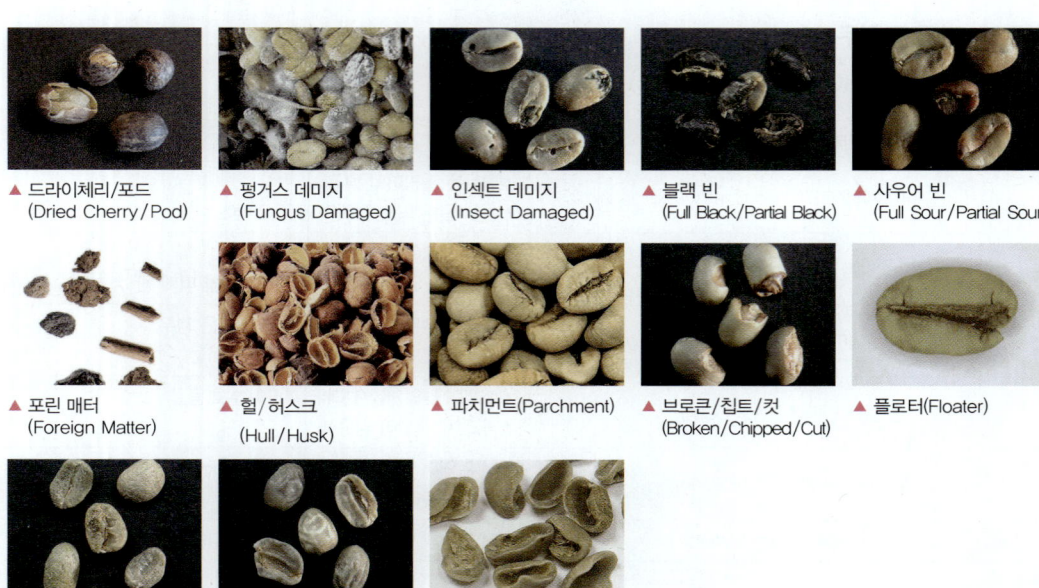

▲ 드라이체리/포드 (Dried Cherry/Pod)　▲ 펑거스 데미지 (Fungus Damaged)　▲ 인섹트 데미지 (Insect Damaged)　▲ 블랙 빈 (Full Black/Partial Black)　▲ 사우어 빈 (Full Sour/Partial Sour)

▲ 포린 매터 (Foreign Matter)　▲ 헐/허스크 (Hull/Husk)　▲ 파치먼트 (Parchment)　▲ 브로큰/칩트/컷 (Broken/Chipped/Cut)　▲ 플로터 (Floater)

▲ 이머처/언라이프 (Immature/Unripe)　▲ 위더드 (Withered)　▲ 쉘 (Shell)

❷ 결점두 분류

결점두가 커피 품질에 미치는 영향에 따라 프라이머리 디펙트(Primary Defect, Category 1 Defect)와 세컨더리 디펙트(Secondary Defect, Category 2 Defect) 그룹으로 분류한다.

- 프라이머리 디펙트(Primary Defects) : 향미에 영향을 크게 끼치는 결점두
- 세컨더리 디펙트(Secondary Defects) : 향미에 영향을 적게 끼치는 결점두

프라이머리 디펙트	Full Defects
Dried Cherry/Pod	1
Fungus Damaged	1
Severe Insect Damaged	5
Full Black Bean	1
Full Sour Bean	1
Foreign Matter	1

세컨더리 디펙트	Full Defects
Hull/Husk	5
Broken/Chipped/Cut	5
Slight Insect Damaged	10
Partial Black Bean	3
Partial Sour Bean	3
Withered	5
Shell	5
Floater	5
Immature/Unripe	5
Parchment	5

> **임쌤의 꿀팁**
>
> 예를 들어 생두 샘플 350g에서 Fungus Damaged 1개, Partial Black 3개, Shell 5개가 발견되었다면 풀 디펙트로 점수를 환산했을 때 1점+1점+1점=3점이 된다. 하지만 스페셜티 등급에서 허용하지 않는 프라이머리 디펙트가 발견되었기 때문에, 이 생두는 스페셜티 등급으로 분류되지 않는다.

PART 1 출제 예상 문제

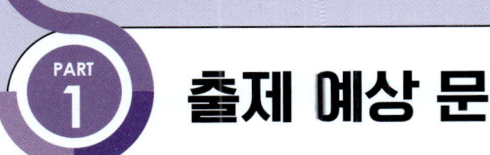

01 커피의 기원에 대하여 ( ) 안에 들어갈 단어가 옳게 짝지어진 것은?

> 커피는 기원전 7세기경 ( )에서 최초로 발견된 것으로 알려져 있고, 가장 보편적인 커피 발견 신화는 염소지기 목동이었던 ( )의 전설이다.

① 에티오피아, 오마르
② 예멘, 칼디
③ 에티오피아, 칼디
④ 예멘, 오마르

02 커피 체리의 구조를 바깥쪽부터 안쪽으로 바르게 나열된 것은?

① 외과피 – 파치먼트 – 과육 – 점액질 – 은피 – 생두
② 외과피 – 파치먼트 – 점액질 – 과육 – 은피 – 생두
③ 외과피 – 과육 – 점액질 – 파치먼트 – 은피 – 생두
④ 외과피 – 과육 – 파치먼트 – 점액질 – 은피 – 생두

03 다음 커피 역사적 기록에서 명칭의 변화가 바르게 연결된 것은?

> 커피에 대한 최초의 기록은 아라비아 의학자 ( )의 문헌에서 뜨겁고, 건조한 성질을 지닌 ( )(으)로 소개되어 있고, 시대와 지역을 거치면서 아랍어 ( )(와)과 튀르키예어 ( )(으)로 명칭이 변화하였다.

① 라제스 – 분카 – 카와 – 카흐베
② 칼디 – 분카 – 카와 – 카흐베
③ 라제스 – 분카 – 카흐베 – 카와
④ 바바 부단 – 분카 – 카와 – 카흐베

정답

01 ③ 커피 발견 기원설 중 에티오피아 칼디의 전설에 대한 설명이다.
02 ③ 바깥쪽부터 외과피 ▶ 과육 ▶ 점액질 ▶ 내과피 ▶ 은피 ▶ 생두의 구조를 가진다.
03 ① 커피와 관련된 최초의 기록을 남긴 라제스(Rhazes)는 '분춤(Bunchum 또는 Bunca)'로 커피를 소개하였고, 아랍어 '카와(Qahwah)', 터키어 '카흐베(Kahve)'로 그 명칭이 변화하였다.

04 커피를 최초로 수출한 지중해 연안의 항구 도시는?

① 수에즈　　② 메카
③ 모카　　　④ 베니스

05 아라비아 지역에서 재배되던 커피가 유럽으로 최초로 전파된 도시는?

① 런던　　② 비엔나
③ 파리　　④ 베니스

06 커피가 영국에 전파되는 과정에서의 커피하우스에 관한 설명으로 옳은 것은?

① 1652년 파스카 로제가 런던에 커피하우스를 최초로 오픈하였다.
② 1686년 런던에 오픈한 카페 프로코프가 최초이다.
③ 1650년경 오픈한 카페 플로리안이 최초이고, 현존하는 가장 오래된 카페이다.
④ 영국 최초의 커피숍은 1691년 거트리지 커피하우스로 알려져 있다.

07 이슬람에서 유럽으로 처음 들어올 당시 '이교도의 음료'로 박해를 받던 커피에 세례를 주어 유럽으로 본격적으로 전파될 수 있도록 한 인물은?

① 베네딕토 13세　　② 그레고리오 15세
③ 클레멘트 8세　　 ④ 콘스탄티노 2세

08 다음에서 설명하는 국가로 옳은 것은?

> 이슬람권에서 반출이 엄격히 통제된 커피나무를 인도네시아와 스리랑카에 심고 커피 재배하는 데 성공하여 대규모 커피 재배를 통해 한동안 커피 생산과 무역을 주도하였다.

① 이탈리아　　② 네덜란드
③ 영국　　　　④ 프랑스

정답

04 ③　커피를 처음 경작하고 수출하였던 곳은 6세기경 예멘의 모카(Mocha) 항구이다.
05 ④　1600년경 베니스(베네치아)의 상인들에 의해서 유럽으로 커피가 전파되어 1645년 베니스에 최초의 커피하우스가 오픈되었다.
06 ①　① 영국 런던의 파스카 로제의 커피하우스(1652) ② 카페 르 프로코프(프랑스, 1686) ③ 카페 플로리안(이탈리아, 1720) ④ 거트리지 커피하우스(미국, 1691)
07 ③　카톨릭 문화권이던 유럽에 들어온 이슬람에서 온 커피는 '이교도의 음료'로 박해를 받았으나, 교황 클레멘트 8세의 커피 세례를 계기로 유럽으로 널리 퍼지게 되었다.
08 ②　1616년 네덜란드 상인이 커피나무를 몰래 들여와 암스테르담 식물원에 이식하였으며, 커피 재배에 야심이 있었던 네덜란드는 자국의 식민지인 인도네시아 자바(Java) 섬과 실론(Ceylon, 현 스리랑카) 섬 등에 커피 농장을 만들었으며, 이후 한동안 커피 생산과 무역을 주도하였다.

09 커피의 역사적 사실에 대한 설명으로 틀린 것은?

① 이슬람 승려 바바 부단에 의해서 예멘 모카로부터 인도 남부 지방으로 커피 종자가 밀반출되었다.
② 1500년경 오스만튀르크 제국의 수도였던 콘스탄티노플에 최초의 커피하우스가 들어섰다.
③ 한국 최초의 커피하우스는 덕수궁 안에 있던 '정관헌'이다.
④ 미국은 영국의 영향을 받아 차를 주로 소비하다가 보스턴 차 사건을 계기로 커피 소비가 활발해졌다.

10 다음에서 설명하고 있는 인물로 옳은 것은?

> 커피는 유럽의 많은 예술가에게 사랑을 받았는데, 그중 (　)(은)는 '인간희극' 등의 대작을 남긴 위대한 작가이면서, 매일 60잔의 커피를 즐겨 마셨다고 알려진 프랑스의 대문호이다.

① 바흐(Bach)
② 모차르트(Mozart)
③ 루소(Rousseau)
④ 발자크(Balzac)

11 커피를 좋아했던 고종이 덕수궁 내에 우리나라 최초로 로마네스크풍의 목조건물을 지어 커피와 다과를 즐겼다고 하는 이곳은 어디인가?

① 정관헌
② 석어당
③ 밀다원
④ 석조전

12 커피의 식물학적 설명으로 옳은 것은?

① 커피나무는 꼭두서닛과에 속하는 다년생 상록 쌍떡잎식물이며 원산지는 예멘이다.
② 커피 체리 안에는 항상 2개의 커피 씨앗이 들어 있다.
③ 커피 열매는 숙성되며 녹색, 빨간색, 노란색으로 익어 간다.
④ 카페인 함량은 아라비카종보다 로부스타종이 더 높다.

정답

09 ③ 한국 최초의 커피하우스는 1902년 덕수궁 옆에 지어진 손탁호텔 커피하우스이다.
10 ④ 프랑스의 대문호 발자크(Balzac)는 매일 60잔의 커피를 즐기는 커피 애호가였다고 전해진다.
11 ① 아관파천 당시에 커피를 처음 접했던 고종은 덕수궁 내에 '정관헌'이라는 목조건물을 지어 커피와 다과를 즐겼다고 전해진다.
12 ④ 아라비카의 카페인 함량은 약 1.4%, 로부스타는 약 2.2~2.0%이다.

13 다음 중 아라비카종에 대한 설명으로 틀린 것은?

① 풍부하고 개성 있는 향을 가지고 있어 주로 원두커피에 사용한다.
② 로부스타종에 비해 재배 조건이 대체로 까다롭고 저지대에서 주로 재배된다.
③ 생두는 납작한 타원형이고 원산지는 에티오피아이다.
④ 염색체 개수는 44개이고, 자가수분을 통해 수정된다.

14 커피나무의 열매를 형태학적으로 분류하였을 때로 적합한 것은?

① 핵과   ② 견과
③ 정과   ④ 유과

15 커피의 3대 원종에 해당하지 않는 것은?

① 아라비카   ② 리베리카
③ 카네포라   ④ 티피카

16 아라비카종이 아닌 커피는?

① 콜롬비아 수프리모(Colombia Supremo)
② 에티오피아 예가체프(Ethiopia Yirgacheffe) G2
③ 인도네시아(Indonesia) WIB
④ 케냐(Kenya) AA

17 다음 중 로부스타에 대한 설명으로 옳은 것은?

① 아프리카 에티오피아가 원산지이며 1895년 학계에 처음 보고되었다.
② 로부스타의 최대 생산 국가는 베트남이다.
③ 카페인 함량이 아라비카보다 훨씬 적어 많은 국가에서 재배 규모를 늘려 가고 있다.
④ 체리의 성숙 기간은 아라비카에 비해 짧은 편이다.

정답

13 ② 아라비카는 800m~2,000m의 고지대, 로부스타는 800m 이하의 저지대에서 주로 재배된다.
14 ① 커피 열매는 복숭아, 자두, 호두같이 과육 안에 씨앗이 들어 있는 핵과(Stone Fruits)로 분류된다.
15 ④ **커피의 3대 원종**
   • 아라비카
   • 카네포라(로부스타)
   • 리베리카
16 ③ 인도네시아 WIB(Washed Indonesia Bean)는 로부스타 품종이다.
17 ② ① 로부스타는 아프리카 콩고가 원산지이다. ② 베트남은 현재 로부스타 최대 생산 국가이다. ③ 카페인 함량이 아라비카보다 높은 편이다. ④ 로부스타 체리의 성숙 기간은 9~11개월로 아라비카(6~9개월)보다 긴 편이다.

18 아라비카와 로부스타에 대한 비교 설명으로 틀린 것은?

① 로부스타는 아라비카보다 병충해에 더 내성이 있다.
② 아라비카는 타가수분, 로부스타는 자가수분을 한다.
③ 카페인 함량은 아라비카에 비해 로부스타가 더 높다.
④ 아라비카와 로부스타 모두 꽃잎이 흰색이다.

19 브라질에서 발견된 티피카의 돌연변이종으로 생두가 커서 '코끼리 콩'이라고도 불리며, 생산성은 낮지만 생두가 크기 때문에 상업적 가치가 있는 품종은?

① 마라고지페　　② 파카스
③ 문도 노보　　④ 카투라

20 다음에서 설명하고 있는 품종으로 옳은 것은?

> 에티오피아 야생 품종으로 시작되어 코스타리카, 과테말라를 거쳐 파나마의 라 에스메랄다 농장에서 개발되어 2004년 세계 시장에 나온 이후로 고가에 거래가 되는 품종으로 화사한 향미가 특징이다.

① 파카마라　　② SL28
③ 카투아이　　④ 게이샤

21 아라비카 품종과 설명의 연결이 옳은 것은?

① 카투라 – 버번의 돌연변이종
② 버번 – 아라비카 원종에 가장 가까운 품종
③ 켄트 – 아라비카와 로부스타의 교배종
④ 카티모르 – 티피카의 돌연변이종

정답

18 ② 아라비카는 자가수분, 로부스타는 타가수분에 의해 수정을 한다.
19 ① 1870년 브라질에서 발견된 티피카의 돌연변이종인 마라고지페(Maragogype)는 다른 품종에 비해 나무의 덩치도 매우 크고 생두도 크기 때문에 '코끼리콩'이라고 불리지만 생산성이 낮고, 향미의 특별한 특징은 없다.
20 ④ 게이샤(Geisha)는 에티오피아의 게샤(Gesha) 마을 근처에서 발견된 야생 품종이다. 코스타리카, 콜롬비아 등을 거쳐 파나마 에스메랄다 농장을 통해 세상에 등장하면서 유명해졌다. 현재는 파나마, 에티오피아, 콜롬비아 케냐 등에서 소량 생산하고 있으며, 화려하고, 과일 향이 진하고 강한 개성이 있는 특징이 있다. 현재 세계에서 가장 고가에 거래되는 품종 중의 하나이다.
21 ① ① 카투라 – 버번의 돌연변이종 ② 티피카 – 아라비카 원종에 가장 가까운 품종
　　③ 켄트 – 티피카의 돌연변이종 ④ 카티모르 – HdT와 카투라의 인공교배종

22 문도 노보와 카투라의 교배종으로 브라질의 주력 품종 중 하나이며, 병충해와 홍수 등에 강한 장점이 있는 품종은?

① 티피카
② 파카스
③ 카티모르
④ 카투아이

23 커피 재배에 대한 설명 중 틀린 것은?

① 연평균 22℃ 정도의 온화한 아열대 지역에서 커피 재배가 가능하다.
② 화산지형의 토양은 배수가 잘되고 유기물질, 무기물이 풍부하여 커피 재배에 적합하다.
③ 커피 열매가 잘 자라기 위해서는 햇빛이 직사광선으로 잘 내리쬐는 고지대가 유리하다.
④ 고지대에서 자라는 커피일수록 밀도가 높아 고급 커피로 취급받는다.

24 다음 중 아라비카 재배 지역으로 부적합한 곳은?

① 연평균 기온 15~24℃ 정도의 연평균 강수량 1,500~2,000mm인 지역
② 건기와 우기의 구분이 뚜렷하고 알칼리성 토양인 지역
③ 적도를 기준으로 북위 25°와 남위 25° 사이 아열대 기후의 고지대
④ 화성암, 현무암 등의 풍화 지대로 비옥하고 배수성이 좋은 지역

25 커피를 재배하는 방법 중 하나인 셰이딩(Shading)에 대한 설명으로 틀린 것은?

① 일조량을 줄이기 위해 키가 큰 나무의 그늘 아래에서 재배하는 것을 말한다.
② 커피 열매가 천천히 성숙하므로 커피 품질을 향상시킬 수 있다.
③ 이런 방법으로 생산된 커피를 셰이드 그로운(Shade Grown) 커피라고 한다.
④ 키가 큰 침엽수를 셰이드 트리로 이용하며, 셰이딩 공법을 가장 많이 하는 나라는 브라질이다.

정답

22 ④ 카투아이는 문도 노보와 카투라의 인공교배종으로 1949년에 개발된 브라질의 주력 품종이다. 병충해와 강풍, 홍수, 가뭄에 강하다는 장점이 있지만 향미는 큰 특징 없이 무난한 맛을 낸다.
23 ③ 커피나무는 직사광선이 닿지 않는 완만한 곳에서 잘 자라며, 커피나무에 닿는 강한 햇빛을 막기 위해 셰이드 트리를 심기도 한다.
24 ② 아라비카 재배에 적합한 토양은 커피의 산미 형성에 도움을 주는 약산성 토양(pH5)이 적합하다.
25 ④ 브라질은 주로 저지대 평지의 대형 농장에서 햇볕 경작(Sun-Grown)을 통해 커피를 재배한다.

26 커피를 재배하기에 적합한 토양 환경 중에서 현무암과 휘록암이 풍화되어 보랏빛 색깔을 띠고 브라질 지역 등에서 주로 볼 수 있는 것은?

① 테라록사 ② 테라로사
③ 레구르 토 ④ 라테라이트

27 다음 중 커피 재배에 대하여 바르게 설명하고 있는 것은?

① 환경 적응과 발아율을 높이기 위해서 커피 밭에 직접 파종한 후에 성장시킨다.
② 무기질이 풍부한 화산성 토양과 강한 햇볕이 커피 재배에 적합하다.
③ 묘판에 파종하고 발아하면 상태가 양호한 나무를 골라 재배지에 옮겨 심는다.
④ 파치먼트 파종은 비가 많이 오는 우기 때 하면 발아율이 높다.

28 커피나무 재배에 보편적으로 이용하고 있는 파종 방법으로 옳은 것은?

① 직파 ② 접목
③ 조직 배양 ④ 파치먼트 파종

29 커피나무에서 커피 꽃이 피고 지는 기간은 일반적으로 얼마인가?

① 2~3일 ② 7일
③ 10일 ④ 20일

30 다음에서 설명하는 커피 수확 방법으로 옳은 것은?

> 잘 익은 커피 체리를 수확할 수 있어 선별도가 높지만 인건비 등 노동력이 많이 들어가고, 주로 워시드 가공 커피를 수확하는 국가에서 많이 사용한다.

① 기계 수확 ② 스트리핑
③ 핸드 피킹 ④ 가지치기

정답

26 ① 테라록사(Terra Roxa)란 현무암과 휘록암이 풍화된 자색 토양이다.
27 ③ 커피 재배는 묘판에 심고 발아하여 30~50cm의 묘목이 되면 건기 때 커피밭에 옮겨다 심어서 성장시킨다.
28 ④ 생두를 감싸고 있는 내과피(Parchment)가 있는 상태에서 파종한다.
29 ① 커피 꽃의 개화 기간은 2~3일이다.
30 ③ 커피 수확 방법으로는 핸드 피킹, 스트리핑, 메커니컬 피킹(기계 수확)이 있으며, 핸드 피킹이 노동력은 많이 들지만 가장 선별도가 높다.

31 커피나무의 가지치기에 대하여 틀리게 설명하고 있는 것은?

① 키가 큰 나무로 성장시켜 열매를 많이 맺도록 하기 위함이다.
② 수확을 용이하게 하기 위함이다.
③ 격년결실 현상을 완화하기 위해서 실시한다.
④ 열매가 열리는 가지의 성장을 촉진시키기 위해서이다.

32 커피의 가공 방식 중 다음에서 설명하고 있는 방식은?

> 커피 체리의 과육을 벗기고 건조시켜 커피의 개성 있는 단맛을 지킬 수 있는 가공 방식으로 코스타리카에서 많이 시행하고 있으며, 점액질을 남기는 정도에 따라 옐로, 레드, 블랙 프로세스로 더 세분화할 수 있다.

① 내추럴 프로세스　　② 허니 프로세스
③ 세미 워시드　　　　④ 펄프드 내추럴

33 커피의 가공 방식 중 습식법의 순서로 옳은 것은?

① 세척 – 선별 – 펄핑 – 발효 – 점액질 제거 – 세척 – 건조
② 세척 – 선별 – 발효 – 펄핑 – 점액질 제거 – 세척 – 건조
③ 선별 – 펄핑 – 세척 – 발효 – 점액질 제거 – 세척 – 건조
④ 선별 – 펄핑 – 발효 – 점액질 제거 – 세척 – 세척 – 건조

34 커피 가공 방식 중 건식법에 대한 설명으로 옳은 것은?

① 물이 풍부한 국가에서 주로 사용하는 방법이다.
② 커피 체리를 수확한 다음 과육을 벗겨 건조하는 방법이다.
③ 건식법으로 생산한 커피는 마일드 커피(Mild Coffee)라고 하며, 향미의 복합성이 뛰어나다.
④ 습도가 높은 국가는 건조 과정 중에 자연 발효가 일어날 가능성이 높아 사용하기 힘들다.

정답

31 ① 커피나무는 아라비카의 경우 5~6m, 로부스타는 10m까지 자란다. 하지만 사람이 수확하기에 원활한 나무의 높이 유지, 가지의 성장 촉진, 격년결실(한 해에 열매가 많이 열리면 다음 해는 열매가 많이 열리지 않는 현상)을 완화하기 위해 가지치기를 한다.

32 ② 내추럴 방식에 비해 덜 익거나 상한 체리가 섞이는 것을 줄여 고품질 커피를 기대할 수 있는 펄프드 내추럴과 유사한 허니 프로세스(Honey Process) 가공법에 대한 설명이며, 코스타리카에서 주로 사용하는 가공법이다.

33 ① 습식법(워시드)은 세척 → 선별 → 펄핑 → 발효 → 점액질 제거 → 세척 → 건조의 순서를 거친다.

34 ④ 건식법(내추럴) 가공법은 주로 물이 부족한 나라에서 쓰는 방법이며 과육을 벗기지 않은 상태로 건조시키는 방식이다. 습도가 높은 나라에서는 건조 시 썩거나 자연 발효가 일어나기 쉽기 때문에 사용하기 힘든 가공법이다. 향미의 복합성이 뛰어난 커피는 습식법으로 가공한 커피이다.

35 커피 체리를 수확하고 가공하는 방법에 대한 설명이 잘못된 것은?

① 펄프드 내추럴 방식은 브라질에서 처음 시작되었고, 고품질 커피를 기대할 수 있는 장점이 있다.
② 습식법은 전통적인 정제 방식이며 친환경적이다.
③ 물이 부족하고 햇볕이 좋은 지역에서 주로 이용하는 방식은 건식법이다.
④ 워시드 프로세스로 생산한 커피는 단맛은 적지만 깔끔하면서 향이 지역별로 개성이 있다는 특징이 있다.

36 다음 중 가공 후 탈곡하는 과정에 대해 잘못 설명하고 있는 것은?

① 습식 가공된 파치먼트를 벗기는 것을 허스킹이라고 한다.
② 폴리싱은 생두를 감싸고 있는 은피를 제거하는 과정이다.
③ 폴리싱 작업을 하고 나면 중량 손실을 가져올 수도 있다.
④ 프리클리닝(Pre-Cleaning)은 탈곡 전에 이물질, 먼지 등을 제거하는 과정이다.

37 생두의 포장, 보관 방법에 대한 설명으로 옳은 것은?

① 생두의 포장 기준은 bag 60kg으로 국제적인 표준을 엄수한다.
② 생두는 보통 공기가 통하지 않도록 진공 포장하여 보관한다.
③ 내추럴 커피는 워시드 커피에 비해 보관 기간이 길다.
④ 콜롬비아의 포장 단위는 60kg이다.

38 디카페인 커피 제조법 중 다음에서 설명하고 있는 것은?

> 1930년대 스위스에서 개발된 탄소 필터를 통해 안전하게 카페인을 제거하는 기술로써, 회수된 카페인의 순도가 높아 다시 음료수나 약품 제조로 사용할 수 있다.

① 물 추출법　　　② 용매 추출법
③ 질소 추출법　　④ 초임계 추출법

정답

35　②　습식법은 점액질을 제거할 때 막대한 양의 물이 사용되어 수질 오염 등 환경 문제가 많은 가공법이다.
36　①　• 헐링(Hulling) : 습식 가공된 파치먼트를 제거하는 후공정
　　　　• 허스킹(Husking) : 내추럴 가공된 커피의 껍질과 파치먼트를 제거하는 공정
37　③　① 국제적인 포장 기준은 1bag당 60kg이다(예 : 브라질). ② 탈곡을 마친 커피 생두는 통기성이 좋은 백에 담는다. ③ 워시드 커피는 내추럴 커피에 비해 보관 기간이 짧은 편이다. ④ 콜롬비아의 포장 단위는 70kg이다.
38　①　디카페인 커피 제조 방법 중 물 추출법은 생두를 물에 담그거나 뜨거운 물을 생두에 통과시켜 카페인을 제거하는 방법이다. 화학약품을 사용하지 않고 안전하게 99.9%까지 카페인을 제거할 수 있다. 회수된 카페인의 순도가 높아 음료수나 약품 제조에 다시 쓸 수 있다.

39 생두 분류 기준에 해당하지 않는 것은?

① 생두 크기 ② 재배 고도
③ 생두 무게 ④ 결점두 개수

40 생두 분류 기준에 대한 설명으로 틀린 것은?

① 재배 고도가 높을수록 높은 등급으로 평가한다.
② 스크린 사이즈로 평가할 때 크기가 클수록 높은 등급으로 분류가 되며, 품질도 우수하다.
③ 피베리는 커피 체리 안에 하나의 빈이 있는 경우를 말하며, 스크린 사이즈 13 이하이다.
④ 브라질은 결점두 수에 따라 생두를 분류하며, No2~8로 표시한다.

41 생두의 크기에 따른 분류인 스크린 No.18과 가장 거리가 먼 것은?

① SHB ② A
③ Supremo ④ Large Bean

42 커피를 분류하는 방법이 나머지와 다른 곳은?

① 과테말라 ② 멕시코
③ 온두라스 ④ 콜롬비아

43 코스타리카, 엘살바도르 등의 국가에서 생두를 분류하는 기준에 따르면 최고 등급을 SHB라고 하는데 이는 어떤 기준에 의한 분류법인가?

① 생두의 크기
② 생두의 무게
③ 생두의 재배 고도
④ 생두의 수분함량

정답

39 ③   생두의 분류 기준으로는 생두 크기, 재배 고도, 결점두가 있다.
40 ②   생두의 크기와 품질은 비례 관계가 성립하지 않는다.
41 ①   SHB는 재배 고도에 따른 분류 등급이다.
42 ④   콜롬비아는 생두 크기(스크린 사이즈)에 따라 생두를 분류한다.
43 ③   재배 고도에 따라 분류하는 나라는 멕시코, 과테말라, 온두라스, 코스타리카, 엘살바도르 등이며 이들 국가에서 최고 등급은 SHB(Strictly Hard Bean)으로 표기한다.

44 스페셜티커피협회의 생두 분류 중 최고 등급으로 분류하는 명칭은?

① 프리미엄 그레이드(Premium Grade)
② 하이엔드 그레이드(High-End Grade)
③ 마이크로 랏(Micro Lot)
④ 스페셜티 그레이드(Specialty Grade)

45 스페셜티 등급에서 단 한 개도 허용하지 않는 결점두이며, 보통 덜 익은 커피 체리를 수확하여 로스팅했을 때 다른 원두에 비해 현저히 밝은 색깔을 띠는 콩은?

① 플랫 빈(Flat Bean)
② 블랙 빈(Black Bean)
③ 퀘이커(Quaker)
④ 플로터(Floater)

46 커피의 수확 연도를 기준으로 1년 이상 2년 이내의 생두에 해당되는 것은?

① 패스트 크롭(Past Crop)
② 뉴 크롭(New Crop)
③ 올드 크롭(Old Crop)
④ 스몰 크롭(Small Crop)

47 브라질은 결점두에 따른 분류 외에도 여러 분류 기준이 있다. 그중 맛에 의한 분류법에서 가장 우수한 등급은?

① Rio
② Soft
③ Softish
④ Strictly Soft

정답

44 ④   SCA의 생두 분류법은 스페셜티 등급(Specialty Grade)과 프리미엄 등급(Premium Grade)으로 분류한다.
45 ③   퀘이커(Quaker)란 로스팅 후에 색깔이 다른 콩에 비해 현저히 밝은 콩을 말한다. 안 익었거나 덜 익은 커피 체리를 수확한 것이 원인이다.
46 ①   • 뉴 크롭 - 수확한 지 1년 이내
          • 패스트 크롭 - 1~2년 이내
          • 올드 크롭 - 2년 이상 지난
47 ④   Strictly Soft 〉 Soft 〉 Softish 〉 Hard 〉 Riada 〉 Rio 〉 Zona

48 다음은 SCA 분류법에 대한 설명이다. ( )에 들어갈 내용으로 알맞게 나열된 것은?

> SCA 분류는 스페셜티 등급과 프리미엄 등급 등으로 구분되는데, 그중 스페셜티 등급은 생두 샘플 ( )g 중 Full Defects 결점수 ( ) 이내이고, 원두 샘플 ( )g 중에서 퀘이커는 ( ) 이내여야 한다.

① 350, 5, 100, 0
② 350, 8, 100, 1
③ 350, 8, 100, 3
④ 300, 5, 150, 0

49 SCA 분류 기준 결점두에 대한 설명이 옳은 것으로만 짝지어진 것은?

> ㉠ 펑거스 데미지(Fungus Damage) : 곰팡이가 발생하여 퍼런 색깔을 띤다.
> ㉡ 사우어 빈(Sour Bean) : 해충이 생두에 파고 들어가 발효되어 강한 신맛이 난다.
> ㉢ 플로터(Floater) : 덜 익은 콩을 수확하여 로스팅 후 밝은색을 띤다.
> ㉣ 쉘(Shell) : 조개껍데기처럼 바깥쪽만 남게 되는 결점두로 유전적 원인으로 발생한다.

① ㉠, ㉡
② ㉡, ㉢
③ ㉠, ㉣
④ ㉢, ㉣

50 커피를 생산하는 지역인 커피벨트에 속하는 위도 범위는?

① 북위 20° ~ 남위 20°
② 북위 25° ~ 남위 25°
③ 북위 30° ~ 남위 30°
④ 북위 15° ~ 남위 15°

51 주요 커피 생산 국가와 대표적인 커피로 잘못 짝지어진 것은?

① 인도네시아 – 만델링(Mandheling) G1
② 코스타리카 – 타라주(Tarrazu) SHB
③ 자메이카 – 블루 마운틴(Blue Mountain) No.1
④ 온두라스 – 후일라(Huila) Supremo

정답

48 ① SCA 기준 스페셜티 등급은 샘플 중량 생두 350g, 원두 100g 안에서 생두는 풀 디펙트(향미에 크게 영향을 끼치는 결점두)는 5개 이내, 원두에서는 퀘이커가 1개도 있어서는 안 된다.
49 ③ ㉡ 사우어 빈(Sour Bean)은 너무 익어 땅에 떨어진 체리 또는 과발효 시에 생긴다. ㉢ 플로터(Floater)는 잘못된 보관 또는 건조로 색깔이 연하고 콩의 밀도가 낮은 결점두이다.
50 ② 커피가 생산되는 지역인 커피 벨트에 속하는 위도 범위는 북위 25°와 남위 25° 사이이다.
51 ④ 후일라 수프리모는 대표적인 콜롬비아 커피이다.

52 다음에서 설명하는 커피 생산 국가는?

> 정부의 적극적인 투자와 좋은 커피 인프라로 인해 세계 시장에서 고품질의 커피 생산 국가로 평가받고 있다. 워시드와 세미 워시드 방식으로 커피를 생산하며, 로부스타 재배는 법적으로 금지되어 있다. 대표적인 생산 지역은 웨스트 밸리(West Valley), 산호세(San Jose), 타라주(Tarrazu) 등이다.

① 엘살바도르
② 과테말라
③ 온두라스
④ 코스타리카

53 커피 생산 국가와 생산 지역이 잘못 연결된 것은?

① 멕시코 – 오악사카(Oaxaca)
② 탄자니아 – 킬리만자로(Kilimanjaro)
③ 브라질 – 예가체프(Yirgacheffe)
④ 과테말라 – 우에우에테낭고(Huehuetenango)

54 인도네시아 커피로 사향고양이의 배설물에서 커피 씨앗을 채취하여 깨끗이 세척한 후 가공한 커피는?

① 코나 커피(Kona Coffee)
② 만델링(Mandheling)
③ 위즐 커피(Weasel Coffee)
④ 코피 루왁(Kopi Luwak)

55 다음 중 수출 항구의 이름에서 유래하여 붙여진 커피는?

① 산토스(Santos)
② 마타리(Mattari)
③ 코나(Kona)
④ 블루 마운틴(Blue Mountain)

정답

52 ④   설명에 해당하는 커피 생산 국가는 코스타리카(Costarica)이다.
53 ③   예가체프는 에티오피아의 대표적인 커피 생산지이다.
54 ④   코피 루왁은 동물의 배설물을 이용한 대표적인 커피이며, 인도네시아 외에 라오스, 태국 등지에서도 생산한다.
55 ①   브라질 산토스 항구는 중남미에서 가장 큰 항구이며, 항구 명칭에서 유래한 산토스 커피가 유명하다.

56 다음 중 커피 생산에 대한 설명으로 틀린 것은?

① 브라질은 세계 커피 생산량의 약 30%를 차지하는 최대 생산국이다.
② 베트남은 브라질에 이어 커피 생산량 2위 생산국이며 아라비카를 주로 생산한다.
③ 에티오피아는 커피의 원산지로서, 아프리카 국가 중에서 가장 많이 커피를 생산한다.
④ 브라질, 과테말라, 탄자니아는 아라비카뿐만 아니라 로부스타도 생산한다.

57 다음에서 설명하고 있는 커피는?

> 건식법으로 가공한 커피를 습한 남서 계절풍에 2~3주 건조하여 숙성시킨 커피로, 인도 말라바(Malabar) 지역에서 생산하며 강한 바디감과 독특한 향미를 느낄 수 있다.

① 유기농 커피(Organic Coffee)
② 에코 커피(Eco Coffee)
③ 몬순 커피(Monsooned Coffee)
④ 에이징 커피(Aging Coffee)

58 다음에서 설명하는 커피 질병으로 옳은 것은?

> 커피나무가 이 병에 걸리면 수확량이 감소하고 나무가 죽을 수도 있다. 현재까지 가장 피해가 크다고 알려진 질병으로, 18세기 인도네시아 자바(Java)섬과 스리랑카의 실론(Ceylon)섬에서 아라비카종을 황폐화시키기도 했다.

① 커피녹병(Coffee Leaf Rust)
② 커피 열매병(Coffee Berry Disease)
③ 커피 시듦병(Coffee Wilt Disease)
④ 둥근 무늬 바이러스(Coffee Ringspot Virus)

정답

56 ② 베트남은 세계 커피 생산량 2위 국가이며, 90% 이상을 로부스타가 차지한다.
57 ③ 몬순 커피는 인도에서 가장 유명한 커피이다. 인도 말라바 지역에서 건식으로 가공한 커피를 몬순·남서 계절풍에 건조 및 숙성시켜 만든다. 산미는 약하고, 강한 바디감이 있으며, 생두가 노란빛을 띠며, 흙내와 같은 거칠고 독특한 향미가 있다.
58 ① 아라비카종은 커피녹병(Coffee Leaf Rust)에 내성이 없으며, 가장 치명적인 병충해이다.

59 국제커피기구(ICO)가 정한 '커피 이어(Coffee Year)'의 산정 기준일은?

① 1월 1일
② 7월 1일
③ 10월 1일
④ 12월 1일

60 다음 커피 소비에 대한 설명으로 잘못된 것은?

① 단일 국가로는 미국, 독일, 일본, 러시아 순으로 커피 소비가 많다.
② 가장 커피 소비가 많은 대륙은 북유럽이다.
③ 커피 생산국 중에서 가장 커피 소비가 활발한 나라는 브라질이다.
④ 국민 1인당 커피를 가장 많이 마시는 나라는 이탈리아다.

정답

59 ③ 커피의 수확 시기는 산지마다 차이가 있으나 커피 생산량의 절반 이상을 차지하는 아프리카, 중남기, 남미 농장들은 9월이면 수확을 마무리하고 새로운 커피를 준비한다. 또한 ICO가 생산량 집계 회기 기준을 삼는 커피 연도(Coffee Year)가 매년 10월 1일에 시작한다.

60 ④ 북유럽 국가들이 국민 1인당 커피 소비량이 가장 많은 편이며 2016년에는 핀란드가 12kg으로 1위를 차지하였다.

PART 2

로스팅(Roasting)

Chapter 1
로스팅의 이해

Chapter 2
로스팅 방법

Chapter 3
토스팅 디펙트와 블렌딩

로스팅의 이해

❶ 로스팅의 의미

로스팅이란 생두(Green Bean)에 열을 가해 물리적, 화학적 반응을 일으켜 수많은 성분의 형성, 분해를 통해 향미(Aroma), 맛(Flavor)을 만들어 내는 전체 과정을 말한다. 여러 변수를 제어하고 향미를 이끌어 내는 과정이기에 로스터에 따라 어떻게 로스팅하느냐는 재료(생두)가 가진 기본 특성만큼이나 차별화된 커피를 만들어 낼 수 있는 창조적인 프로세스라고 할 수 있다. 흔히들 로스팅을 통해서 이전에 없던 새로운 향미를 만들어 낸 것처럼 착각하기도 하는데, 좀 더 정확히 표현하자면 로스팅이란 생두에 잠재된 긍정적인 향미 성분을 잘 이끌어 내는 것, 부정적인 향미를 최소화하는 것. 이 두 가지가 더 맞다고 할 수 있을 것이다.

▲ 커피 로스팅

로스팅을 하기 전 로스터는 무엇보다 생두를 잘 이해하고 있어야 한다. 기본 재료인 생두의 품종부터 시작해서, 수분함량, 밀도, 결점두에 대한 이해, 피킹 정도 등을 잘 알고 있어야 하고 그에 맞게끔 로스팅 방향을 설정해서 진행해야 한다.

로스팅 과정을 통해 생두에는 물리적인 변화가 나타난다. 수분 기화, 부피 팽창, 다공질 구조 생성, 색깔의 변화, 무게 감소 등이 그 예이다. 화학적인 변화로는 캐러멜화(Caramelization)와 마이야르 반응(Maillard Reaction)이 있는데, 이와 같은 변화를 통해 성분이 변화하면서 향미가 생기는 것이다.

❷ 로스팅에서의 열전달

1) 전도(Conduction)

전도란 온도가 높은 쪽에서 낮은 쪽으로 전도체(분자)를 통해 열이 전달되는 방식을 말한다. 로스팅 시에는 로스터 내부에서 각각 다른 온도의 생두들이 접촉하여 서로 열을 전달하게 되는데, 이때 열이 특정 부분에만 과하게 전달될 수가 있다. 또한 로스터 내부에서 교반이 제대로 이루어지지 않을 때에는 부분적으로 타거나 균일하지 않은 색상을 띠게 될 수도 있다. 로스터 내부 드럼 사이즈에 비해 적은 양의 생두가 투입되었을 경우 열전도가 빨라지는 등 로스팅의 일관성, 균일성 면에서 주의가 많이 필요한 열전달 방식이다.

2) 복사(Radiation)

복사는 태양열이 지구에 전달되듯이 직접적인 접촉 매개체 없이도 가열된 생두나 드럼 등의 요소에서 적외 복사열이 전달되는 형식이다. 로스팅에서는 비중이 가장 낮지만 생두를 골고루 익히는 안정적인 역할을 한다.

3) 대류(Convection)

대류란 기체나 액체가 순환하면서 열을 전달하는 방식을 말한다. 로스팅에서는 가열된 공기가 댐퍼 또는 송풍 장치에 의해 로스터 드럼 내부로 이동하고 투입된 생두와 드럼이 함께 회전하면서 지속적으로 열이 생두 전체이 전달되는 방식으로 열전달이 이루어진다.

로스팅에서 차지하는 비중이 가장 큰 방식이며, 뜨거워진 기체와 생두가 지속적으로 골고루 접촉하게 되기 때문에 열전달 효율이 좋고, 로스팅 균일도도 높은 편이다.

③ 로스팅의 물리적 변화

1) 구조(Structure)

생두는 약 100만 개의 단일 세포가 밀집된 형태를 이루고 있고 둥글게 말린 가운데 부분을 내부층과 외부층이 둘러싸고 있다. 이러한 구조로 인해 표면적에 따라 열을 흡수하는 정도가 다르고, 외부층과 내부층의 익는 정도가 달라진다. 보통의 로스팅 과정은 외부에서 열이 전달되기에 색상은 내부층이 외부층보다 밝다. 로스팅이 진행될수록 생두는 세포 구조가 약해지면서 부서지기 쉬운 다공질 구조로 바뀐다.

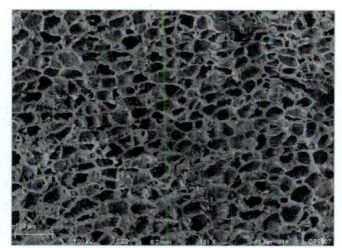

▲ 원두의 다공질 구조

2) 팽창(Expansion)

생두는 로스팅이 진행되면서 열을 흡수하다가 수분과 이산화탄소를 배출하면서 표면의 구멍이 커지고 세포 구조가 확장된다. 이 과정을 통해 부피는 늘어나고 조직이 다공질화되는데, 로스팅 전후로 부피는 50~100%까지 늘어나고 밀도는 감소한다.

3) 수분(Moisture)

생두는 보통 8~12% 정도의 수분을 함유하고 있다. 이 수분은 로스팅이 진행되면서 기화하다가 로스팅이 끝나면 1~2%까지 줄어든다. 수분 손실은 최종적으로 중량 감소로 이어져 생두 대비 원두는 12~24%가량 무게가 줄어든다. 생두의 수분함량이 높을수록, 뉴 크롭(New Crcp)일수록 로스터는 더 많은 열량을 투입할 필요가 있다.

> **임쌤의 꿀팁**
>
> 크랙(Crack)
> 로스팅 과정에서는 파열음과 함께 두 번의 크랙이 발생하는데, 1차 크랙(1st crack)은 생두 내부의 수분이 열과 압력에 의해 기화하면서 발생한다. 2차 크랙(2nd crack)은 목질 조직의 파괴가 일어나며 이산화탄소의 방출 때문에 일어난다. 이러한 과정을 팝(Pop) 또는 파핑(Popping)이라고 한다.

4) 색상(Color)

녹색 또는 청록색이었던 생두는 로스팅이 진행될수록 옅은 노란색 ▶ 갈색 ▶ 짙은 갈색 ▶ 검은색의 단계로 점점 색깔이 어둡게 바뀐다. 이러한 색깔의 변화는 당의 갈변 반응에 의한 것이며, 로스팅 단계를 판단하는 중요한 기준으로 사용된다.

▲ 로스팅 색상 변화

	SCA 분류	원두 상태	일본식 분류	명도값(L)
#95	Very Light		Light	31.2
#85	Light		Cinnamon	27.3
#75	Moderately Light		Medium	24.2
#65	Light Medium		High	21.5
#55	Medium		City	18.5
#45	Moderately Dark		Full City	16.8
#35	Dark		French	15.5
#25	Very Dark		Italian	14.2

로스팅 단계별 명칭이나 정의는 나라나 지역에 따라 다르다. SCA에서는 애그트론 넘버(Agtron No.) 25~95까지를 붙여 8단계로 나눠 각 단계에 명칭을 붙여 사용하며, 일본식으로는 명도값(L)에 따라 8단계로 분류하여 구분한다.

5) 오일(Oil)

생두는 고체 상태의 지방과 액체 상태의 오일이 8~15% 정도씩 차지하고 있으며 이를 커피 오일(Coffee Oil)이라 한다. 커피 오일에는 커피의 방향족 화합물(Aromatic Compounds)이 농축되어 있고 커피 추출액에는 0.1~0.8%로 소량만 용해되어 있다. 로스팅이 진행될수록 커피 오일은 눈에 보일 정도로 원두 표면에 흘러나온다.

④ 로스팅의 화학적 변화

로스팅에서 가장 중요한 화학반응은 갈변(Sugar Browning) 반응인 마이야르 반응과 캐러멜화가 있다.

마이야르 반응	아미노산과 환원당 사이에 일어나는 화학반응으로 열에 의해 수백 가지 방향족 화합물과 갈색의 멜라노이딘을 생성하게 된다. 생두의 수분 증발이 끝날 시점까지 일어나는 반응이다.
캐러멜화	열분해에 의해서 휘발성 화합물이 배출되면서 생두에 포함되어 있는 자당이 캐러멜당으로 변화하면서 황색으로 변화한다. 1차 크랙을 지나 2차 크랙 전까지 일어나는 반응이다.

> **임쌤의 꿀팁**
>
> 마이야르 반응, 캐러멜화 이외에도 로스팅 시 생두의 색깔이 변하는 또 하나의 갈변 반응은 클로로겐산에 의한 갈변이다. 클로로겐산류와 단백질 및 다당류와의 반응으로 고분자의 갈색 색소를 형성한다.

▼ 로스팅 시 성분의 변화

성분		생두(%)		원두(%)	
		전체	가용성 성분	전체	가용성 성분
탄수화물	당분	10.0	10.0	18.0~26.0	11.0~19.0
	섬유소 외	50.0	–	37.0	1.0
지질		13.0	–	15.0	–
단백질		13.0	4.0	13.0	1.0~2.0
무기질		4.0	2.0	4.0	3.0
산	클로로겐산	7.0	7.0	4.5	4.5
	유기산	1.0	1.0	2.35	2.35
알칼로이드	트리고넬린	1.0	1.0	1.0	1.0
	카페인	1.0	1.0	1.2	1.2
휘발성	탄산가스	–	–	2.0	미량
	향기 성분	–	–	0.04	0.04
페놀		–	–	2.0	2.0
총량		100	26	100	27~35

1) 탄수화물

탄수화물은 커피에서 가장 많은 비중을 차지하는 성분이다. 그중 다당류는 대부분이 불용성으로, 세포벽을 구성하는 셀룰로오스(Cellulose)와 헤미셀룰로오스(Hemicellulose)이다. 당류 중에서 가장 많은 자당(Sucrose)은 로스팅 과정에서 갈변 반응을 통해 원두가 갈색을 띠게 하고, 향미와 아로마 물질을 형성하며 로스팅 후에는 대부분 소실된다. 아라비카종이 로부스타종에 비해 두 배가량 더 많이 함유하고 있다.

2) 지질

아라비카의 15~17%, 로부스타의 10~11.5%를 차지하며 아로마의 상당 부분을 형성하는 성분은 지질이다. 이 지질은 로스팅을 하는 동안 열에 의해 변하지만 높은 온도에서도 상대적으로 안정적이기 때문에 성분 비율이 크게 변하지는 않는다.

대부분 트리글리세리드(Triglyceride, 자연계에서 찾아낼 수 있는 지방산 유도체 가운데서 가장 분포가 넓은 것) 형태이며, 그 밖에도 지방산(Fatty Acid), 스테롤(Sterol), 토코페롤(Tocopherol), 디테르펜(Diterpene) 등의 성분들이 생두 내부뿐만 아니라 표면에 왁스 형태로도 소량 존재한다. 지방산에는 리놀레산, 올레산, 스테아르산, 팔미트산 등이 있다.

3) 단백질

생두의 10~12%를 차지하는 단백질에는 펩타이드(Peptide), 유리아미노산(Free Amino Acid) 등이 포함되어 있다. 유리아미노산은 로스팅 과정에서 소실되고 단당류와 반응하여 멜라노이딘(Melanoidine)과 향기 성분(방향족 화합물)으로 바뀐다. 단백질의 아미노산은 마이야르 반응에 관여하는 주성분이다.

4) 산

커피에서 신맛을 느끼게 하는 성분인 산(Acid)은 대체로 유기산(탄소를 포함하는 산성의 유기화합물)에 의해 결정된다. 커피에는 다양한 종류의 산이 섞여 있으며, 시트르산(Citric Acid, 구연산), 퀸산(Quinic Acid, 기나산), 말산(Malic Acid, 사과산), 아세트산(Acetic Acid, 초산), 타타르산(Tartaric Acid, 주석산) 등이 있다. 추출된 커피에서 산의 양과 종류는 커피의 신맛뿐만 아니라 쓴맛 역시 좌우한다.

유기산 중에서 가장 많은 성분인 클로로겐산(Chlorogenic Acid)는 갈변 반응을 일으키는 성분이기도 하다. 생두 상태에서 가장 많이 존재하고 로스팅 초반부에 급속히 감소하면서 퀸산과 카페산(Caffeic Acid)으로 바뀐다. 아라비카종보다 로부스타종에 더 많이 함유되어 있다.

각각의 산은 각자의 특징과 맛을 가지고 있으며 로스팅 정도에 따라 많이 달라지므로 로스터는 로스팅 진행에 따른 산의 변화를 잘 이해할 필요가 있다.

5) 카페인

카페인(Caffeine)은 항균, 살균 작용을 하는 물질이다. 커피나무가 곤충과 미생물 등의 공격으로부터 스스로를 지키기 위해 가지게 된 방어 기제 물질로 작용해 왔다. 인간에게 카페인은 큰 해가 없는 반면 교감신경을 자극하고 심리적 안정과 각성을 일으켜 커피를 소비하게 된 원동력이 된 성분이기도 하다.

카페인의 끓는점은 178℃이고 로스팅 과정에서 도달하는 204℃에서도 비교적 안정적인 상태를 유지한다. 때문에 일부가 소실되긴 하지만 원두에서 차지하는 비중은 크게 변하지 않으며 커피의 쓴맛 성분 중 10% 정도를 카페인이 담당한다. 일반적으로 로부스타종이 아라비카종에 비해 함량이 높은 편인데, 이는 낮은 고도에서 재배되는 로부스타종이 그만큼 곤충들의 공격을 많이 받아서 더 많은 카페인을 만들도록 진화했기 때문이다.

6) 트리고넬린

트리고넬린(Trigonelline)은 카페인과 같은 알칼로이드 성분으로 커피의 쓴맛 성분 중 약 25% 정도를 차지한다. 원두 전체에서는 아라비카에서 약 1%, 로부스타에서 약 0.7%를 차지하며, 열에 불안정하기 때문에 로스팅이 진행됨에 따라 급속한 감소를 보인다. 쓴맛 이외에도 커피에서 느껴지는 캐러멜의 단맛과 흙과 같은 아로마 향 형성에 주로 기여한다.

7) 무기질

커피에 함유된 무기질은 40% 정도로 가장 비중이 많은 칼륨(K)과 그 외에도 인(P), 칼슘(Ca), 나트륨(Na), 망간(Mn) 등이 있다.

8) 비타민

생두에는 여러 비타민 성분이 함유되어 있다. 비타민B1(티아민), 비타민C(아스코르브산)은 로스팅 과정에서 거의 파괴되며 니아신(Niacin), 비타민12, 엽산은 열에 의한 영향을 덜 받아 대부분 남아 있다. 그중 니아신은 오히려 로스팅 후 더 많이 남게 되는데, 로스팅 도중 트리고넬린이 분해되어 니아신이 생성되기 때문이다.

▼ 수용성 비타민 함량 변화(mg/kg)

비타민	생두	원두
니아신(Niacin)	22.0	93~436
티아민(Thiamine)	2.1	0~0.7
리보플라빈(Riboflavin)	2.3	0.5~3.0
아스코르브산(Ascorbic Acid)	460~610	-
판토텐산(Pantothenic Acid)	10.0	2.3

9) 휘발성 화합물

커피의 향기를 구성하는 성분으로 로부스타보다 아라비카에 더 많이 함유되어 있으며, 로스팅이 진행될수록 일정 단계까지는 증가하다가 그 후에는 오히려 감소한다.

원두 중량의 0.05% 미만인 700~2,500ppm으로 매우 적은 양이지만 800여 가지 이상의 종류를 가지고 있다. 로스팅 후에는 가스 방출과 함께 증발 및 산화되어 상온에서 2주가 지나면 거의 사라진다.

로스팅 방법

❶ 로스팅 기계

1) 열원의 종류

로스팅에 사용하는 열원은 가스(LNG, LPG), 전기, 숯 등이 있다. 도시가스로 공급되는 LNG, 열량이 LNG에 비해 높아서 로스팅에 가장 많이 사용하는 LPG, 저렴하지만 예열시간이 길고 균일한 로스팅이 쉽지 않은 전기(할로겐램프 등), 현대식 로스팅 기계가 보급되지 않은 커피 산지, 일본이나 우리나라에서 일부 사용하는 고전적인 방식의 숯불 로스팅 등이다.

2) 로스터기의 종류

❶ 직화식

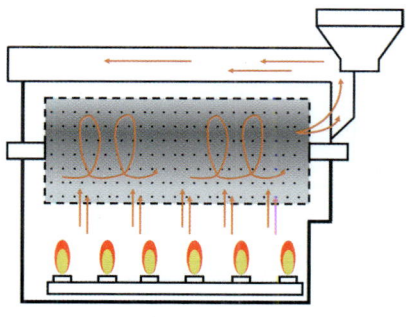

▲ 직화식 드럼 구조

직화식 로스터기는 커피 전용 로스팅 머신이 처음 개발된 방식이다. 로스터 내부의 드럼에 작은 구멍들이 뚫려 있어 직접적으로 생두에 열이 전달되어 로스팅이 이루어진다. 즉각적인 화력 조절이 가능하고, 댐퍼(개폐하여 공기 유입을 통하여 열기를 조절)를 통해 컨트롤이 용이하기 때문에 개성 있는 커피를 만들 수 있는 장점이 있다. 하지만 드럼 내부의 열량 조절이 쉽지 않아 고른 열 전달이 어렵고 생두가 직접 쿨에 닿아 타기 쉬우며 설치 장소의 환경에 따라 민감하게 반응하여 일정한 로스팅을 하기에 쉽지 않은 방식이다.

❷ 열풍식

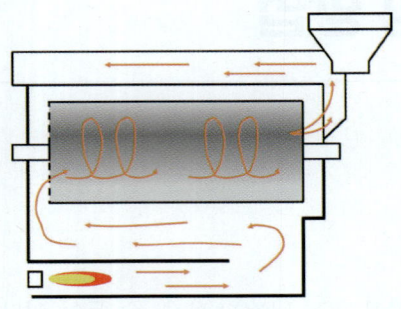

▲ 열풍식 드럼 구조

열풍식은 열원이 직접 드럼에 닿지 않고 뜨거운 공기를 드럼 안으로 넣고 순환시킴으로써 생두에 열을 골고루 전달할 수 있는 로스팅 방식이다. 균일한 로스팅이 가능하며 로스팅 시간을 단축시킬 수 있어 소규모 사업장과 가정에서 소형 로스터로 일부 쓰이고 있다.

❸ 반열풍식

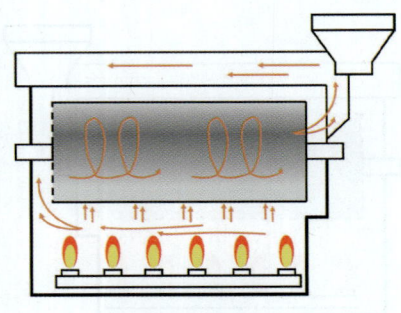

▲ 반열풍식 드럼 구조

현재 가장 많이 사용하는 로스팅 방식으로 드럼에 구멍이 없어 생두에 직접적으로 불이 닿지 않는 방식이다. 열원에 의해 가열되는 드럼에서 간접적인 열전도로 생두가 로스팅되고, 열에 의해 생성된 열풍이 드럼 내부로 전달되는 대류로도 동시에 로스팅이 이루어진다. 외부 환경에 영향을 덜 받기 때문에 열량 조절이 용이하며 열전달이 균일하게 이루어져 일정한 로스팅을 비교적 빠른 시간에 할 수 있다. 하지만 충분히 드럼을 예열해야 하고, 직화식에 비해서는 개성 있는 커피 맛을 표현하기 쉽지 않다.

❹ 스마트 로스터

기술의 발달로 만들어진 새로운 방식의 전기 로스터이다. 전기를 사용하고, 디지털 프로그래밍 기술, 프로파일 저장 및 재현 기술을 적용해 자동으로 로스팅할 수 있어 편리하다. 가장 균일하게 로스팅할 수 있는 로스터로서 입지를 넓혀 가고 있으며, 누구나 쉽게 로스팅할 수 있다는 장점이 있다.

3) 로스팅 머신의 구조

▲ 로스팅 머신의 구조

❶ 호퍼(Hopper)

호퍼는 생두를 투입하는 부분으로 예열된 드럼 내부로 자동 또는 수동 투입구를 통해 생두가 들어간다. 일체형 또는 분리형 구조로 되어 있다.

▲ 호퍼

❷ 드럼(Drum)

드럼은 생두가 투입되어 로스팅이 진행되는 부분으로 생두 투입 전에는 충분히 예열할 필요가 있다. 드럼의 크기에 따라 로스터기의 용량이 결정되며 드럼 내부에는 생두가 골고루 섞일 수 있도록 교반 날개가 달린 것이 보통이다.

▲ 드럼

❸ 댐퍼(Damper)

드럼과 연통 사이를 개폐하는 장치로 드럼 내부의 공기의 흐름, 열량을 조절하는 역할을 한다. 댐퍼 조절은 화력을 직접적으로 조절하는 것 외에도 드럼 내부의 열이나 연기 배출 등에 변화를 주어 커피 향미에 영향을 미칠 수 있다. 모든 로스팅 머신에 존재하는 것은 아니며 상부 댐퍼와 하부 댐퍼로 나뉘어진 경우도 있다.

▲ 댐퍼

❹ 사이클론(Cyclone)

사이클론은 로스팅할 때 발생하는 실버 스킨이나 미세먼지 등을 모아서 가벼운 것은 밖으로 배출하고 무거운 것은 아래 실버 스킨 통(채프받이, Chaff Collector, 채프받이)에 쌓이게 하는 장치다. 사이클론 내부는 주기적으로 청소해 이물질이 쌓여 막히는 것을 방지해야 원활한 로스팅이 가능하다.

▲ 사이클론

❺ 샘플러(Sampler)

로스팅을 하는 도중에 드럼에서 소량의 원두를 꺼내어 볼 수 있는 기구이다. 로스팅되고 있는 생두의 색, 형태, 향 등을 확인할 수 있다.

▲ 샘플러

❻ 쿨러(Cooler)

로스팅이 끝난 시점에 배출된 원두를 급속히 냉각시키는 역할을 한다. 로스팅이 끝나도 원두는 많은 열을 가지고 있기 때문에 원하는 로스팅 포인트에 도달했을 때 빠르게 식혀야 한다. 쿨러 윗부분에는 교반기가 있는 것도 있으며 아래에 달린 쿨링 팬으로 외부 공기를 유입시켜 원두의 열을 배출시킨다.

▲ 쿨러

❼ 버너(Burner)

열원 장치인 버너는 로스터 내부에 열을 가하는 장치이다. 가스를 이용해 직접적인 불을 사용하거나 적외선을 사용하는 열원, 전기식인 경우 함께 부착된 할로겐램프가 버너 역할을 수행한다.

▲ 버너

❽ 조절 스위치/온도계

로스터의 메인 전원, 화력의 세기를 조절하는 가스 압력계, 드럼 내부의 온도를 표시하는 온도계 등 로스터기의 현재 상태를 표시하는 다양한 종류의 조절 장치와 패널들이 있다.

그중 온도계는 드럼 내부 열풍의 공기 온도(Air Temperature)와 콩 온도(Bean Temperature)로 구분하여 표시하는 기능도 가지고 있다.

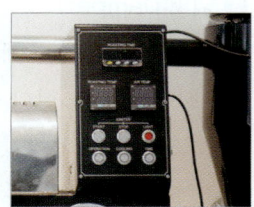
▲ 조절 스위치/온도계

❷ 로스팅 방법에 따른 종류

로스팅은 온도와 시간에 따라 고온 단시간 로스팅과 저온 장시간 로스팅 등으로 구분된다. 대표적인 이 두 가지 방법 외에도 저온 장시간과 고온 단시간을 혼용한 중간 로스팅 방법, 두 번에 걸쳐서 로스팅하는 더블 로스팅 방법, 여러 생두를 섞어서(Blending) 한번에 로스팅하는 혼합 로스팅이 있다.

1) 고온 단시간 로스팅

현재 가장 많이 쓰이는 방식이며 반열풍 혹은 열풍식 로스터기를 사용하여 열풍으로 빠르게 로스팅할 수 있다. 생두 투입 온도를 비교적 높은 온도(200℃ 전후)에서 시작하여 강한 화력을 이용해 단시간에 끝내는 방법으로 향미 손실이 적은 장점이 있다.

2) 저온 장시간 로스팅

저온 장시간 로스팅은 주로 직화식 로스터기 사용 시에 적절하며 주로 낮은 온도(100℃ 전후)에 생두를 투입하여 약한 화력으로 최대 30분까지 장시간에 걸쳐 로스팅을 한다. 향기 손실이 비교적 큰 편이며 쓴맛이 조금 더 강조되는 방식이다. 수분함량이 많고 밀도가 높은 뉴 크롭을 약하게 로스팅할 때에 사용하는 로스팅법이기도 한다.

구분	고온 단시간 로스팅	저온 장시간 로스팅
로스터 종류	열풍, 반열풍	직화식
원두 투입 온도	195~210℃	100~110℃
가용성 성분	10~20% 더 많이 추출됨	상대적으로 적게 추출됨
특징	• 향미가 강하다. • 향 지속력이 약하다. • 원두 외쿠가 타기 쉽다. • 풋내 등 잡미가 느껴질 수 있다.	• 향미가 약하다. • 향의 지속력이 강하다. • 원두 겉면의 주름이 잘 펴진다. • 다크 로스팅보다 라이트 로스팅에 효과적이다. • 풋내 등 잡미가 없는 편이다.

❸ 로스팅 진행 과정에 대한 이해

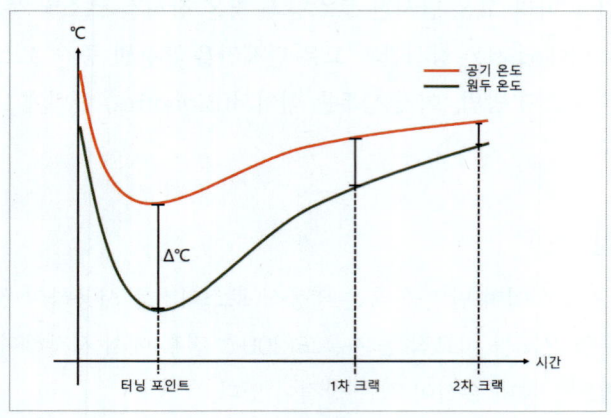

▲ 로스팅 프로파일 예시

로스팅 진행도	(시작)						→ (완료)
상태				1차 크랙		2차 크랙	
반응		흡열			발열		
컬러	녹색	노란색	계피색	옅은 갈색	갈색	진한 갈색	검은색
맛	로스팅이 진행될수록 초반에는 신맛, 중반부에는 단맛이 표현되고, 후반부로 갈수록 쓴맛이 증가한다.						
형태	생두	수축		팽창			팽창 멈춤
중량 감소				12~14%		15~17%	15~25%

> **임쌤의 꿀팁**
>
> **로스팅 과정**
> - 로스팅 과정은 크게 흡열반응과 발열반응으로 나누어지며, 건조 → 열분해 → 냉각 과정으로 진행된다.
> - 건조 : 생두 내의 수분이 기화한다.
> - 열분해 : 다공질 구조가 형성된다.
> - 냉각 : 로스팅 끝난 원두를 식힌다.

1) 투입

예열된 드럼에 생두를 투입하면 로스팅이 시작된다. 로스터기의 온도는 드럼과 실온의 생두가 열평형을 이룰 때까지 계속 떨어지다가 다시 상승을 시작하는 단계를 맞는다. 이때를 터닝 포인트(Turning Point, T.P)라고 하는데, 일반적으로 T.P는 생두 투입 후 2분 내외에 이르게 된다. 이 터닝 포인트의 온도에 따라 투입 온도를 결정할 수 있는데 T.P 온도가 너무 낮으면 1차 크랙까지 도달하는 속도가 느려서 로스팅 시간이 길어지고, 반대로 T.P 온도가 너무 높으면 1차 크랙까지 너무 빨리 도달하여 로스팅 시간이 짧아지는 문제가 생긴다. 때문에 생두 투입량이 정해져 있을 때에는 투입 온도를 조절하고, 투입 온도가 정해져 있을 때에는 생두 투입량을 조절하는 방식으로 열량을 맞춰야 한다.

2) 흡열반응

T.P 이후 생두는 열을 흡수하는 흡열반응으로 들어가게 된다. 이 구간에서 생두는 열을 흡수하여 온도가 서서히 올라가 열이 내부까지 전달된다.

로스팅되는 원두는 점점 녹색에서 노란색으로 색깔이 변하고, 수분함량이 줄어들고, 조직의 유리화로 불안정해지다가 내부 압력 때문에 팽창을 시작한다. 온도가 150℃ 이상이 되면 마이야르 반응에 의해 멜라노이딘과 휘발성 유기물질이 생성되고 열분해에 의한 캐러멜화로 원두는 갈색빛을 띠기 시작하며 특징적인 플레이버를 만들어 낸다.

3) 발열반응

빈(Bean)의 온도가 200℃ 근처가 될 때 활발한 화학반응으로 인해 다량의 수증기와 이산화탄소를 만들어 낸다. 이때 생두가 커지는 압력을 견디지 못하고 파핑(Popping) 소리를 내며, 부분적으로 갈라지는 1차 크랙이 발생한다. 1차 크랙은 로스팅의 종료 시점을 정하는 기준이 되므로 로스팅 과정에서 가장 중요한 부분이라고 할 수 있다. 1차 크랙 이후로 생두의 플레이버가 잠재력을 발휘하기 때문이다.

빈 온도가 220℃ 정도에 이르면 원두 내부에 쌓여 있던 이산화탄소가 방출되면서 2차 크랙이 발생한다. 이때 들리는 파열음은 1차 크랙에 비해 조금 작은 편이다. 2차 크랙 이후에는 쉽게 부서질 수 있는 다공질 상태가 되며, 색깔은 진한 갈색에서 로스팅이 더 진행될수록 검은색에 가까워지고, 커피 오일이 표면으로 흘러나온다. 열분해로 인해 당이 거의 소실되기에 상대적으로 쓴맛의 비중이 높아진다.

4) 배출 및 냉각

원하는 로스팅 포인트가 되었을 때 원두는 바로 배출하여 쿨링 트레이에서 냉각시킨다. 빠르게 냉각시키지 않으면 원두 안에 남은 잠열로 인해 로스팅이 계속 진행되어 원하는 로스팅 레벨에 변화가 생길 수도 있다. 때문에 냉각은 플레이버에 많은 영향을 미치는 중요한 절차라고 할 수 있으며 대체로 4분 이내에 40℃ 이하로 마무리되어야 한다.

> **임쌤의 꿀팁**
>
> **알아두어야 할 몇 가지 로스팅 용어**
> - 배치 사이즈(Batch Size) : 드럼에 투입되는 생두의 양, 로스팅 용량이라고도 한다.
> - RoR(Rate of Rise, 온도 상승률) : 단위 시간당 온도 변화의 값으로, 투입 온도와 화력에 따라 결정되며 로스팅 진행 중에 앞을 내다볼 수 있는 지표가 된다.
> - 디벨롭 타임(Develop Time) : 1차 크랙부터 배출까지의 구간을 나타낸다. 로스터에 따라 디벨롭 타임을 달리하여 플레이버를 다양하게 표현할 수 있다.

Chapter 3 로스팅 디펙트와 블렌딩

① 로스팅 디펙트(Defect, 결함)의 종류

1) 티핑(Tipping)

로스팅을 강한 화력으로 빠르게 진행하면 생두 내부와 외부의 온도 차가 커지고 부피가 불규칙하게 팽창한다. 이때 생두 표면의 두께가 얇아지면서 생두 내부 증기압이 약한 표면을 통해 강하게 분출되어 일부분에 구멍이 생기거나 타는 것을 말한다.

▲ 티핑의 예

2) 스코칭(Scorching)

드럼 내부가 과열되어 생두와의 접촉면에 너무 많은 열이 전달되어서 마이야르 반응이 일어나기도 전에 원두 표면이 타거나 검게 그을리는 현상을 말한다. 드럼 용량에 비해 적은 양의 생두를 투입하였거나 드럼 속 생두가 적절히 교반되지 않을 때 발생한다.

▲ 스코칭의 예

3) 치핑(Chipping)

1차 크랙과 2차 크랙 사이에 너무 많은 열량이 공급되면 급속도로 이산화탄소가 증가하게 되고 원두 표면 일부분이 강한 압력을 견디지 못하고 떨어져 나간다. 이때 원두는 마치 분화구와 같은 형태를 띠게 되는데 이를 치핑(혹은 Chipped)이라고 한다. 일부 연한 조직과 낮은 밀도를 가지는 특정 산지 품종의 빈에서 많이 나타난다.

▲ 치핑의 예

4) 베이크드(Baked)

생두의 투입 온도가 너무 낮았거나 열량이 부족하면 1차 크랙까지 시간이 길어지면서 원두의 색상 변화와 팽창이 잘 이루어지지 않는다. 유기산이 제대로 분해되지 않고, 마이야르 반응과 캐러멜화도 덜 일어나서 플레이버가 단조롭게 느껴진다.

5) 언더 디벨롭(Under Developed)

1차 크랙에서 열량을 너무 적게 공급하여 생두 내부에 충분히 열이 전달되지 않거나 디벨롭 구간이 지나치게 짧아 플레이버가 제대로 형성되지 않은 경우를 말한다. 표면이 밝고 원두 내부와 외부 색상 편차가 두드러진다. 커피 팽창이 잘 일어나지 않고 밀도도 높은 편이다. 풋내, 풀 향이 느껴진다.

6) 오버 디벨롭(Over Developed)

너무 강한 화력으로 인해 표면이 타버리는 경우 또는 2차 크랙 이후까지 로스팅이 지속되면서 원두 표면에 커피 오일이 과하게 흘러나오는 경우를 말한다. 방향족 화합물이 적으며 쓴맛과 탄맛이 강하게 느껴지는 것이 특징이다.

❷ 블렌딩(Blending)

1) 블렌딩의 의미

서로 다른 특성의 커피를 혼합하여 개성 있는 향미와 질감을 가진 새로운 커피를 만들어 내는 작업을 블렌딩이라고 한다. 그저 섞기만 하는 것이 아니라 서로 다른 품종, 원산지, 로스팅 단계, 가공 방식 등 다양한 요소를 고려하고 섞어 균형을 갖추게 하는 과정이므로 각각의 커피들이 가진 특성들을 이해하고 블렌딩을 해야 한다.

블렌딩을 하지 않고 한 국가에서 생산한 한 종의 커피는 싱글 오리진(Single Origin) 또는 스트레이트(Straight) 커피라고 한다.

구분	장점	단점
싱글 오리진	커피가 지닌 고유의 플레이버를 즐길 수 있다.	• 개성이 있는 반면, 향미가 한쪽에 치우치는 경향이 있다. • 생산지 사정에 따라 수급 불안정 및 일정한 품질 보장이 어려울 수 있다.
블렌드	• 각 커피의 장점만을 모아 밸런스를 맞출 수 있다. • 소비자 선호도에 맞춘 플레이버를 구현할 수 있다. • 한 가지 생두 공급에 문제가 있더라도 대안이 있어 수급에 안정적이다.	하나의 블렌드 개발에 시간, 비용이 많이 들어간다.

2) 블렌딩의 목적

❶ 새로운 향미 창조

각 산지별 커피는 그 자체의 고유한 플레이버를 가지고 있지만 신맛이 강하거나, 마일드하여 특색이 없거나, 쓴맛이 두드러지거나 하는 등 향미의 특성이 한쪽에만 치우쳐 밸런스가 맞지 않는 경우가 있다. 블렌딩은 각각의 커피가 가진 단점을 보완하여 새로운 향미를 가진 커피를 만들 수 있는 방법이다. 수많은 로스터, 카페 등 업장별로 차별화된 커피를 추구할 수 있는 것도 이 블렌딩 덕분이다.

❷ 안정적인 품질 유지

커피의 품질은 매년 산지의 기후 변화, 작황 상태에 따라 영향을 많이 받는다. 따라서 싱글 오리진 커피의 경우 매년 100% 똑같은 품질을 기대하는 것이 불가능하다. 여러 생두를 사용하는 블렌드의 경우 한 가지 생두에 문제가 생기더라도 대체할 수 있는 유사한 뉘앙스의 다른 대안이 있기 때문에 상대적으로 균일한 플레이버를 유지할 수 있다. 이 역시 영업을 하는 카페 입장에서 블렌드 커피를 선택하는 아주 중요한 이유이다.

❸ 원가 절감

단가가 저렴한 생두를 섞어서 전체 생산 원가를 절감할 수 있다. 특히 블렌딩 시 베이스 원두로 많이 사용하는 커피는 생산량도 많고 튀지 않는 무난한 향미를 지닌 브라질, 콜롬비아 등의 원두를 많이 사용하는데, 이는 상대적으로 저렴한 편에 속한다. 이 외에도 아라비카보다 저렴한 베트남, 인도 산지의 로부스타 원두, 등급이 낮은 생두를 사용하기도 한다.

3) 블렌딩 방법

❶ 선 블렌딩(Blending Before Roasting)

선 블렌딩은 로스팅하기 전에 비율을 맞춰 미리 혼합해 놓은 생두를 한번에 로스팅하는 방식이다. 구현하고자 하는 플레이버에 맞춰 블렌딩 비율을 정한 후에 로스팅 과정은 한번에 끝나기 때문에 효율적이라는 장점이 있다. 하지만 생두별로 밀도, 수분함량, 로스팅 포인트, 로스팅 한계치 등이 전부 다르기 때문에 생두 각각의 특성을 잘 파악하여 로스팅 시 화력과 시간 조절 등을 종합적으로 고려해야 할 필요가 있다. 블렌딩 원두의 색상이 균일하고, 재고관리에 용이하다는 장점도 있다. 이러한 장점들로 인해 다수의 로스팅 업체와 커피 업장에서 선호하는 방식이기도 하다.

❷ 후 블렌딩(Blending After Roasting)

각각의 생두를 따로 로스팅한 후에 섞는 방식이다. 각각의 원두들이 가진 다채로운 플레이버를 즐길 수 있다는 것이 가장 큰 장점이지만 로스팅을 따로 해야 하고 로스팅 완료 후에 섞기 때문에 로스팅 색상이 균일하지 않으며, 효율성과 재고관리가 어렵다는 측면에서 단점을 가진다.

PART 2 출제 예상 문제

01 다음 중 로스팅에 대한 설명이 잘못된 것은?

① 생두에 열을 가하여 물리적, 화학적 반응을 통해 향미와 맛을 이끌어 내는 과정이다.
② 로스팅에서 가장 중요한 반응은 캐러멜화와 마이야르 반응이다.
③ 생두를 로스팅하고 나면 수분과 밀도는 감소하고 부피는 증가한다.
④ 카페인은 로스팅이 진행될수록 점점 감소하다가 강배전이 되면 대부분 소실된다.

02 커피를 로스팅할 때 발생하는 일반적인 물리적 변화로 틀린 것은?

① 중량 감소　　② 색상이 갈색으로 변화
③ 수분 감소　　④ 밀도 증가

03 다음에서 설명하고 있는 로스팅 열전달 방식은?

> 열풍식 로스터의 주된 열전달 방식이다. 가열된 공기가 드럼 내부로 이동하여 생두가 뜨거운 공기와 함께 회전하며 열이 생두 전체에 전달되면서 로스팅이 진행된다.

① 전도　　② 복사
③ 대류　　④ 반사

04 뉴 크롭인 생두와 풀 시티 정도로 로스팅이 끝난 원두의 각 수분함량은 대략 얼마 정도인가?

① 약 12%, 약 1%　　② 약 20%, 약 1%
③ 약 20%, 약 3%　　④ 약 8%, 약 3%

정답

01 ④　카페인은 로스팅 과정 중에 일부가 소실되긴 하지만 열에 비교적 안정적이어서 생두와 원두에서 차지하는 비중은 크게 변하지 않는다.
02 ④　로스팅에서 생두의 물리적 변화로는 무게 감소, 다공질화, 부피 팽창, 갈색으로 변화, 밀도 감소, 수분 감소, 커피 오일 생성 등이 있다.
03 ③　열풍식 로스터의 주된 열전달 방식은 뜨거워진 기체가 순환하면서 열을 전달하는 대류이다.
04 ①　생두의 수분함량은 8~12%, 원두는 1~2% 정도이다.

05 다음 중 로스팅 과정에서 가장 많이 발생하는 가스 성분은?

① 일산화탄소
② 이산화탄소
③ 산소
④ 질소

06 다음 생두의 성분 중에서 로스팅 과정에서 가장 많이 감소하는 것은?

① 수분
② 단백질
③ 지방
④ 카페인

07 다음 중 커피를 로스팅하는 이유를 잘못 설명한 것은?

① 커피의 맛과 향을 발현시키기 위해서이다.
② 커피의 분쇄와 추출을 쉽게 할 수 있다.
③ 커피의 본연의 색깔을 표현할 수 있다.
④ 커피의 보관, 저장 기간을 늘릴 수 있다.

08 로스팅 단계에 대한 설명 중 틀린 것은?

① 로스팅 단계에서 SCA 분류는 No.25~95까지 8단계로 나누고, 가장 강한 로스팅 단계는 No.95이다.
② 로스팅이 강해질수록 로스팅 단계를 나타내는 명도값(L)은 감소한다.
③ 8단계 일본식 로스팅 단계 분류 순서는 라이트 – 시나몬 – 미디엄 – 하이 – 시티 – 풀 시티 – 프렌치 – 이탈리안 순이다.
④ 로스팅 단계는 로스팅 과정의 가열 온도와 시간에 의하여 결정된다.

정답

05 ② 로스팅 과정에서 생두 1g당 2~5ml의 가스가 발생하며, 그중 87% 정도가 이산화탄소이다.
06 ① 로스팅 과정에서 가장 두드러지는 감소 성분은 수분이다.
07 ④ 생두는 다년간 보관이 가능하지만, 로스팅이 끝난 원두는 길게 잡아 1년 정도의 유통 기한을 가진다. 생두가 불에 닿아 로스팅이 되는 순간부터 커피 콩은 죽어간다고 볼 수 있다.
08 ① SCA 로스팅 단계 분류(No.95~25)에서 가장 강한 로스팅 단계는 No.25이다.

09 다음 설명에서 ( ) 안에 들어갈 내용으로 알맞게 짝지어진 것은?

> 로스팅 과정에서는 두 번의 파열음이 생기고, 이것을 크랙 또는 팝(Pop)이라고 한다. 1차 크랙은 생두 내부의 ( )이 열과 압력에 의해 기화되면서 발생하고, 2차 크랙은 목질 조직이 파괴됨에 따라 ( )(이)가 방출되면서 발생한다.

① 수분, 일산화탄소
② 수분, 이산화탄소
③ 클로로겐산, 질소
④ 카페인, 이산화탄소

10 다음 로스팅에 따른 플레이버 등의 변화에 대하여 맞게 설명한 것은?
① 다크 로스팅이 되면 바디감이 최고가 된다.
② 라이트 로스팅일수록 신맛이 약하다.
③ 로스팅이 강하게 될수록 쓴맛이 강해진다.
④ 다크 로스팅에 가까워질수록 향미는 강해지고, 복합성이 뛰어나다.

11 다음 로스팅 단계 중 가장 명도값(L)이 낮은 단계는?
① 라이트 로스트(Light Roast)
② 프렌치 로스트(French Roast)
③ 이탈리안 로스트(Italian Roast)
④ 풀 시티 로스트(Full City Roast)

12 로스팅이 진행되면서 일어나는 화학적 성분 변화로 틀린 것은?
① 카페인은 로스팅 진행에 따른 변화가 거의 없다.
② 자당은 갈변 반응을 통해 원두에 갈색 변화를 일으키고 로스팅 후에는 대부분 소실된다.
③ 지질 성분은 로스팅 단계가 진행될수록 급속하게 줄어든다.
④ 니아신은 로스팅 과정에서 트리고넬린 분해로 생두보다 원두에 더 많이 남는다.

정답

09 ② 1차 크랙은 생두 내부의 수분이 열과 압력에 의해 기화하면서 발생한다. 2차 크랙은 목질 조직의 파괴가 일어나며 이산화탄소의 방출에 의해 일어난다.

10 ③ 로스팅이 약할수록 신맛이 부각되고, 강할수록 쓴맛이 더 느껴진다. 바디감은 지질이나 고형 성분의 양에 따라 차이가 나며 로스팅보다는 커피의 품종 및 가공법, 추출 방법에 따라 다르다.

11 ③ 명도값(L)은 로스팅 컬러가 밝을수록 수치가 크고, 어두울수록 수치가 낮다.
① 라이트 – 31.2
② 프렌치 – 15.5
③ 이탈리안 – 14.2
④ 풀 시티 – 16.8

12 ③ 지질은 로스팅을 하는 동안 열에 의해 변하지만, 높은 온도에서도 상대적으로 안정적이기 때문에 성분 비율은 크게 변하지 않는다.

13 다음 설명에 해당하는 생두의 화학적 성분은?

> 이것은 유기산 중에서 가장 많은 성분을 차지하는 폴리페놀 형태의 페놀 화합물이다. 로스팅 초반에 급속히 감소하면서 퀸산과 카페산으로 바뀌고 쓰고 떫은맛을 내는 역할을 한다. 아라비카보다 로부스타에 더 많이 함유되어 있다.

① 시트르산 ② 클로로겐산
③ 타타르산 ④ 아세트산

14 다음 중 커피의 쓴맛을 나타내는 주된 성분이 아닌 것은?

① 트리고넬린 ② 클로로겐산
③ 카페인 ④ 유리아미노산

15 다음에서 설명하고 있는 로스팅의 단계는?

> 다크 로스트의 일종으로, 진하게 로스팅된 상태로 에스프레소뿐만 아니라 다른 배리에이션(Variation) 메뉴에 적합하다. 신맛은 거의 없고 강한 쓴맛과 약간의 단맛을 느낄 수 있는 것이 특징이다.

① 프렌치 로스트 ② 이탈리안 로스트
③ 풀 시티 로스트 ④ 하이 로스트

16 원두 색상의 밝기에 따라 8단계로 분류한 SCA 로스팅 애그트론 넘버에서 가장 밝은 단계를 나타내는 넘버와 그 명칭으로 옳은 것은?

① #25 – Very Light ② #95 – Very Light
③ #25 – Light ④ #95 – Light

정답

13 ② 유기산 중에서 가장 많은 성분인 클로로겐산(Chlorogenic Acid)은 갈변 반응을 일으키는 성분이기도 하다. 생두에서 가장 많이 존재하고 로스팅 초반부에 급속히 감소하면서 퀸산과 카페산으로 바뀌게 된다. 아라비카보다 로부스타에 더 많이 함유되어 있다.

14 ④ 커피의 쓴맛을 나타내는 주요 성분으로는 트리고넬린, 카페인, 클로로겐산 등이 있다. 유리아미노산은 로스팅 과정에서 소실되고 단당류와 반응하여 멜라노이딘(Melanoidin)과 향기 성분(방향족 화합물)으로 바뀌게 된다.

15 ① 프렌치 로스트와 이탈리안 로스트는 둘 다 다크 로스팅에 해당한다. 프렌치 로스팅이 쓴맛과 더불어 약간의 단맛도 느껴지는 반면, 이탈리안 로스트는 쓴맛과 탄맛이 가장 강하게 느껴지는 단계이다.

16 ② #95 Very Light 〉 #85 Light 〉 #75 Moderately Light 〉 #65 Light Medium 〉 #55 Medium 〉 #45 Moderately Dark 〉 #35 Dark 〉 #25 Very Dark

17 로스팅 머신은 커피 로스팅 방식에 따라 여러 가지로 분류가 되는데 이에 해당하지 않는 것은?

① 스팀식 ② 열풍식
③ 직화식 ④ 반열풍식

18 다음에서 설명하고 있는 로스팅 머신 내 장치의 명칭은?

> 개폐를 통하여 드럼 내부의 공기의 흐름이나 열량을 조절할 수 있으며 화력을 직접적으로 조절하는 것에 더불어 열 조절을 보조한다.

① 사이클론(Cyclone) ② 쿨러(Cooler)
③ 호퍼(Hopper) ④ 댐퍼(Damper)

19 로스팅 진행 과정을 순서에 맞게 나열한 것은?

① 열분해 – 냉각 – 건조 ② 건조 – 냉각 – 열분해
③ 열분해 – 건조 – 냉각 ④ 건조 – 열분해 – 냉각

20 커피 로스팅에 사용하는 열원에 해당하지 않는 것은?

① 전기 ② 증기
③ 가스 ④ 숯

21 로스팅 머신의 각 장치에 대한 설명이 틀린 것은?

① 샘플러 – 로스팅 도중에 소량의 원두를 꺼내어 콩의 변화를 볼 수 있는 기구
② 사이클론 – 로스팅 직후에 원두를 냉각시키는 장치
③ 드럼 – 생두가 투입되어 회전하면서 로스팅이 이루어지는 통
④ 호퍼 – 생두를 담아 두었다가 로스팅이 시작되면 드럼에 넣는 장치

정답

17 ① 로스팅 머신을 분류하는 방식으로는 직화식, 열풍식, 반열풍식이 있다.
18 ④ 댐퍼(Damper)는 드럼과 연통 사이를 개폐하는 장치로, 드럼 내부의 공기의 흐름과 열량을 조절하는 역할을 한다. 화력을 직접적으로 조절하는 것 외에도 댐퍼를 조절함으로써 열 조절을 보조하면서 드럼 내부의 열이나 연기 배출 등에 변화를 만들어 커피 향미에 영향을 준다.
19 ④ 로스팅은 생두의 수분 건조 → 다공질 구조가 형성되는 열분해 → 로스팅이 끝난 원두를 식히는 냉각의 과정을 거친다.
20 ② 로스팅에 사용하는 열원은 가스(LNG, LPG), 전기, 숯 등이 있다.
21 ② 사이클론은 로스팅할 때 발생하는 실버 스킨이나 미세먼지 등을 모아서 가벼운 것은 밖으로 배출하고 무거운 것은 아래 실버 스킨통(채프받이, Chaff Collector)에 쌓는 장치이다. 로스팅이 끝난 원두를 급속히 냉각시키는 장치는 쿨러이다.

22 로스팅 전 로스터가 확인해야 할 기본적인 사항에 해당하지 않는 것은?

① 생두의 수분함량　　② 생두의 밀도
③ 품종과 수확 시기　　④ 생두의 원가

23 다음 중 로스팅 방법에 대한 설명으로 잘못된 것은?

① 혼합 로스팅 – 개별 종을 각각 로스팅한 후 혼합하는 방법
② 고온 로스팅 – 짧은 시간 높은 온도로 로스팅하는 방법
③ 더블 로스팅 – 두 번에 걸쳐서 로스팅하는 방법
④ 저온 로스팅 – 약한 화력으로 장시간 로스팅하는 방법

24 다음에서 설명하고 있는 로스팅 방법에 대한 특징이 아닌 것은?

> 열풍식 로스팅에 가장 많이 사용하는 방법으로 생두를 약 195~210℃의 온도에 투입하여 강한 화력을 주어 로스팅하는 방법이다.

① 단시간에 로스팅하여 향미 손실이 적다.
② 가용성 성분이 10~20% 정도 더 추출될 수 있다.
③ 수분 증발률이 높아 비경제적이다.
④ 화력 조절을 잘못할 경우 원두의 바깥쪽이 탈 수 있다.

25 로스팅 진행 과정 중 발열반응에 나타나는 변화에 해당하지 않는 것은?

① 색깔이 녹색에서 노란색으로 바뀌면서 조직이 유리화된다.
② 생두의 중량은 로스팅 전과 비교해 12~25%까지 감소한다.
③ 수분이 기화되어 1차 크랙이 생기면서 생두가 점점 팽창한다.
④ 2차 크랙으로 진행되면 이산화탄소가 발생하고 점점 검은색으로 바뀐다.

정답

22 ④　로스터는 생두의 품종 및 수확 시기, 수분함량, 생두의 밀도, 결점두에 대한 이해와 피킹 정도를 잘 알고 있어야 한다.
23 ①　혼합 로스팅은 여러 생두를 섞어서(Blending) 한번에 로스팅하는 선 블렌딩 방식이다. 개별 종을 각각 로스팅 후 섞는 방식은 후 블렌딩이다.
24 ③　문제는 고온 로스팅에 대한 설명이다. 수분 증발률이 높고, 추출 시에 원두를 더 많이 사용하게 되는 로스팅은 장시간 저온 로스팅이다.
25 ①　원두 투입 후 터닝 포인트를 지나 원두가 열을 점점 흡수하는 흡열 반응 단계에서 원두의 색깔이 녹색, 노란색, 계피 색으로 바뀌고 1차 크랙 때부터 2차 크랙, 냉각 이전까지 발열반응이 지속된다.

26 다음 중 로스팅 용어 설명이 잘못된 것은?

① RoR(Rate of Rise) – 단위 시간당 온도 변화(온도 상승률)
② 터닝 포인트(Turning Point) – 로스팅된 원두가 냉각 과정에서 온도가 다시 빠르게 내려가는 단계
③ 디벨롭먼트 타임(Development Time) – 1차 크랙 이후 원두 배출까지의 시간
④ 배치 사이즈(Batch Size) – 드럼에 투입되는 생두의 양

27 다음 중 로스팅이 진행됨에 따라 커피의 색깔 변화와 관계가 없는 것은?

① 멜라노이딘　　② 카페인
③ 클로로겐산　　④ 캐러멜

28 다음 중 커피에서 12~16%의 함량을 차지하며 커피의 향기를 담당하는 주된 성분은?

① 클로로겐산　　② 카페인
③ 지질　　　　　④ 트리고넬린

29 커피에 함유되어 있는 무기질 성분 중 가장 많은 비중을 차지하는 것은?

① 칼륨(K)　　　② 칼슘(Ca)
③ 인(P)　　　　④ 나트륨(Na)

30 로스팅 디펙트 중 하나인 언더 디벨롭(Under-Developed)에 대하여 잘못 설명한 것은?

① 열량을 적게 공급하여 플레이버가 제대로 형성되지 않는다.
② 방향족 향기 화합물이 적게 형성되며 원두 표면에 커피 오일이 흘러나온다.
③ 표면이 밝고, 원두 내부와 외부 색깔 편차가 두드러진다.
④ 부피 팽창이 덜 일어나며 풋내와 풀 향기가 느껴진다.

정답

26 ② 터닝 포인트(Turning Point)는 생두를 로스터 드럼 내로 투입하고 나서 높은 온도의 드럼과 낮은 온도의 생두가 열평형을 이룰 때까지 온도가 계속 내려가다가 다시 온도 상승을 시작하는 단계이다.
27 ② 갈변 반응과 관련된 성분은 캐러멜, 멜라노이딘, 클로로겐산이다.
28 ③ 커피의 지질(지방) 성분은 아라비카종에서 15~17%, 로부스타종에서 10~11.5%를 차지하며 커피의 향기를 담당한다.
29 ① 커피의 무기질 성분 중 칼륨은 40% 정도로 가장 많은 비중을 차지한다.
30 ② 오버 디벨롭(Over-Developed)이란, 너무 강한 화력으로 인해 표면이 타버리거나 2차 크랙 이후에 로스팅이 지속되면서 원두 표면에 커피 오일이 과다하게 흘러나오는 경우를 말한다. 방향족 화합물이 적으며, 쓴맛, 탄맛이 강하게 느껴진다.

31 다음 생두와 원두의 화학 성분에 대하여 잘못 설명한 것은?

① 로부스타종보다 아라비카종에 생두의 지방 함량이 더 많다.
② 원두에 들어 있는 성분 중 다양한 유기산은 커피의 신맛을 느끼게 한다.
③ 카페인은 생두나 원두에서 큰 성분 변화를 보이지 않는다.
④ 원두에 존재하는 지방산은 대부분 포화지방산이다.

32 생두는 로스팅 진행 과정에 따라 점점 갈색으로 바뀌는 갈변 반응이 일어나는데, 이와 관계가 없는 것은?

① 마이야르 반응
② 캐러멜화
③ 클로로겐산류의 중합 및 회합 반응
④ 불포화지방산의 자동 산화 반응

33 다음 중 커피 성분 카페인에 대한 설명으로 틀린 것은?

① 커피의 쓴맛 중에서 가장 많은 부분을 차지하며 25% 정도이다.
② 열에 안정적이어서 생두와 원두의 성분 비중의 큰 차이가 없다.
③ 일반적으로 아라비카에 비해 로부스타가 함량이 높은 편이다.
④ 교감신경을 자극하고 심리적 안정과 각성 효과를 주는 성분이다.

34 커피의 비타민 성분 중에서 로스팅 후에 더 많이 남게 되는 성분은?

① 티아민　　　　　② 니아신
③ 아스코르브산　　④ 리보플라빈

35 아라비카보다 로부스타에 더 많이 함유된 것으로 옳게 짝지어진 것은?

① 카페인, 지질　　　② 자당, 지질
③ 클로로겐산, 카페인　④ 단백질, 카페인

정답

31 ④　원두에 들어 있는 포화지방산은 팔미트산 32%, 스테아르산 8%, 불포화지방산은 리놀레산 40% 정도이다.
32 ④　갈변 반응이란 마이야르 반응, 캐러멜화, 클로로겐산류와 단백질, 다당류와의 중합 및 회합 반응을 말한다.
33 ①　카페인은 커피 쓴맛의 10% 정도를 차지하고, 약 25% 정도 쓴맛을 내는 성분은 트리고넬린이다.
34 ②　니아신은 생두에 22mg/kg, 원두에 93~436mg/kg 정도로 있으며 로스팅에 의해 트리고넬린이 분해되고 니아신은 생성되어 니아신이 더 많이 남게 된다.
35 ③　상대적으로 로부스타가 더 많이 함유하는 성분은 카페인, 클로로겐산이고, 아라비카에 더 많은 성분은 지질, 당 성분이다.

36 로스팅 과정에 따른 변화에 대해 잘못 설명한 것은?

① 생두는 열을 흡수하여 팽창하면서 조직이 다공질화된다.
② 8~12%였던 생두의 수분은 로스팅이 끝나면 1~2%까지 줄어든다.
③ 로스팅 과정은 발열반응과 흡열반응이 순차적으로 일어난다.
④ 로스팅이 진행될수록 신맛은 줄어들고 쓴맛이 증가한다.

37 다음에서 설명하고 있는 로스팅 결점(Roasting Defect)은?

> 1차 크랙과 2차 크랙 사이 너무 많은 열량이 공급되어 이산화탄소의 급격한 증가로 원두 표면 일부가 떨어져 나가 마치 분화구와 같은 형태를 띠는 것을 말한다.

① 스코칭(Scorching)   ② 티핑(Tipping)
③ 치핑(Chipping)   ④ 베이크드(Baked)

38 다음 생두의 성분 중에서 로스팅 과정을 통해 가장 많이 감소하는 것은?

① 자당   ② 카페인
③ 유리당   ④ 무기질

39 다음 중 블렌딩을 하는 목적이 아닌 것은?

① 커피 원가를 낮추기 위해서이다.
② 커피가 지닌 고유의 플레이버를 즐기기 위해서이다.
③ 싱글 오리진 커피의 단점을 보완하고 차별화된 커피를 만들기 위해서이다.
④ 기후변화와 산지 불황 등 달라지는 조건에 큰 영향 없이 안정적인 품질을 유지하기 위해서이다.

40 블렌딩 방법 중 선 블렌딩 후 로스팅(Blending Before Roasting)에 대하여 틀린 설명은?

① 로스팅 컬러가 균일하다.
② 로스팅 업체나 로스터리 카페에서 가장 선호하는 방식이다.
③ 재고관리가 용이하다.
④ 각각의 커피가 가진 다채로운 플레이버를 즐길 수 있다.

정답

36 ③ 상온 상태의 생두가 로스터에 투입되면 열을 먼저 흡수하고(흡열 반응) 1차 크랙 이후부터 발열 반응이 일어난다.
37 ③ 치핑(Chipping)은 1차 크랙과 2차 크랙 사이 너무 많은 열량이 공급되었을 경우, 그리고 일부 연한 조직과 낮은 밀도를 가지는 특정 산지, 특정 품종의 콩에서 많이 나타난다.
38 ① 자당(Sucrose)은 로스팅 과정에서 갈변 반응을 통해 원두가 갈색을 띠게 하고 플레이버와 아로마 물질을 형성하며 로스팅 후에는 대부분 소실된다.
39 ② 블렌딩하지 않은 한 종의 원두인 싱글 오리진(Single Origin)에서 그 커피가 지닌 고유의 플레이버를 즐길 수 있다.
40 ④ 후 블렌딩 방법은 각각의 원두들이 가진 다채로운 플레이버를 즐길 수 있는 장점이 있다.

PART 3

분쇄와 추출

Chapter 1
커피 분쇄와 그라인더

Chapter 2
커피 추출

Chapter 3
커피 보관 및 포장

커피 분쇄와 그라인더

① 커피 분쇄(Coffee Grinding)

커피 추출 시 원두를 분쇄하는 이유는 물과 만나는 원두의 표면적을 늘림으로써 원두에 들어 있는 유효 성분이 쉽게 용해되도록 하기 위함이다. 원두의 입자가 가늘수록 표면적이 넓어 더 많은 수분과 접촉할 수 있기 때문에 커피 추출 방식과 기구에 알맞은 크기로 분쇄하는 것이 중요하며, 분쇄되는 원두 입자 크기의 균일함 역시 매우 중요하게 여겨야 한다. 분쇄되어 표면적이 넓어진 커피는 공기 중에 많이 노출되어 산패(산소와 만나서 노화가 되는 과정) 속도가 빨라지기 때문에 추출 직전에 분쇄하는 것이 가장 이상적이다.

② 그라인더(Grinder)의 방식과 종류

그라인더는 커피 추출에서 가장 기본이 되는 도구이다. 되도록 발열이 적고, 먼지 같은 미분 발생이 최소화되어야 한다. 입자가 균일하게 분쇄되는 그라인더일수록 커피 향미의 손실을 줄일 수 있으므로 커피 맛을 업그레이드하기 위해서는 에스프레소 머신보다 그라인더에 가장 먼저 투자해야 할 이유이기도 하다.

❶ 그라인더 날의 종류

종류	특징
플랫 버(Flat Burr)	• 평면형 • 빠른 분쇄 속도 • 많은 마찰열 • 에스프레소용으로 적합 • 영업용
코니컬 버(Conical Burr)	• 원뿔형 • 느린 분쇄 속도 • 적은 마찰열 • 드립(브루잉)용으로 적합
블레이드 커터(Blade Cutter)	• 칼날형 • 충격식 분쇄 • 고른 분쇄가 어려움 • 가정용으로 적합
롤러 커터(Roller Cutter)	• 대량 분쇄 시 적합 • 인스턴트 커피 제조 산업용으로 많이 사용

▲ 플랫 버(Flat Burr)

▲ 코니컬 버(Conical Burr)

▲ 블레이드 커터(Blade Cutter)

❷ 그라인더의 종류

▲ 수동 핸드밀

▲ 가정용 전동 그라인더

▲ 드립(브루잉)용 전동 그라인더

▲ 에스프레소용 반자동 그라인더

▲ 에스프레소용 자동 그라인더

Chapter 2 커피 추출

① 커피 추출의 의미

추출(Extraction)이란 분쇄된 커피 입자가 물을 만나 커피의 고형 성분을 뽑아내는 것을 말한다. 커피의 추출은 침투 ▶ 용해 ▶ 분리의 3단계를 거친다. 분쇄된 커피 가루가 물과 만나면 다공질화된 커피 입자 조직 사이로 물이 침투하게 되고, 가용성 성분을 녹인 후 커피 입자 바깥으로 용해된 성분이 분리되는 과정을 통해 추출이 이루어지는 것이다. 커피를 제조한다는 넓은 의미로 사용할 때에는 추출을 브루잉(Brewing)으로 표기할 수도 있다.

② 추출 방법과 분쇄도

커피를 추출하는 방법은 다양하고 각각의 추출 방법에 적합한 커피 가루의 굵기(메시, Mesh)도 모두 다르다. 따라서 항상 같은 굵기의 커피 가루를 사용하지는 않는다. 커피 가루의 굵기는 커피의 향 성분 추출 속도에 영향을 미치는데, 커피 가루 굵기가 작을수록 접촉면이 많아지면서 성분이 더 많이 녹아나기 때문이다. 예를 들어 에스프레소는 높은 추출 압력으로 추출 시간이 약 30초로 짧은 편에 속하기 때문에 고운 커피 가루가 필요하지만, 브루잉(드립)의 경우는 일반 대기압에서 약 3분에 걸쳐 추출하기 때문에 굵은 커피 가루가 필요하다.

> **임쌤의 꿀팁**
>
> 추출 방법에 따라 분쇄 굵기가 달라지는 원인으로는 커피 원두가 가진 기본적인 특성(품종, 밀도, 로스팅 정도), 사용하는 커피의 양, 추출 압력, 습도, 로스팅한 커피의 신선도 등 다양한 변수가 작용한다.
>
>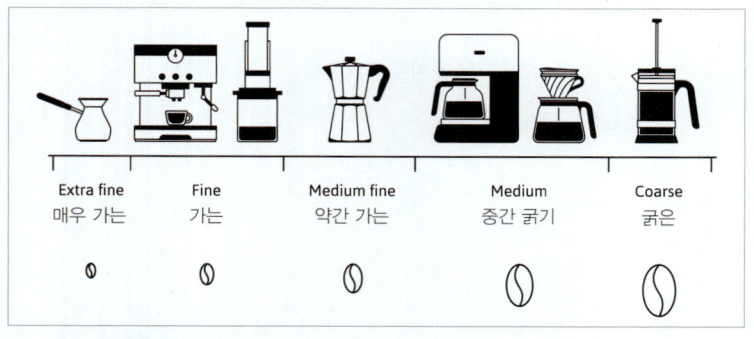
>
> ▲ 추출 방법에 따른 커피 가루의 굵기

③ 물

1) 물의 역할

맛있는 커피를 만들기 위해서는 물의 역할이 매우 중요하다. 물은 커피 성분을 녹이는 용매제로써 에스프레소에서 90%, 필터 커피에서 98% 이상을 차지하는 가장 중요한 재료이다. 특히 물의 염소 성분은 커피 맛에 치명적으로 작용하고, 물의 경도와 미네랄 함유량 등을 포함한 물의 품질은 커피 추출에 큰 영향을 준다. 일반적으로 50~100ppm(100만분율)의 무기물이 함유된 물이 커피 추출에 가장 적합하다고 여겨진다.

2) 물의 경도

물의 경도는 물에 함유된 석회질(탄산칼슘)의 양을 측정한 수치로 해당 지역의 기반암에 따라 다르다. 물을 냄비에 끓이면 흰색 침전물인 석회질이 가라앉는 것을 볼 수 있는데 커피 추출 시 뜨거운 물과 커피 가루가 반응하는 과정에서 물의 경도는 중요한 역할을 한다.

경도가 높은 물은 원두에 들어 있는 가용성 물질이 녹는 속도를 변화시킴으로써 커피 추출과 관련된 화학반응에 영향을 주고, 커피 맛의 깊이와 단맛을 떨어뜨리는 부정적인 결과를 만들어 낸다. 또한 에스프레소 머신처럼 장비를 사용하는 경우에도 경도가 높은(석회질이 많은) 물은 머신 내부에 석회질 찌꺼기가 쌓여 기계에 문제를 발생시키기도 한다. 반대로 물이 경도가 너무 낮은 연수일 때에도 역시 기계를 부식시켜 보일러에 구멍이 생기는 일이 생길 수 있다.

3) 미네랄 함유량

물은 맛이 좋고 신선하며 경도가 적당히 낮아야 한다는 것 외에 추가적으로 요구되는 조건이 거의 없지만 한 가지를 더 언급한다면 미네랄 함유량이 낮을수록 좋다. 미네랄과 그 밖의 미량 원소는 물맛과 커피의 향 구성성분을 이끌어 내는 데에도 영향을 미친다.

4) 물과 커피의 적정 비율

미국 MIT대학 록하트(Lockhart) 교수의 CBI(Coffee Brewing Institute)에 의해 작성된 커피 추출 조절 차트(Coffee Brewing Control Chart)에 따르면 커피와 물의 이상적인 비율은 1:18이다. 이 비율을 골든 컵(Golden Cup)이라고 하는데, 골든 컵을 기준으로 하여 스페셜티커피협회(SCA)에서 권장하는 커피 적정 농도는 1.15~1.35%, 추출 수율은 18~22%이다.

커피의 농도가 이 적정 농도보다 낮으면 맛이 약하고, 높으면 너무 진하고 강한 맛이 난다. 또한 커피의 수율이 18%보다 낮으면 과소 추출이 일어나 풋내가 느껴질 수 있고, 22% 이상일 때는 과다 추출이 일어나 쓰고 떫은맛이 나타날 수 있다. 물론 농도와 수율은 개인 취향이기 때문에 이 기준을 무조건 맞춰야 꼭 좋은 커피라고 단정할 수는 없으며, 이상적인 추출을 위한 가이드 라인이라고 볼 수 있다.

> **임쌤의 꿀팁**
>
> - 추출 수율 : 커피의 가용 성분 중에서 실제로 커피에 추출된 비율로 사용한 원두 양에서 뽑아낸 커피 고형 성분의 비율을 의미한다.
> - 추출 농도(TDS, Total Dissolved Solids) : 추출된 커피 안에 녹아 있는 커피 성분의 양이며, 뽑아낸 커피 성분이 물과 섞여 있는 비율을 의미한다.
>
>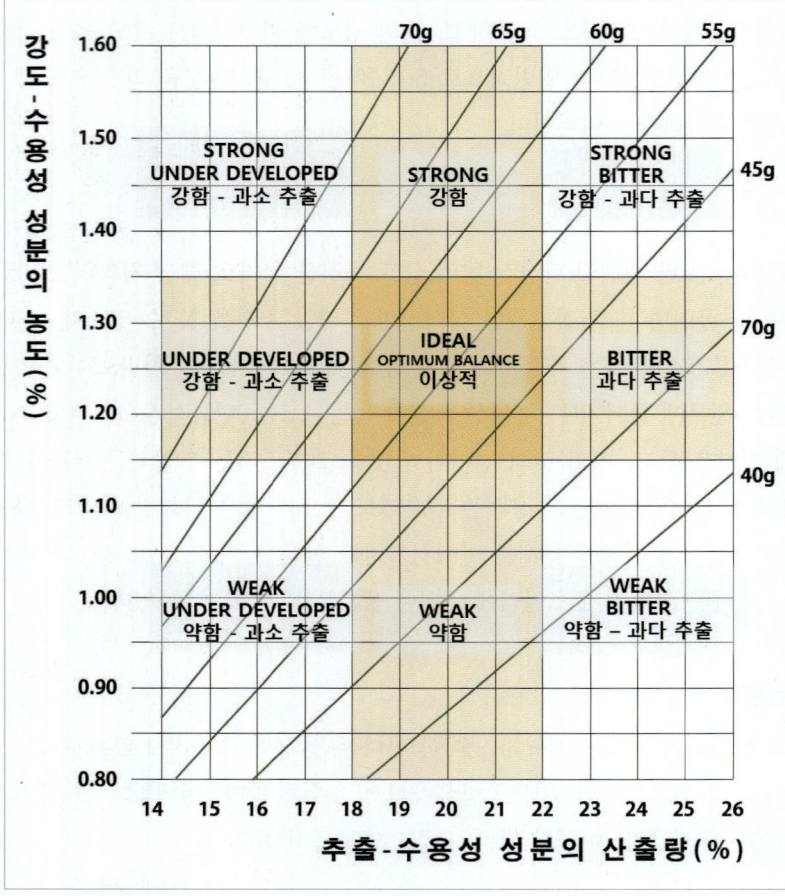
>
> ▲ 커피 브루잉 컨트롤 차트

5) 물 온도와의 상관관계

커피의 고형 성분은 높은 온도에서 융해되는 경향이 있다. 상온의 물을 이용해 커피를 추출하는 더치(Dutch) 또는 콜드 브루(Cold Brew) 방식도 있긴 하지만, 대부분의 커피 추출은 고온의 물로 이루어진다. 에스프레소 머신의 경우 95℃ 정도의 온도를 유지하도록 설계되어 있고, 드립 커피의 경우 90~95℃의 물을 많이 사용한다. 물 온도가 85℃ 이하일 경우 커피는 고형 성분이 제대로 추출이 되지 않아 향미는 부족하고, 바디감은 높으며, 맛이 깔끔하지 않게 느껴진다. 물 온도가 95℃ 이상의 고온일 때는 향은 강하지만, 신맛은 덜 느껴지고, 부드럽지 못하고 날카로운 듯한 뉘앙스가 느껴진다.

❹ 커피 추출 방식

1) 커피 추출 방식

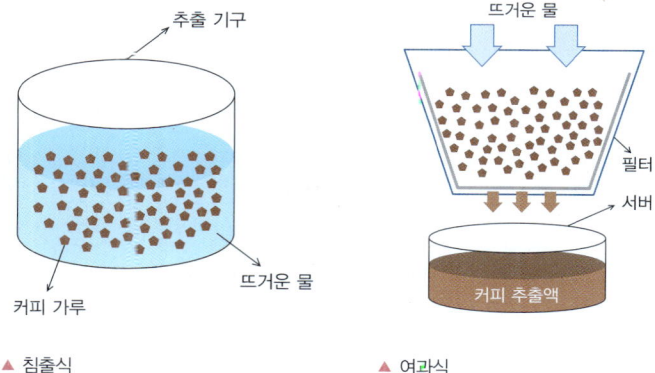

▲ 침출식　　　　　　　　　　　▲ 여과식

구분	방법	종류
침출식(침지식)	커피 가루에 물을 붓고 일정 시간 동안 우려내는 방식	이브릭(체즈베), 프렌치 프레스, 배큠 브루어(사이펀) 등
여과식(투과식)	커피 가루에 물을 붓고 통과시켜 고형 성분을 분리시키는 방식	드립 커피, 커피 메이커, 모카포트, 워터 드립(더치), 에스프레소 등

> **임쌤의 꿀팁**
>
> 추출 변수
> - 커피 맛을 변화시키는 요인을 의미
> - 기본 변수 : 원두의 품종, 원산지, 로스팅 포인트
> - 추출 단계 변수 : 추출 방법, 기구, 원두 분쇄도, 원두량, 물의 종류, 물의 온도, 추출 시간, 추출 압력, 추출량, 바리스타 스킬 등

2) 다양한 커피 추출 기구와 방법

❶ 필터 드립(핸드 드립)

필터(종이, 금속, 천 등)를 이용하여 커피 가루를 걸러서 커피를 추출하는 방식이다. 처음 필터로 사용했던 것은 융(Flannel, 플란넬)이라고 하는 섬유조직이었고, 종이 필터는 1908년 독일의 멜리타 벤츠(Melita Bentz) 부인이 개발한 것이 시초가 되었다. 핸드 드립은 드립 포트와 드리퍼, 필터를 이용하여 여과식으로 추출을 하며 멜리타(Melita), 칼리타(Kalita), 고노(Kono), 하리오(Hario), 융 등 다양한 드리퍼를 사용한다.

▲ 추출 영상　　▲ 필터 드립

구분	멜리타	칼리타	고노	하리오
형태				
추출구 수 (크기)	1개(3mm)	3개(5mm)	1개(14mm)	1개(18mm)
리브(Rib)	가늘고 높음	촘촘하고 많음	중간 이하로 하단에만 위치	나선형, 전체적으로 위치
추출 속도	약간 느림	일정하고 빠름	천천히 추출되다가 빨라짐	가장 빠름
향미 특징	진하고 강한 향	부드럽고 섬세한 맛 표현이 가능	진하면서 부드러움	깔끔하면서 가장 부드러움

> **임쌤의 꿀팁**
>
> 리브(Rib)
> - 드리퍼 내부에 홈과 돌기를 말한다.
> - 공기와 커피 원두에서 발생하는 가스가 배출되는 통로 역할을 한다.
> - 드리퍼 종류별로 리브의 높이와 수가 다르다.
> - 리브가 많을수록 추출 속도가 빨라진다.

▼ 재질에 따른 드리퍼의 종류

재질	특징
플라스틱	• 가장 저렴하며 보편적으로 사용된다. • 열전도율은 뛰어나지만 내열성은 떨어진다. • 오래 사용할 경우 균열이 생길 수 있다. • 보통 환경호르몬이 없는 소재로 만들어진다.
세라믹(도자기)	• 예열을 해야 한다. • 무겁고 깨질 위험이 있다. • 내열성(열 보존성)이 뛰어나다.
유리	• 내열 강화유리로 만들어져 환경호르몬 위험요소가 없다. • 열 보존성이 낮다. • 파손 위험이 있다.
스테인리스	내구성이 뛰어나 영구적으로 사용 가능하다.
동	• 예열이 필요하다. • 열전도와 보존성이 가장 뛰어나다. • 가격이 비싸고, 얼룩이나 녹 등의 관리가 까다롭다.
융(플란넬)	• 종이 필터와 달리 커피의 오일 성분이 걸러지지 않고 함께 추출되어, 부드럽고 바디감 있는 향미 연출이 가능하다. • 보관이 까다롭고 재사용에 대한 위생 문제 등이 있다.

> **임쌤의 꿀팁**
>
> **핸드 드립(Hand-Drip)과 푸어오버(Four-Over)**
> - 핸드 드립 : 물줄기를 섬세하게 조절해서 내리는 일본에서 유래한 드립 방식
> - 푸어오버 : 미국, 유럽, 호주, 최근 들어 국내에서 많이 사용하는 드립으로, 섬세한 물줄기 조절을 요구하지 않고 계산된 물의 양을 커피 가루가 침출되도록 나눠서 부어 내리는 방식
>
> **뜸 들이기(Pre-Infusion), 블루밍(Blooming)**
> - 일반적으로 드립을 할 때는 처음이 소량의 물을 원두 가루가 적셔질 정도로만 붓고 30초 정도 기다리는 과정을 거치는데 이를 뜸 들이기 또는 블루밍이라고 한다.
> - 로스팅 후 원두 안에 남은 가스(이산화탄소)를 미리 방출시켜 원활한 추출을 하기 위함이다. 원두를 골고루 적셔 채널링(Channeling, 물이 비균형적으로 흐르는 현상)을 방지하기 위해서 하는 사전 과정으로써 추출 결과물에 큰 영향을 끼친다.

❷ 사이펀(Siphon, Syphon)

1840년경에 스코틀랜드의 해양학자인 로버트 네이피어(Robert Napier)가 진공 여과식 용기(Vacuum Filtration Container)를 개발한 것에서 유래하여 프랑스의 마담 배쉬(Madame Vassieux)가 상하부의 플라스크를 연결한 현재의 방식을 구상하였다. 1924년 일본에서 사이펀이란 명칭으로 상용화가 되었으며 정식 명칭은 배큠 브루어(Vacuum Brewer)이다.

사이펀은 증기 압력과 진공 흡입 원리를 이용한다. 하부 플라스크에서 물이 가열되어 수증기로 변하면 수증기의 압력에 의해 뜨거워진 물이 상부 플라스크로 밀어 올려지고, 상부 플라스크 내의 커피 가루와 만나 추출이 이루어진다. 일정 시간 뒤에 열원을 제거하면 수증기의 압력이 사라지면서 다시 진공 상태가 풀리는 하부 플라스크로 추출된 액체가 빠르게 떨어져 커피가 만들어지는 방식이다. 상부 플라스크와 하부 사이에 여과 필터가 있지만 사실상 우려내는 침출식 방식이며 열원으로는 알코올램프, 할로겐램프, 가스 등이 있다.

▲ 사이펀

▲ 사이펀 추출 영상

❸ 모카포트(Moka Pot)

모카포트는 증기압을 이용해 커피를 추출하는 기구로 1933년 이탈리아의 알폰소 비알레띠(Alfonso Bialetti)가 고안하였다. '스토브 탑 에스프레소 메이커(Stove-Top Espresso Maker)'라고도 불리며 진한 커피를 추출하는 방법으로 이탈리아 대부분의 가정에서 널리 사용되고 있다.

하단 포트에 물을 넣고 중간 필터 바스켓에 원두 가루를 채운 후에 상부 포트와 결합하여 가열하면 수증기에 의해 데워진 물이 필터 바스켓 내의 원두 가루를 만나 추출된 후 상부 포트에 올라와 모인다. 압력 밸브를 추가하여 크레마(Crema)까지 뽑아낼 수 있는 간편한 가정용 에스프레소 추출 기구로 유럽, 미국 등에서 널리 쓰이고 있다.

▲ 모카포트

▲ 모카포트 추출 영상

❹ 프렌치 프레스(French Press)

1929년에 이탈리아의 아틸리오 칼리마니(Attilio Calimani)에 의해 이 방식이 처음 개발이 되었고, 이후 1970년대에 덴마크의 보덤(Bodum)사가 내놓은 프렌치 프레스가 전 유럽에 히트를 치면서 지금의 프렌치 프레스 형태를 갖추게 되었다.

프렌치 프레스는 가압 침출식 방식으로 커피를 추출하는 도구이다. 용기에 분쇄한 원두 가루를 넣고 뜨거운 물을 부어 일정 시간 우려낸 후 플런저(Plunger)를 눌러 커피 가루와 추출액을 분리하는 방법이다. 주로 금속 필터를 사용하므로 커피의 오일 성분까지 추출되어 바디감은 좋은 편이나 미분이 남게 되어 텁텁한 느낌을 주기도 한다. 원두가 가진 특징을 있는 그대로 느낄 수 있는 가장 손쉬운 커피 추출 기구 중 하나이다.

▲ 프렌치 프레스

▲ 프렌치 프레스 추출 영상

❺ 이브릭(Ibrik)/체즈베(Cezve)

▲ 이브릭

▲ 체즈베

▲ 체즈베 추출 영상

튀르키예식 커피에서 가장 오래된 커피 추출 방식으로, 추출 시 사용하는 도구가 이브릭과 체즈베이다. 동, 놋쇠, 스테인리스 등으로 만들어진 추출 기구에 곱게 분쇄된 커피 가루를 물과 함께 넣고 끓이면서 우려낸 다음 커피 가루를 가라앉혀서 부어 마시는 방식에 쓰이는 도구들이다.

보통 총칭하여 이브릭으로 더 많이 알려져 있지만 사실 이브릭과 체즈베는 기능적으로 명확히 구분되는 도구이다. 먼저 체즈베는 직접 커피를 끓이는 뚜껑이 없는 형태의 도구이며, 열원 반대 방향으로 길게 뻗은 막대 손잡이가 있다. 한편 이브릭은 커피를 끓이는 도구가 아니라 커피 등 액체를 따라내는 주전자로 주둥이가 길고 뚜껑이 있는 구조로 봤을 때 직접 불 위에 올려 놓고 끓이는 도구가 아님을 알 수 있다.

커피 가루를 여과하는 과정을 수행하지 않으므로 텁텁한 커피 가루를 함께 마시게 되는 불편함이 있다. 기호에 따라 설탕, 우유, 카더멈(Cardamom)과 같은 향신료를 같이 넣어 끓여 마시기도 한다. 이러한 튀르키예식 커피 문화와 전통은 2013년 유네스코(UNESCO) 무형문화유산으로 지정되었다.

❻ 콜드 브루(Cold Brew)

상온 또는 찬물로 장시간 추출하는 방식이다. 네덜란드 상인들이 인도네시아 등으로부터 커피를 운반하던 배 위에서 찬물로 내려 마신 것을 계기로 더치 커피(Dutch Coffee)라는 이름이 붙었다. 워터 드립(Water Drip)이라 칭하며 찬물을 낭울방울 떨어뜨려 커피 가루를 적셔서 추출한 커피가 하부로 모이는 점적식 방법이 있고, 분쇄된 커피 가루를 스테인리스 망에 넣고 찬물이 든 통 안에 넣어 우려내는 방법도 있다. 장시간 으려내면서 콜드 브루 특유의 향(발효취)이 생겨나는 것이 특징이다. 보통 카페인이 적게 함유되어 있다고 잘못 알려져 있지만 커피의 카페인 성분은 열에 큰 변화를 보이지 않으며, 콜드 브루의 경우 장시간 물과 접촉하는 점 때문에 오히려 카페인 함량이 뜨거운 커피에 비해 더 높다.

▲ 콜드 워터 브루어

❼ 에어로 프레스(Aero Press)

에어로 프레스는 2005년에 미국의 스포츠용품 기업 에어로비(Aerobie)사의 앨런 애들러(Alan Adler)에 의해 만들어진 커피 추출 도구이다.

처음에는 프렌치 프레스와 마찬가지로 물에 커피 가루를 넣어 우려낸 후, 플런저(Plunger)를 눌러 물을 커피 가루에 통과시키고 종이 필터로 거른다. 공기압 프레스 방식과 필터 여과 방식이 결합한 방식이다.

다른 추출 도구들에 비해 훨씬 다양한 방식으로 추출할 수 있어 매년 월드 에어로 프레스 챔피언쉽(WAC, World Aeropress Championship)이 열릴 정도로 많은 커피 전문가들에게 사랑을 받고 있다.

▲ 에어로 프레스

▲ 에어로 프레스 추출 영상

❽ 케멕스(Chemex)

1941년 독일 출신의 화학자 피터 쉴럼봄(Peter Schlumbohm)이 발명한 완벽한 모래시계 모양의 추출 도구이다. 상부 드리퍼와 하부 서버 일체형인 케멕스는 일반적인 드리퍼에 있는 리브가 없는 것이 특징이다. 에어 채널이 공기 통로가 되어 리브 역할을 대신하지만, 다른 드리퍼에 비해 물 빠짐이 좋지 않은 단점이 있다.

케멕스로 추출한 커피는 바디감이 거의 없으나 향이 아주 뚜렷하고 깔끔한 점이 특징이다. 또한 케멕스에 사용되는 종이 필터는 다른 종이 필터보다 두껍고 비대칭으로 접는 차이점이 있다.

▲ 케멕스

❾ 핀(Phin)

베트남 커피에서 흔히 사용되는 커피 추출 도구이다. 곱게 분쇄된 커피 가루를 용기에 넣고 구멍이 뚫린 스트레이너로 평평하게 한 뒤에 뜨거운 물을 스트레이너가 살짝 잠길 정도로 부어 뜸을 들이고 물을 채운 후 뚜껑을 닫고 천천히 추출되도록 기다린다. 베트남에서는 미리 부어 놓은 연유에 핀으로 추출된 커피를 섞어 달콤한 커피로 즐기는데, 이는 로부스타의 쓴맛을 줄여서 부드럽고 달콤하게 즐기기 위함이다.

▲ 핀

# 커피 보관 및 포장

❶ 커피의 산패와 보관

1) 산패

커피의 산패란 로스팅 후의 원두가 공기 중의 산소와 지속적으로 접촉하고 산화하면서 그 맛과 향이 변질되는 것을 말한다. 부패와는 또 다른 개념으로, 산패는 증발(Evaporation) ▶ 반응(Reaction) ▶ 산화(Oxidation)의 3단계 과정을 거친다.

단계	내용
증발	커피의 휘발성분이 탄산가스와 함께 증발하는 것을 말하며 로스팅과 동시에 바로 시작된다.
반응	로스팅 후 원두가 산소와 접촉을 시작하면서 화학반응에 의해 변질이 시작된다.
산화	원두 내부 다공질 구조의 세포벽까지 전부 변질되는 단계로 커피의 부정적인 뉘앙스들이 생기는 본격적인 변질 단계이다.

2) 산패 요인

❶ 산소

원두 보관 용기 내에 존재하는 소량의 산소만으로도 완전 산화가 가능하다.

❷ 습도

로스팅한 원두의 다공질화 구조는 주위의 습기를 잘 흡수한다. 상대 습도가 100%일 때 3~4일, 50%일 때 7~8일, 0%일 때 3~4주부터 산패가 진행된다.

❸ 온도

보관 온도가 높으면 산화 속도가 촉진되는데, 10℃ 온도가 상승할 때마다 2의 3제곱(2^3)씩 향기 성분이 빨리 소실된다.

❹ 햇볕

햇볕은 화학반응에 촉매 작용을 하여 산패를 촉진시킨다.

❺ 분쇄도
분쇄 입자가 작을수록 공기와의 접촉면이 늘어나서 산화가 촉진되며, 분쇄 상태의 원두는 홀빈(Whole Bean)일 때보다 약 5배 정도 빨리 산패가 진행된다.

❻ 로스팅 정도
라이트 로스트 원두에 비해 다크 로스트 원두가 흘러나온 오일이 더 많고 더 다공질 상태여서 산패 진행이 빠르다.

❼ 발열
원두를 분쇄할 때 그라인더 날에서 발생하는 마찰열은 산화 반응을 촉진시킨다.

3) 커피의 보관 방법
❶ 향기 보존
기체인 향기는 다른 성분에 비해 빨리 소실되기 때문에 밀폐 용기에 보관해야 한다.

❷ 빛 차단
투명한 용기에 보관할 경우 산패 진행이 빨라지므로 불투명 용기 등에 보관하는 것이 좋다.

❸ 산소 차단
가급적 산소에 노출되지 않도록 지퍼백 혹은 밀폐 기능이 있는 용기에 보관한다.

❹ 습도 차단
습도가 낮을수록 산패 속도가 느려지므로 습도가 낮은 곳에 보관해야 한다. 특히 여름철이나 장마철은 원두 보관에 유의해야 하는 시기이다.

4) 커피의 포장

❶ 커피 포장 재질의 4가지 조건
- 보향성
- 차광성
- 방기성
- 방습성

❷ 커피 포장 방법
- 진공 포장(Vacuum Packaging)
  - 분쇄 원두 포장에 많이 사용한다.
  - 금속 캔이나 복합필름 포장 용기 안에 잔존산소량을 10% 이하가 되도록 한 후 밀봉한다.
- 압축포장(Compression Packaging)
  - 포장지 내의 가스를 제거하여 순간적으로 압축 밀봉하는 방법이다.
  - 원두가 숙성되면서 가스가 차면 다시 부푼다.
- 밸브 포장(One-way valve Packaging)
  - 1960년대 이탈리아에서 개발된 방법이다.
  - 밸브를 부착하여 용기 내의 탄산가스는 배출시키고 외부의 산소와 습기는 들어가지 못하도록 고안된 포장 방법이다.
  - 아로마 밸브라고도 한다.
- 불활성 가스 포장(Inert Gas Packaging)
  - 포장 용기 내에 불활성 기체를 넣어 포장하는 방법이다.
  - 주로 질소를 가압하여 용기 내에 삽입하고 원두의 산패를 방지한다.
  - 다른 방법과 비교해 보관 기간이 3배 이상으로 가장 길지만 비용이 많이 드는 것이 단점이다.

 # 출제 예상 문제

01 다음 중 커피 추출에 대한 설명으로 틀린 것은?
① 커피 추출은 커피 성분을 뽑아낸다는 의미로 '익스트랙션(Ex-traction)' 또는 커피 제조를 의미하는 '브루잉(Brewing)'이라고 정의한다.
② 원두를 분쇄하는 이유는 원두의 표면적을 넓혀 수분과의 접촉면을 넓히기 위해서이다.
③ 원두 분쇄는 디개싱(Degassing, 가스 제거) 및 숙성을 위해서 하루 이틀 전 미리 하는 것이 좋다.
④ 용매인 물이 분쇄된 커피에서 수용성 성분만을 분리하여 커피 추출액으로 이동시킨다.

02 커피 그라인더를 선택할 때 고려해야 할 주요 사항이 아닌 것은?
① 전기 사용량　　② 발열
③ 균일성　　　　　④ 미분 발생 정도

03 다음에서 설명하고 있는 그라인더 날의 종류는?

> • 열 발생이 많다.
> • 분쇄 속도가 빠르고 비교적 균일하게 분쇄된다.
> • 에스프레소용으로 가장 많이 사용하는 상업용 그라인더 날이다.

① 코니컬 버　　　② 블레이드 커터
③ 롤러 커터　　　④ 플랫 버

정답

01 ③　원두는 분쇄하면 산패속도가 빨라지므로 추출 직전에 분쇄하는 것이 좋다.
02 ①　그라인더 선택 시 고려사항으로는 분쇄 균일성, 발열 정도, 미분 발생 정도, 그 외 칼날의 종류, 가격, 드립 또는 에스프레소 머신의 사용 용도 등이 있다.
03 ④　플랫 버(Flat Burr)는 평면형 칼날이다. 분쇄 속도가 빠르며 마찰열이 많고 에스프레소용으로 적합하여 영업용으로 가장 많이 사용한다.

04 다음 중 커피 분쇄도에 영향을 미치는 요소가 아닌 것은?

① 블렌딩 비율　　② 습도
③ 로스팅 정도　　④ 기온

05 커피 가루가 물과 만나서 가용성 성분이 추출되는 올바른 순서는?

① 침투 → 분리 → 용해　　② 침투 → 용해 → 분리
③ 용해 → 침투 → 분리　　④ 분리 → 침투 → 용해

06 다음 중 가장 고운 분쇄도를 적용하는 추출 기구는?

① 핸드 드립　　② 체즈베(이브릭)
③ 모카포트　　④ 프렌치 프레스

07 다음 중 커피 추출 시 분쇄 입자 크기에 대한 설명으로 잘못된 것은?

① 같은 추출 기구를 이용하더라도 분쇄 입자 크기에 따라 커피 맛이 달라진다.
② 튀르키예식 커피를 추출할 때에는 일반적으로 아주 가늘게 분쇄하는 것이 좋다.
③ 핸드 드립 커피는 에스프레소 커피에 비해 굵게 분쇄하는 것이 일반적이다.
④ 분쇄 입자가 굵을 때 물과의 접촉 시간을 짧게 하면 고형 성분이 더 많이 추출된다.

08 다음 중 커피 추출에 사용하는 물에 대해 바르게 설명한 것은?

① 미네랄 함유량이 많은 물일수록 커피 추출에 적합하다.
② 냄새와 불순물이 없고, 신선하며 경도가 낮아야 한다.
③ 100ppm 이상의 무기물이 함유된 물이 좋다.
④ 정수된 물보다 수돗물이 더 조화로운 커피 맛을 낼 수 있다.

정답

04 ④　커피 분쇄도에 영향을 주는 요소로는 커피의 품종, 밀도, 로스팅 정도, 블렌딩 비율, 습도상태, 로스팅한 커피의 신선도 등이 있다.
05 ②　분쇄된 커피 가루가 물과 만나면 커피 입자의 다공질화된 조직 사이로 물이 침투하고, 가용성 성분을 녹여낸 후(용해) 커피 입자 바깥으로 용해된 성분이 분리되는 과정을 통해 커피가 추출된다.
06 ②　체즈베로 커피를 추출할 때에는 에스프레소 머신보다 더 가늘게 분쇄하는 특징이 있다.
07 ④　분쇄 입자가 굵으면 가는 경우보다 접촉 면적이 줄어들기 때문에 더 많은 고형 성분을 추출하기 위해서는 침출식과 같이 물과의 접촉 시간을 늘릴 필요가 있다. 근본적으로는 해당 추출 방법에 맞는 적합한 분쇄 정도를 사용하는 것이 우선이다.
08 ②　커피 추출에 사용되는 물은 냄새와 불순물이 없고, 신선하며 50~100ppm의 무기물이 함유된 것이 적합하다. 미네랄 함유량은 낮을수록 좋다.

09 다음 중 커피 추출 시에 물의 경도에 대한 설명으로 틀린 것은?

① 경도가 너무 높은 물은 에스프레소 머신 내부에 석회질 찌꺼기가 쌓일 수 있다.
② 경도는 물속에 녹아 있는 석회질의 양의 수치를 의미한다.
③ 경도가 높은 물로 추출한 커피는 단맛과 깊이를 떨어뜨리지만, 바디감은 높인다.
④ 물의 경도가 너무 낮으면 보일러에 구멍이 생길 수도 있다.

10 SCA에서 권장하는 커피의 적정 농도와 추출 수율의 연결이 옳은 것은?

① 1.15~1.35%, 18~22%   ② 1.25~1.35%, 10~15%
③ 1.35~1.55%, 18~22%   ④ 1.15~1.55%, 12~20%

11 다음 중 커피와 물에 대한 설명으로 틀린 것은?

① 물의 경도가 높을 땐 정수한 물로 커피를 추출하는 것이 좋다.
② 물의 온도가 85℃ 이하의 저온으로 커피를 추출할 경우 향미는 부족하고 바디감은 높다.
③ 커피와 물의 비율, 분쇄도가 잘 맞아야 농도를 맞출 수 있다.
④ 무기물이 전혀 없는 물을 사용하는 것이 커피 추출에 적합하다.

12 다음 중 추출 방식이 나머지와 다른 하나는?

① 핸드 드립   ② 에스프레소
③ 모카포트   ④ 프렌치 프레스

13 다음에서 설명하고 있는 추출 방식(기구)은 무엇인가?

> 1933년 이탈리아의 알폰소 비알레띠(Alfonso Bialetti)가 발명하였으며 유럽, 미국 등의 가정에서 커피 추출용으로 널리 쓰이고 있다. 끓는 물의 증기압에 의해 하단부의 데워진 물이 상단으로 이동하면서 커피 층을 통과하여 커피가 추출되는 원리이다.

① 사이펀   ② 모카포트
③ 프렌치 프레스   ④ 케맥스

정답

09 ③ 경도가 높은 물은 원두에 들어 있는 가용성 물질이 녹는 속도를 변화시켜 커피 추출과 관련된 화학반응에 영향을 끼치고, 커피 맛의 깊이와 단맛을 떨어뜨리는 부정적인 결과를 만든다.
10 ① SCA에서 권장하는 커피 적정 농도는 1.15~1.35%이고, 추출 수율은 18~22%이다.
11 ④ 칼륨, 칼슘, 나트륨, 마그네슘 등 물속에 든 적정량의 무기물은 오히려 커피 맛에 긍정적인 작용을 한다.
12 ④ 체즈베, 프렌치 프레스, 사이펀은 침출식에 해당한다.
13 ② '스토브 탑 에스프레소 메이커(Stove-Top Espresso Maker)'라고도 불리는 가정용 에스프레소 추출 기구에 대한 설명이다.

14 침출식이 아니라 필터를 사용하여 여과식으로 커피를 추출하는 방식은?

① 프렌치 프레스
② 사이펀
③ 에스프레소
④ 체즈베(이브릭)

15 드리퍼의 내부 돌기를 지칭하는 리브(Rib)에 대한 설명으로 옳은 것은?

① 커피 가루 사이에 에어 채널 역할을 함으로써 추출 속도를 원활하게 한다.
② 리브가 많을수록 추출 속도가 느려져 더 진한 커피를 내릴 수 있다.
③ 접촉면이 많아지면서 물이 빠지는 시간이 길어진다.
④ 드리퍼의 내구성을 늘이는 역할을 한다.

16 다음에서 설명하는 현상으로 옳은 것은?

> 드립으로 추출 시 처음에는 소량의 물로 적셔진 커피 가루에서 이산화탄소가 미리 방출되면서 커피 가루가 부풀어 오른다.

① 스티밍(Steaming)
② 탬핑(Tamping)
③ 뜸 들이기(Blooming, 블루밍)
④ 도징(Dosing)

17 다음 중 사이펀 커피를 추출할 때에 일반적으로 사용하지 않는 열원은?

① 가스
② 핫플레이트
③ 알코올 램프
④ 할로겐 램프

정답

14 ③ 여과식 추출 방식으로는 핸드 드립, 케멕스, 에스프레소, 모카포트가 있다.
15 ① 리브(Rib)는 드리퍼 내부에 홈과 돌기를 말한다. 공기와 커피 원두의 가스 통로 역할을 하는데 드리퍼 종류별로 리브의 높이와 수가 다르다. 리브가 많을수록 추출 속도가 빨라진다.
16 ③ 로스팅 과정에서 생긴 원두의 다공질 구조에 차 있는 이산화탄소를 방출하는 과정으로 프리 인퓨전(Pre-infusion)이라고도 한다.
17 ② 핫플레이트는 요리용 철판 또는 전기 히터를 말한다.

18 다음에서 설명하고 있는 커피 추출 기구는?

> 곱게 분쇄한 커피 가루와 물을 동, 놋쇠 등으로 만들어진 (   )에 같이 넣고 끓여서 우려내는 달임식 커피 추출 방법이다. 이러한 튀르키예식 커피 문화와 전통은 2013년 유네스코(UNESCO) 무형문화유산에 지정이 되었고, 가장 오래된 커피 추출 도구로 알려져 있다.

① 체즈베 ② 케맥스
③ 에어로 프레스 ④ 사이펀

19 다음 중 콜드 브루(Cold Brew)에 대한 설명으로 잘못된 것은?

① 워터 드립 또는 더치라고도 하며 상온의 물로 커피를 추출하는 방법이다.
② 뜨거운 물로 추출하는 커피에 비해 카페인 함량이 훨씬 낮다.
③ 네덜란드 상인들이 배 위에서 찬물로 커피를 내려 마시던 것에서 유래하였다.
④ 장시간 우려내면서 콜드 브루 특유의 발효취가 생기는 것이 특징이다.

20 다음 중 커피 추출 방법(기구)에서 분쇄도가 가는(고운) 것부터 나열한 것은?

① 에스프레소 – 프렌치 프레스 – 핸드 드립 – 모카포트
② 모카포트 – 핸드 드립 – 프렌치 프레스 – 에스프레소
③ 프렌치 프레스 – 모카포트 – 에스프레소 – 핸드 드립
④ 에스프레소 – 모카포트 – 핸드 드립 – 프렌치 프레스

21 다음의 설명에 해당하는 커피 추출 기구는?

> 플런저에 압력을 가해 체임버에 담긴 물을 밀어서 추출하는 방식으로 주사기와 같은 원리로 커피를 추출한다. 휴대가 간편하고 추출도 신속하게 이루어져서 장소에 구애받지 않고 사용할 수 있으며, 다양한 방식으로 추출할 수 있는 장점이 있다.

① 케맥스 ② 프렌치 프레스
③ 에어로 프레스 ④ 모카포트

정답

18 ① 손잡이가 달린 주전자에 고운 커피 가루와 물을 넣고 뜨거운 모래 또는 불 위에서 커피를 만드는 터키식 전통 커피 추출 방식이다.
19 ② 장시간 물과 접촉한다는 점 때문에 뜨거운 커피에 비해 카페인 함량이 오히려 더 높다.
20 ④ 분쇄도 굵기(가는 것부터) : 체즈베 〈 에스프레소 〈 모카포트 〈 커피 메이커 〈 드립 〈 프렌치 프레스
21 ③ 2005년에 미국의 스포츠용품 회사 에어로비(Aerobie)사의 앨런 애들러(Alan Adler)에 의해 만들어졌다. 프렌치 프레스와 마찬가지로 물에 커피 가루를 넣고 함께 우려낸 후 플런저(Plunger)를 눌러 물을 커피 가루에 통과시키고 종이 필터로 걸러내는 과정을 거친다. 공기압 프레스 방식과 필터 여과 방식이 결합된 도구이다.

22 다음 중 카페 핀(Cafe Phin)의 추출 방법으로 틀린 설명은?

① 베트남에서 흔히 사용하는 커피 추출 도구이며, 미리 연유를 잔 아래 넣고 추출한다.
② 본체에 스트레이너를 먼저 올린 후 그 위에 커피 가루를 넣고 물을 붓는다.
③ 물을 부은 다음 뚜껑을 덮고 기다린다.
④ 주로 로부스타 커피 추출에 사용한다.

23 다음 중 커피 추출 방법에 대한 설명이 잘못된 것은?

① 멜리타 드리퍼 – 1908년 독일의 멜리타 부인이 발명하였으며 페이퍼 필터 드립의 시초가 되었다.
② 케맥스 – 1941년 독일 화학자 피터 쉴럼봄(Peter Schlu-mbohm)이 발명한 모래시계 모양의 상하부 일체형 커피 추출 도구이다.
③ 프렌치 프레스 – 종이 필터가 아닌 주로 금속 필터를 사용하는 추출 방식으로, 컵에 약간의 커피 가루가 남을 수 있다.
④ 융 드립 – '플란넬'이라고 불리는 천 조직으로 커피를 여과 추출하며, 다른 방법에 비해 바디감이 약하지만 깔끔한 커피를 추출할 수 있다.

24 다음에서 설명하고 있는 커피 추출 기구는?

> 1840년경에 스코틀랜드의 로버트 네이피어(Robert Napier)가 진공 여과식 용기를 개발한 것에서 유래하였다. 배큠 브루어(Vacuum Brewer)가 정식 명칭이고, 증기 압력과 진공 흡입 원리를 이용하여 커피를 추출한다.

① 사이펀 ② 모카포트
③ 에어로 프레스 ④ 클레버

25 다음 중 나머지와 관련이 없는 하나는?

① 드리퍼 ② 페이퍼 필터
③ 포터필터 ④ 드립 서버

정답

22 ② 커피 가루를 용기에 넣고 스트레이너로 평평하게 한 뒤에 뜨거운 물을 살짝 부어 뜸을 들이고 물을 채운 후 뚜껑을 닫고 천천히 추출되도록 기다린다.
23 ④ 융 드립은 종이 필터와 달리 커피의 오일 성분이 걸러지지 않고 추출되어 부드럽고 바디감이 있게 느껴진다.
24 ① 1924년 일본에서 사이폰(Syphon)이란 명칭으로 상용화가 되었고 정식 명칭은 배큠 브루어(Vaccum Brewer)이다.
25 ③ 포터필터는 커피 가루를 담는 에스프레소 머신의 부품이다.

26 신선한 커피에 뜨거운 물을 부으면 표면이 부풀어 오르거나 거품이 생기는데, 이는 커피에 함유된 어떤 가스 성분 때문인가?

① 탄산가스
② 질소가스
③ 메탄가스
④ 수소가스

27 다음에서 설명하고 있는 그라인더 날의 종류는?

> 분당 회전수가 낮아 분쇄 속도가 빠르진 않지만 열 발생이 적어서 향미 저해 요소가 적다. 수동 또는 전자동 그라인더 날로 브루잉용에 많이 사용한다.

① 롤러 커터(Roller Cutter)
② 블레이드 커터(Blade Cutter)
③ 플랫 버(Flat Burr)
④ 코니컬 버(Conical Burr)

28 커피를 포장할 때 사용하는 재료의 조건으로 적합하지 않은 것은?

① 습기를 방지할 수 있어야 한다.
② 산소가 침투되지 않도록 밀폐되어야 한다.
③ 빛이 차단되는 재질을 사용하는 것이 좋다.
④ 탈취성을 갖춘 재질이 좋다.

정답

26 ① 로스팅 과정에서 생성되는 이산화탄소(탄산가스)가 원인이다.
27 ④ 플랫 버는 분쇄 속도가 빨라 에스프레소용으로 가장 많이 사용하고, 코니컬 버는 비교적 빠르진 않지만 열 발생이 적어 드립(브루잉)용으로 가장 많이 사용되는 날의 형태이다.
28 ④ 커피 포장 시에는 보향성, 차광성, 방기성, 방습성 등을 고려해야 한다.

29 다음 커피 포장 방법 중 가장 보관 기간이 긴 포장 방법은?

① 원 웨이 밸브 포장
② 지퍼 백 포장
③ 질소 가압 포장
④ 진공 포장

30 커피의 향미를 보존하기 위한 보관 방법으로 틀린 것은?

① 습도가 낮은 곳에 보관한다.
② 직사광선을 피해 햇볕이 들지 않는 곳에 보관한다.
③ 포장 용기 내의 산소를 최대한 빼내고 밀폐 용기에 보관한다.
④ 냉장고에 보관한다.

정답

29 ③   질소 가압 포장이란 불활성 기체를 포장 용기 내에 넣어 포장하는 방법으로, 보관 기간이 다른 방법에 비해 가장 길다. 주입하는 기체로는 주로 질소를 이용한다.

30 ④   원두는 냉장고에 보관 시 냉장고 내의 다른 냄새를 흡수할 수 있다. 불투명 용기 등에 담아 습도가 낮고, 빛이 들지 않는 곳에 보관하는 것이 가장 좋다.

에스프레소와 커피 음료

Chapter 1
에스프레소

Chapter 2
에스프레소 음료

Chapter 3
우유 스팀(Milk Steam)

에스프레소

1 에스프레소의 정의

에스프레소(Espresso)라는 용어는 영어의 '익스프레스(Express)'에서 유래하여 '특급', '매우 빠르게' 추출한 커피를 의미한다. 앞에서 언급한 대로 커피 입자는 가늘수록 물과 만나는 접촉면이 많아져 커피 성분이 잘 추출되고 적은 양의 물로도 추출이 가능하다는 장점을 갖는다. 하지만 일반적인 방식으로 커피를 추출해서 얻을 수 있는 농도에는 한계가 있다. 때문에 에스프레소 머신 개발을 통하여 높은 압력과 30초 전후의 매우 빠른 추출로 농도도 진하고 향미도 강한 소량의 커피가 만들어졌다.

▲ 에스프레소

에스프레소 추출 메커니즘은 90~95℃의 물에 1잔 기준 약 7g(2샷 18g 내외)의 원두 가루를 사용하여 약 9bar의 압력으로 약 30초 정도의 짧은 시간 안에 30ml 정도를 추출하는 것이다.

▼ 에스프레소 추출 기준

원두의 양	7±1.0g	추출 압력	9±1bar
물의 온도	90~95℃	추출 시간	25±5초
추출량	25±5cc	pH	5.2

※ 에스프레소의 추출 기준은 나라, 지역, 머신, 바리스타에 따라 조금씩 달라질 수 있다.

> **임쌤의 꿀팁**
>
> **추출 압력**
> 압력은 단위 면적당 누르는 힘을 의미한다. 커피 추출 압력에서 사용하는 1bar는 1.019716kgf/㎠이다. 58mm의 포터필터를 사용하고 9bar의 압력이 가해진다면 대략 238kg의 힘이 전달된다고 생각할 수 있다.

② 에스프레소의 특징

에스프레소의 대표적인 특징은 크레마(Crema)이며 이는 영어에서 크림(Cream)을 뜻하는 이탈리아어다. 맥주 거품처럼 커피의 표면에 자연적으로 형성되는 거품을 말한다.

커피의 오일 성분과 끓인 물이 유화된 것으로 점성을 가지고 있으며 커피의 로스팅 정도, 신선도, 분쇄도, 원두의 양, 물 온도와 양, 추출 시간, 압력 등이 따라 차이가 생긴다. 커피액 위에 뜨는 크레마는 단열층 역할을 해 커피가 빨리 식는 것을 방지함과 동시에 커피 향의 보존성을 높인다.

잘 추출된 에스프레소의 크레마는 일반적으로 2~4mm의 두께에, 적갈색을 띠며, 거품의 지속시간은 2분 정도이다.

▲ 에스프레소 크레마

③ 에스프레소의 역사

연도	내용
1820년	프랑스의 루이 베르나르 라보(Louis-Bernard Rabaut)가 증기를 이용한 커피 추출 아이디어를 고안하였다.
1855년	프랑스의 에두아르 루아젤 드 상테(Edouard Loysel de Santais)가 파리 만국박람회에서 증기압을 이용한 커피 추출 기구를 선보였다.
1884년	이탈리아 토리노 박람회에서 안젤로 모리온도(Angelo Moriondo)가 빠른 추출이 가능한 증기 머신을 선보였다.
1901년	이탈리아의 루이지 베제라(Luigi Bezzera)가 최초의 에스프레소 머신 특허를 출원하였다.
1947년	이탈리아의 아킬레 가찌아(Achille Gaggia)의 수동 스프링 레버가 달린 압축식 9기압 에스프레소 머신 발명으로 '크레마'가 처음 생성되었다.
1960년	이탈리아의 페마(E.V. Faema)에 의해 전기 모터 펌프를 이용한 추출 자동화가 시작되었다.
1970년	페마 추출기에 컴퓨터 칩과 조절 장치가 달린 반자동 에스프레소 머신이 개발되었다.
1980년대	프로그래밍으로 추출이 진행되는 전자동 에스프레소 머신이 개발되었다.

4 에스프레소 머신

1) 에스프레소 머신의 외부 구조

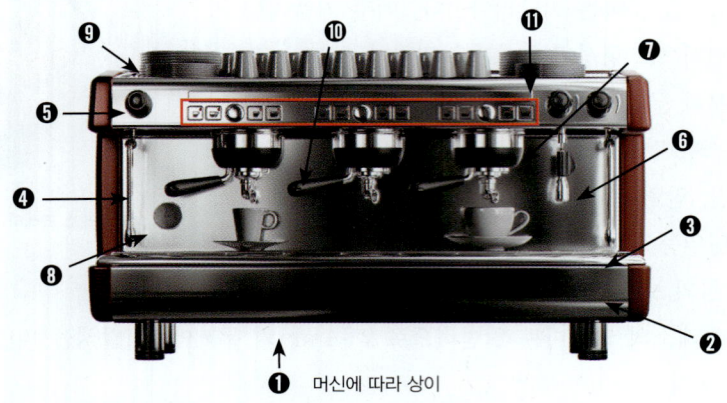

▲ 에스프레소 머신 외부

❶ 전원
주전원 온(On)/오프(Off) 스위치

❷ 드립 트레이(Drip Tray)
아래쪽에 배수가 연결되어 물, 커피 추출액이 흘러나가는 장치

❸ 드립 트레이 그릴(Drip Tray Grill)
드립 트레이 위에 컵, 잔을 올려놓는 받침대

❹ 스팀 완드(Steam Wand)
스팀 파이프 또는 스팀 노즐이라고도 한다. 수증기가 나오는 파이프 장치로, 우유를 데우거나 거품을 낼 때 사용한다.

❺ 스팀 레버(Steam Lever)
스팀을 나오게 하는 장치로 레버식, 다이얼식, 버튼식 등이 있다.

❻ 온수 노즐(Hot Water Dispenser)
머신에서 뜨거운 물이 나오는 장치이다.

❼ 디스펜싱 그룹 헤드(Dispensing Group Head)
데워진 물과 압력을 이용하여 커피를 추출하는 장치이다.

❽ 압력계(Boiler Pressure Manometer/Water Pressure Manometer)
- 커피 추출 시 펌프의 압력을 표시하는 부분이다.
- 추출 압력 게이지와 스팀(수증기)의 압력을 나타내는 스팀 압력 게이지로 구분되어 있으며 머신의 기본적인 정상 작동 상태를 알 수 있다.

❾ 컵 워머(Cup Warmer)
에스프레소 머신의 윗부분으로, 머신 내부의 열을 발산시킴과 동시에 컵을 올려 데우는 역할을 한다.

❿ 필터 홀더(Filter Holder)/포터필터(Portafilter)
- 커피 가루를 담고 그룹 헤드에 부착하여 에스프레소를 추출하는 기구이다.
- 주로 53mm와 58mm를 사용한다.
- 1잔을 추출하는 원 컵(One Cup) 포터필터와 2잔을 추출하는 투 컵(Two Cup) 포터필터가 있다.
- 포터필터의 필터 홀더의 재질은 열을 유지하기 위해 동(구리)로 만들어지며, 부식을 방지하기 위해 크롬 도금이 되어 있다.

⓫ 커피 추출 버튼(Coffee Control Buttons)
에스프레소 추출을 시작/멈춤 조작하는 버튼이다. 머신 종류에 따라 수동 레버, 다이얼 등이 다르며 반자동/자동 버튼이 구분되어 있다.

2) 에스프레소 머신의 내부 구조

▲ 에스프레소 머신 내부

❶ 보일러(Boiler)
전기 열선이 내장되어 있어 물을 가열해 온수와 스팀을 공급하는 중요한 역할을 한다. 본체는 열전도와 보온성이 좋은 동 재질로 되어 있고, 내부는 부식을 방지하기 위해 니켈 도금이 되어 있다. 전체 용량의 70%는 온수, 30%는 스팀이 저장되어 있으며 일반적으로 보일러 내부 온수의 온도는 120~130℃를, 스팀의 압력은 1~1.5bar를 유지하고 있다.

▲ 보일러

> **임쌤의 꿀팁**
>
> 에스프레소 머신의 보일러 형식으로는 써모블럭(Thermoblock) 방식, 열교환(Heat-Exchange) 방식, 듀얼 보일러(Dual-Boiler) 방식 등이 있다. 써모블럭 방식은 추출과 스팀 중 한 가지 모드로만 선택해서 사용하며 가정용 머신에 많이 쓰인다. 열교환 방식은 보일러 내부의 물은 추출더 사용하고, 수증기는 스팀으로 동시에 사용할 수 있는 방식으로, 상업용 에스프레소 머신에 주로 사용한다. 듀얼 보일러 방식은 커피 추출에 사용하는 물과 스팀, 그리고 온수까지 보일러가 각각 분리되어 있는 것이 특징이다.

❷ 그룹 헤드(Group Head)

포터필터를 장착하여 물과 압력에 의해 커피가 추출되는 부분이다. 그룹 헤드 개수에 따라 1그룹, 2그룹, 3그룹 에스프레소 머신 등으로 나누어진다. 그룹 헤드 안쪽은 샤워 스크린, 개스킷, 샤워 홀더 등으로 구성된다.

▲ 그룹 헤드

❸ 샤워 홀더(Shower Holder)

디퓨저(Diffuser)라고도 하며, 샤워 스크린이 고정되는 부분이다. 그룹 헤드 본체에서 나온 물을 4~6개의 물줄기로 갈라 필터 전체에 골고루 압력이 걸리도록 한다.

▲ 샤워 홀더

❹ 샤워 스크린(Shower Screen)

샤워 홀더를 통과한 물을 미세하고 수많은 물줄기로 분사시켜 포터필터에 담긴 원두를 골고루 적셔 추출되도록 한다. 커피의 기름때가 끼이는 부분이기 때문에 주기적인 청소와 교체가 필요한 부분이다.

▲ 샤워 스크린

❺ 개스킷(Gasket)

고무 재질의 패킹으로 샤워 스크린과 함께 그룹 헤드에 장착되어 추출 시 고압으로 분사되는 물이 새지 않도록 하는 역할을 한다. 장기간 사용 시 고무의 경화 현상으로 인해 갈라지게 되고 누수의 원인이 되므로 주기적인 교체가 필요한 소모품이다.

▲ 개스킷

❻ 로터리 펌프(Rotary Pump)

모터가 회전하면서 물을 빨아들여 압력을 조절하는 장치이다.

▲ 로터리 펌프

> **임쌤의 꿀팁**
>
> 머신을 설치할 때 급수와 연결하는 연수기는 수돗물의 경도를 조정하는 역할을 한다. 연수기의 필터는 양이온 수지를 사용하는데, 양이온 수지는 나트륨을 방출하고 칼슘과 마그네슘을 흡수해서 물을 부드럽게 만드는 역할을 한다. 그래서 소금(나트륨)을 넣으면 재생이 가능하다. 베이킹 소다는 커피 머신의 그룹 헤드 및 배수관을 청소할 때 커피의 찌든 때, 커피 오일을 제거하는 데 효과적이다.

❼ 워터 레벨 게이지(Water Level Gauge)

머신 전면부에 위치한 경우가 많으며, 물의 수위를 표시한다.

▲ 워터 레벨 게이지

❽ 수위 감지봉

보일러 내부에 존재하여 물의 수위를 감지하고 그 레벨을 70% 정도로 유지한다.

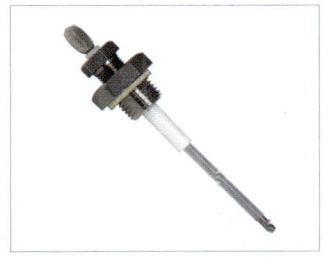

▲ 수위 감지봉

❾ 솔레노이드 밸브(Solenoid Valve)

물의 흐름을 통제하는 부품이다. 보일러에 유입되는 찬물과 보일러 내부의 뜨거운 물의 추출을 조절한다. 보일러, 그룹 헤드, 배수 등 **3**개의 방향으로 연결되어 있다.

▲ 솔레노이드 밸브

❿ 플로우미터(Flowmeter, 유량계)

커피 추출 시 물의 양을 감지하는 부품으로, 고장이 나면 제대로 된 물량 조절이 이루어지지 않는다. 수동 머신에는 없으며 자동 추출 기능이 있는 에스프레소 머신 이상에서만 볼 수 있다.

▲ 플로우미터

3) 에스프레소 머신의 종류

종류	특징
수동 머신(Manual Machine)	• 사람의 힘으로 피스톤을 작동시켜 추출하는 머신 • 레버가 달린 최초의 에스프레소 머신 형태
반자동 머신(Semi-automatic Machine)	• 별도의 그라인더를 통해 원두 가루 패킹 후 추출하는 방식 • 메모리 칩과 플로우미터가 거의 없음
자동 머신(Automatic Machine)	• 별도의 그라인더를 통해 패킹, 추출이 이루어짐 • 메모리 기능이 있어서 추출량을 자동으로 세팅 가능
전자동 머신(Fully Automatic Machine)	그라인더가 내장되어 있어 별도의 패킹 작업 없이 메뉴 버튼 작동만으로 추출이 가능한 머신

▲ 수동 에스프레소 머신

5 에스프레소 추출

1) 에스프레소 추출 순서

순서	과정	내용
1	에스프레소 머신 예열	• 예열을 위해 머신에 전원을 미리 공급하여 준비한다. • 머신에 따라 예열 시간은 조금씩 다르다.
2	잔 준비	사용할 잔 종류를 확인하고 예열한다.
3	원두 분쇄	원두에 맞게 그라인더 분쇄도를 세팅하고 원두를 분쇄한다.
4	포터필터 분리	그룹 헤드에서 포터필터를 분리한다.
5	포터필터 바스켓 청결	포터필터 내 바스켓 내부의 물기와 찌꺼기를 린넨 등으로 닦아 제거한다.
6	도징(Dosing)	도징 레버를 당겨서 분쇄된 적정량의 원두를 포터필터에 고르게 담는다.
7	레벨링(Leveling)	필터 바스켓에 담긴 원두를 손이나 스틱 등을 이용해 평평하게 만든다.
8	탬핑(Tamping)	탬퍼를 이용하여 수평을 맞춰 적정의 힘으로 원두를 누른다.
9	포터필터 가루 털기	포터필터 가장자리에 남은 커피 가루를 털어 낸다.
10	추출수 퍼징(Purging)	• 추출 버튼을 눌러 추출수를 몇 초가량 흘려보낸다. • 샤워 스크린에 묻은 찌꺼기를 제거하고 동시에 적절한 추출 온도를 유지하기 위함이다.
11	그룹 헤드에 포터필터 장착	부드럽고 신속하게 포터필터를 장착한다.
12	추출	잔을 내리고 버튼을 눌러 에스프레소 추출을 시작하고, 적정 시간과 양에 맞춰 추출을 끝낸다.
13	포터필터 분리	추출 완료 후 잔을 치우고, 바로 포터필터를 분리한다.
14	커피 퍽 버리기	분리된 포터필터에서 커피 찌꺼기(Puck, 퍽)를 넉박스(Knock Box)에 버린다.
15	필터 바스켓 청소	추출 버튼을 눌러 샤워 스크린의 커피 찌꺼기를 청소하고 필터 바스켓 내부도 세척한다.
16	그룹 헤드에 결합	포터필터 물기를 닦고 그룹 헤드에 다시 결합시켜 둔다.

▲ 탬퍼

▲ 커피 찌꺼기, 퍽

▲ 넉 박스

> **임쌤의 꿀팁**

에스프레소 추출 시
- 일관된 추출을 위해서 현장에서는 도징 링, 침칠봉, 디스트리뷰터 등 다양한 레벨링 툴을 점점 많이 사용하고 있다.
- 원두 팩킹(도징, 레벨링, 탬핑) 방법은 조금씩 달라질 수 있다.
- 탬핑할 때 적정 압력은 일반적으로 13~15kg을 권장한다.
- 1차 탬핑을 하고, 바스켓 한쪽에 치우쳐진 커피 가루를 안쪽으로 위치시키기 위해 탬퍼로 포터필터를 톡톡 치는 것(태핑, Tapping)은 잘못된 방법이다. 태핑을 하면 다져진 커피 가루 내에 크랙이 생기게 되고, 채널링 현상이 일어나기 때문이다.

채널링(Channeling) 현상
- 에스프레소 추출을 할 때에 분쇄된 원두가 포터필터에 균일한 밀도로 채워지지 않았을 때 생기는 현상이다.
- 탬핑을 하면서 한쪽으로 경사가 지거나, 크랙이 생기는 등 밀도가 다르게 분포되어 낮은 밀도의 원두 가루 쪽으로 물이 흘러가며 생긴다.
- 고르지 못한 도징 및 분쇄도, 정확하지 않은 레벨링, 기울어진 탬핑, 탬퍼로 톡톡 치는 태핑 및 장착 전 포터필터에 가해지는 충격 등이 불균일한 밀도의 원인이 된다.
- 채널링 현상으로 인해 결국 불균형적인 커피가 추출된다.

▲ 정석 탬핑의 예   ▲ 채널링 현상의 예

에스프레소 잔
- 데미타세(Demitasse) : 에스프레소 전용 잔으로 보통 60~80ml(2~3oz) 정도의 용량이며 보온이 유지되도록 두꺼운 도자기로 되어 있다.
- 샷 글라스(Shot Glass) : 샷잔이라고도 하며, 글라스 내부에 눈금이 있어 용량에 맞춰 추출할 때 사용한다.
- 벨크리머(Bell Creamer) : 샷 글라스와 함께 카페에서 에스프레소를 받는 잔으로 많이 쓰이며, 스테인리스 재질이다. 소스나 시럽을 담는 용도로도 사용한다.

▲ 데미타세   ▲ 샷 글라스   ▲ 벨크리머

2) 에스프레소 추출 결과

과소 추출된 에스프레소는 커피 성분이 충분히 추출되지 못해 시큼하고 밍밍한 맛이 나며, 크레마는 연한 베이지 색깔을 띠게 된다. 반대로 과다 추출된 커피는 원두로부터 너무 많은 성분이 추출되어 쓰고 불쾌한 맛이 나며, 검은색의 크레마가 만들어진다.

과소 또는 과다 추출이 일어나는 원인으로는 기계적인 원인(잘못된 세팅, 결함, 고장 등)과 사람에 의한 원인이 있다. 기계적 원인은 일반적인 에스프레소 기준에 맞게 세팅을 다시 맞추고, 사람이 원인일 경우에는 일관된 추출을 위해서 여러 보조 툴을 사용하거나 연습이 필요하다.

▼ 과소 추출(Under-extracted)과 과다 추출(Over-extracted)의 이해

구분	과소 추출	과다 추출
분쇄도	굵을수록	가늘수록
탬핑 강도	약하게 탬핑한 경우	강하게 탬핑한 경우
원두 투입량	적을 경우	많을 경우
추출 온도	낮은 온도	높은 온도
추출 압력	높은 압력	낮은 압력
추출 시간	짧을수록	길수록
필터 바스켓 상태	오래 사용하여 필터 구멍이 넓어진 것이 원인	필터 구멍이 막힌 것이 원인

> **임쌤의 꿀팁**
> - 정상 추출 : 정상 추출 시간(20~30초 사이)과 적절한 추출량(25~35ml)으로 추출된 경우
> - 과소 추출 : 정상 추출 시간보다 빨리 추출되어 많은 양이 담기고, 성분이 적게 추출되는 경우
> - 과다 추출 : 정상 추출 시간보다 느리게 추출되어 적은 양이 담기고, 부정적인 성분까지 추출되는 경우

▲ 에스프레소 추출 상태 구분

Chapter 2 에스프레소 음료

1 에스프레소 배리에이션 커피(Espresso Variation Coffee)

1) 에스프레소(Espresso)

일반적으로 에스프레소라 칭하는 커피의 정확한 표현은 '에스프레소 솔로(Solo)'이다. 원두와 커피 추출액이 1 대 2 비율인 커피이고, 모든 에스프레소 메뉴의 기본이 된다.

▲ 에스프레소

2) 도피오(Doppio)

도피오는 2배(Double)라는 뜻이다. 에스프레소 도피오는 50~60ml의 양을 에스프레소 잔에 제공하며, 양을 많이 해서 강한 맛을 내고자 할 때 다른 커피 음료에도 도피오를 쓴다.

▲ 도피오

3) 리스트레토(Ristretto)

리스트레토는 영어의 리스트릭티드(Ristricted, 한정된)와 동일한 의미로, 에스프레소보다 양이 적고(약 20ml) 농도가 진한 커피다. 에스프레소 솔로와 같은 양의 커피 가루에 적은 양의 물로 추출하며 꼬르또(Corto)라고도 칭한다.

4) 룽고(Lungo)

영어의 롱(Long, 길다)과 동일한 의미로, 에스프레소 솔로에 비해 추출 시간을 더 길게 하고, 추출량을 두 배 정도로 늘린 것을 말한다. 에스프레소를 길게 추출하기 때문에 농도가 연해 바디감이 떨어지고, 쓴맛과 잡미 등 부정적인 향미가 나올 수 밖에 없어 퀄리티가 낮은 커피로 평가되기도 한다.

5) 에스프레소 마키아토(Espresso Macchiato)

마키아토는 '얼룩진'이란 뜻의 이탈리아어이고, 에스프레소 위에 우유 거품을 소량 얹어 부드러움을 추가한 메뉴이다. 우유 거품은 에스프레소의 크레마가 살아 있을 때 얹어야 한다. '캐러멜 마키아토'라고 불리는 음료는 완전히 다른 커피로, 캐러멜 시럽을 넣고 우유 거품을 살짝 얹는 카페라테 메뉴이다.

▲ 에스프레소 마키아토

6) 에스프레소 꼰 빠냐(Espresso Con Panna)

에스프레소 위에 휘핑크림을 얹어 뜨거운 에스프레소의 진한 맛과 함께 차가운 크림의 부드러움과 단맛을 같이 느낄 수 있는 메뉴이다.

▲ 에스프레소 꼰빠냐

7) 아메리카노(Americano)

에스프레소 샷에 뜨거운 물을 섞은 커피로, 이미 대중적이고 잘 알려진 음료이다. 2차 세계 대전 당시 이탈리아에 머물던 미군들이 진한 에스프레소에 물을 섞어서 연하게 마셨다는 것에 유래해 아메리카노라고 불리게 되었다고 알려져 있다.

▲ 아메리카노

8) 카페라테(Caffe Latte)

에스프레소 샷에 스팀 우유와 약간의 거품이 섞인 음료다. 처음 에스프레소가 등장했을 당시 대부분의 사람들이 쓰고 강렬한 맛에 익숙하지 않아서 우유를 섞어서 단맛이 나고 쓰지 않은 커피를 만들었고, 그렇게 카페라테가 탄생하였다. 일반적으로 카페라테는 카푸치노보다 더 많은 우유가 들어가기 때문에 커피 맛이 연하고 거품도 적은 편이다.

▲ 카페라떼

9) 카푸치노(Cappuccino)

카푸치노는 이탈리아에서 에스프레소와 함께 가장 대표적인 커피 메뉴로 알려져 있다. 에스프레소 샷에 스팀 우유와 많은 양의 거품을 올리는 음료인데, 카페라테와의 차이점은 우유와 거품의 양의 차이다. 카푸치노는 우유를 덜 넣은 대신 고운 거품을 많이 얹으며 우유 거품의 밀도와 질감 등에 따라 드라이 카푸치노(Dry Cappuccino)와 웨트 카푸치노(Wet Cappuccino)로 나뉜다. 카푸치노는 카페라테에 비해 커피(에스프레소) 맛이 훨씬 강하다. 우유 거품 위에 카카오 가루나 시나몬 가루를 뿌리는 경우도 볼 수 있지만, 전통적인 카푸치노는 다른 것을 첨가하지 않고 커피와 우유만으로 만든다.

▲ 카푸치노

10) 카페오레(Café au Lait)

에스프레소 샷이 아니라 프렌치 프레스(또는 드립)로 내린 커피에 따뜻한 우유를 섞는 음료로 프랑스식 커피다.

11) 플랫 화이트(Flat White)

오스트레일리아에서 전해진 플랫 화이트는 에스프레소에 섬세한 마이크로 폼(Micro Form)의 우유 거품을 섞어서 만드는 커피 메뉴로 전통적으로 에스프레소 2샷으로 만들기 때문에 커피의 풍미가 더 강하다.

▲ 플랫 화이트

12) 아인슈페너(Einspanner)

아메리카노 위에 휘핑크림을 듬뿍 얹은 커피를 말한다. 오스트리아 빈(비엔나)에서 유래하여 이전에는 비엔나 커피(Vienna Coffee)라고도 불렸다.

▲ 아인슈페너

13) 카페 샤케라토(Caffè Shakerato)

이탈리아어로 '흔들다'라는 뜻을 가진 커피 음료이며 에스프레소 원액과 얼음, 설탕(시럽)을 셰이커(Shaker)에 넣고 흔들어 커피 원액과 거품이 1:1 정도 되게 만든다. 에스프레소의 진한 커피 맛과 부드러운 거품을 함께 즐길 수 있는 차가운 커피 음료이다.

▲ 카페 샤케라토

② 술과 커피가 만난 다양한 음료

1) 아이리시 커피(Irish Coffee)

2차 세계대전 이후 아일랜드의 한 술집에서 유래되었다고 전해진 음료이다. 커피에 위스키를 넣어 몸을 따뜻하게 하는 칵테일 커피이다.

▲ 아이리시 커피

2) 깔루아 커피(Kahlua Coffee)

멕시코에서 생산되는 아라비카 커피 원두와 사탕수수의 혼합으로 만들어진 증류주에 바닐라, 캐러멜을 더하여 맛을 내는 커피 알코올음료이다.

▲ 깔루아 커피

3) 커피 에그노그(Coffee Eggnog)

주로 크리스마스 시즌에 커피와 달걀, 크림과 술을 혼합하여 마시는 북미 지역의 음료이다.

▲ 커피 에그노그

4) 에스프레소 마티니(Espresso Martini)

전통적인 깔루아 칵테일이며 셰이커에 얼음, 보드카, 깔루아, 차가운 에스프레소 커피를 넣고 흔들어 글라스에 따르고 커피 빈으로 장식하여 만든다.

▲ 에스프레소 마티니

5) 카페 로얄(Cafe Royal)

적당량의 커피가 담긴 잔에 스푼 하나를 걸치고 그 위에 각설탕과 브랜디를 올려 불을 붙여서 알코올은 증발시키고 각설탕을 녹여 화려한 장면을 연출하는 음료이다.

▲ 카페 로얄

임쌤의 꿀팁

Chapter 3 우유 스팀(Milk Steam)

① 우유와 우유 스티밍

1) 우유란

우유는 커피의 쓴맛을 덜 느껴지게 하고, 부드럽고 고소한 맛을 더하기 좋으며, 어떤 우유를 사용하느냐에 따라 커피의 맛을 크게 좌우하는 재료이다. 우유의 약 88%는 수분이며 그 외 지방질, 단백질, 탄수화물, 인, 철분, 나트륨, 칼슘, 무기물, 비타민 등 다양한 미량 성분으로 구성되어 있다. 우유에서 지방질만 분리한 것을 크림(Cream), 그 나머지 부분을 탈지유(Skimmed Milk)라고 하며 지방을 분리하지 않은 원래 상태의 우유를 전유(Whole Milk)라고 한다.

우유는 영양 손실을 최소화하는 수준에서 세균 수를 줄이고 저장성을 높이기 위해서 몇 가지 살균 가공 방법을 거쳐 제조되는데 그 방법에 따라 성분의 차이가 나타난다.

2) 우유의 살균 방법

❶ 초고온 멸균법(Ultra High Temperature Sterilization, UHT)

살균 효과가 좋고 대량 생산에 유리하여 전 세계적으로 점차 보급되고 있다. 이 방법은 우유를 80~83℃에서 예비 가열하고, 여러 열교환기를 통과하는 사이에 130~150℃의 온도로 0.5~5초간 고압 가열하여 순간적으로 살균이 이루어진다. 우유의 미생물이 완전히 사멸하게 되어 가장 이상적인 멸균 방법이라고 할 수 있다. 유통기한이 가장 길고 상온 보관이 가능하지만, 유산균과 비타민이 많이 파괴되고 유단백질의 변성과 지방의 산패로 인해 맛이 떨어진다는 평가를 받는다.

❷ 고온 단시간 살균법(High Temperature Short Time, HTST)

표준 가열 조건에서는 72~75℃의 온도로 15초간 가열을 하고, 세균 수가 많을 경우는 이보다 살균조건을 높여서 살균처리를 하는 방법이다. 저온 살균법에 비해 유통기한도 늘어나고 제조 비용, 제조 시간 면에서 효율적이지만 유산균과 단백질 일부가 파괴된다는 단점도 있다. 국내 및 유럽의 여러 국가에서 이용되고 있는 방식이다.

❸ 저온 장시간 살균법(Low Temperature Long Time, LTLT)

원유를 62~65℃에서 30분간 가열하는 방식으로 제조 비용이 많이 들고 처리 시간이 길기 때문에 다른 방식에 비해 가장 생산량이 적은 편이다. 그러나 다른 가공 방법에 비해 원유의 풍미, 색, 단백질, 비타민, 유산균 등에 큰 변화를 주지 않는 장점으로 다시금 이용률이 높아지고 있다.

초기 LTLT 방식은 프랑스의 화학자 파스퇴르(Louis Pasteur)가 포도주의 유해균을 줄이기 위해 개발한 방법이어서 '파스토르 살균법'이라고도 부른다.

3) 우유의 성분

❶ 단백질

단백질은 우리 몸의 근육과 신경전달물질, 효소나 호르몬 등을 구성하는 기본 물질이다. 우유의 단백질의 80%는 카세인(Casein)이며 카세인이 칼슘, 인, 구연산 등과 결합한 형태로 존재한다. 두부처럼 응고되는 성질이 있어 치즈를 만들 때 이를 이용한다. 우유 단백질에서 카세인 외에는 유청 단백질이 있으며 이 유청 단백질은 락토알부민(Lacto-albumin), 락토글로불린(Lacto-globulin) 등 여러 수용성 단백질로 구성되어 있다. 그 외로 우유 지방구 표면에 흡착되어 존재하는 리포단백질(Lipoprotein, 지방단백질)이 있으며 단백질 외에 유리아미노산, 암모니아, 퓨린염기, 크레아틴, 크레아티닌, 요소, 펩티드 등의 화합물인 비단백태 질소 화합물(Nonprotein-Nitrogeneous Compound) 등이 포함되어 있다.

❷ 지방

우유의 지방은 우유 맛을 크게 좌우하며 영양학적으로 에너지 및 기타 지용성 비타민 및 필수 지방산을 포함하고 있는 중요한 성분이다. 우유의 지방 성분으로는 글리세라이드, 인지질, 스테롤과 지용성 비타민, 유리 지방산 등이 있다. 유지방 중에서 부티르산(Butyric Acid)이 특히 큰 비중을 차지하고 있다.

❸ 당질

우유에 함유되어 있는 당질의 99% 이상은 유당으로 구성되어 있다. 유당은 우유의 단맛을 내지만 자당이 내는 감미의 16% 정도로 아주 약하다. 또 95% 이상의 알코올, 에테르에 녹지 않으며 냉수에도 용해되지 않는 성분이다. 젖당분해효소인 락타아제(Lactase)에 의해 분해되어 글루코스(Glucose)와 갈락토스(Galactose) 등의 단당류가 된다.

> **임쌤의 꿀팁**
>
> 유당불내증(Lactose Intolerance)
> 소장의 점막상피세포의 외측막에 락타아제가 결손이 되면 유당의 분해와 흡수가 제대로 되지 않아 장관을 자극하여 통증을 유발하게 되는데, 이를 유당불내증이라고 한다.

❹ 무기질

칼슘, 나트륨, 인과 철분, 구리 등의 미량 원소를 말한다. 우유에는 뼈와 치아를 구성하는 주요 성분인 칼슘과 인이 1:1 정도의 비율로 풍부하게 존재하며 칼슘은 카세인과 결합된 형태로도 있다. 또한 우유에는 40여 종 이상의 효소가 함유되어 있어서 소화와 흡수율을 높인다.

4) 커피 음료용 우유 데우기

❶ 우유 스티밍(Milk Steaming)

에스프레소 머신 보일러 안의 수증기를 이용하여 스팀 장치로 우유를 데우고 거품을 만드는 과정을 우유 스티밍이라고 한다. 스티밍 과정은 수증기가 나오는 스팀 완드의 노즐 팁을 우유에 살짝 담가서 밸브를 연 다음 스팀을 주입한다. 스팀과 동시에 주변의 공기가 유입되면서 거품이 만들어지고, 이때 생성되는 거품과 우유가 잘 혼합되도록 조절하며 적정 온도와 밀크 폼(Milk Form, 우유 거품)이 되면 종료한다. 스티밍의 관건은 의도한 밀크 폼의 적정 두께, 부드러운(Velvet Milk, 벨벳 밀크) 정도, 그리고 적정 온도라고 할 수 있다.

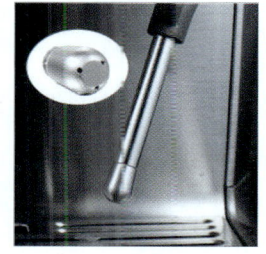
▲ 에스프레소 머신 스팀 노즐

❷ 스티밍(Steaming) 과정

㉠ 스팀 피처 준비하기

스팀 피처란 우유를 부어서 스티밍할 때 사용하는 도구로 밀크 저그(Milk Jug)라고도 불린다. 350, 600, 750, 1,000ml 등 제조사별로 용량이 다양하다. 열전도율이 높고, 부식이 안 되는 스테인리스나 테플론 코팅 재질로 만들어진다.

▲ 스팀 피처

㉡ 우유 준비하기

일반 우유, 저지방 우유, 두지방 우유 어느 것으로도 스티밍을 할 수는 있지만 우유의 지방이 적을수록 폼을 유지하기 어렵다. 때문에 저지방, 무지방 우유는 스티밍에 있어 숙련도를 더 요구한다. 두유도 스티밍이 가능하지만 거품이 풍부하게 만들어지지 않고, 커피와의 맛도 조화로운 편은 아니다. 다만 우유에 알러지가 있거나, 젖당 소화에 어려움이 있는 사람, 또는 채식주의자에게 두유는 훌륭한 우유 대체 음료이다.

> **임쌤의 꿀팁**
>
> **왜 저지방 우유는 스티밍이 잘 안 될까?**
> 단백질 함량은 거의 같은데 지방이 적게 들었다고 스티밍이 쉽지 않은 이유는 지방의 역할에서 알 수 있다. 지방은 단백질과 함께 공기에 흡착하여 공기 방울, 즉 거품의 유지력을 높이는 역할을 한다. 따라서 지방이 없거나 부족해지면 거품이 생성되더라도 오래 유지되지 못하는 밀도가 낮은 거품이 만들어지는 것이다.

㉢ 예비 스팀 분사(Purging)

스티밍 전에 스팀 노즐을 머신 안쪽으로 향하게 하고 스팀을 미리 분사하는 과정을 말한다. 정상 작동 여부를 확인함과 동시에 스팀의 온도 조절, 노즐 구멍의 이물질 제거 목적으로 행하는 과정이다.

ⓔ 스팀 단계 – 공기 주입과 혼합 가열 (롤링)

5℃ 내외의 차가운 우유에 스팀 노즐 팁을 살짝만 담근 채로 스팀을 시작한다. 치직 소리가 나면서 스팀 공기가 주입되는 이때부터 우유에 거품이 생기면서 피처 내의 수위가 올라가기 때문에 천천히 일정하게 스팀 피처를 아래로 내려야 한다. 주의할 점은 노즐 팁이 우유 표면에 잠기지 않고 떠 있으면 분사되는 스팀이 우유를 때리는 결과를 초래할 수 있기 때문에 노즐 팁의 위치에 신경을 써야 한다.

공기를 주입하며 거품을 만드는 정도에 따라 카페라테와 카푸치노의 거품 두께 차이가 생긴다. 공기 주입은 우유의 온도가 40℃가 되기 전에 완료해야 하는데, 이는 40℃ 이상의 높은 온도에서 생성된 거품은 우유와 잘 혼합되지 않기 때문이다.

공기 주입이 원하는 만큼 이루어졌다면 이제 만들어준 거품이 우유와 잘 혼합되도록 충분히 회전시키면서 우유의 온도를 높이는 '혼합 가열(롤링)' 단계로 넘어가게 된다. 롤링 단계에서는 더 이상 공기가 들어가지 않도록 스팀 노즐 팁을 우유 거품 상단에 조금 더 깊이 넣고, 피처를 약간 기울이거나 노즐 팁을 피처 중앙이 아닌 옆쪽으로 이동시켜 회전력을 만든다. 이를 통해서 큰 거품은 고운 거품으로 쪼개지고, 우유와 거품이 잘 혼합되는 과정을 거친다. 노즐 팁이 너무 깊이 들어가면 혼합이 제대로 이루어지지 않고 온도만 올라가며, 반대로 너무 얕으면 공기가 계속해서 주입되므로 위치 조정을 잘할 필요가 있다.

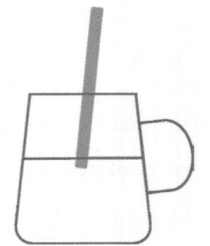 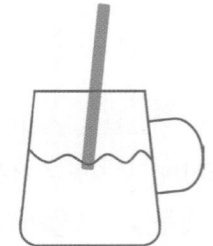 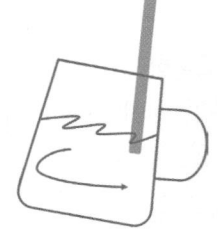

① 스팀 노즐 팁을 우유 표면에서 뜨지 않게끔 살짝 담긴 상태를 유지한다.

② 우유가 차가울 때 작은 거품을 만들면서 공기를 먼저 주입한다.

③ 원하는 온도가 될 때까지 우유와 거품에 소용돌이를 만들면서 혼합시킨다. 스티밍이 끝나면 잔거품을 깨뜨리고 광택을 유지한 상태로 에스프레소와 혼합한다.

ⓜ 스티밍 종료

원하는 적정 온도가 되었을 때 스티밍을 종료한다. 우유의 온도가 70℃가 넘으면 단백질이 변성되고 지방이 응고되면서 불쾌한 냄새가 나기 시작하고, 혼합되었던 공기가 다시 분리되기 때문에 70℃가 넘기 전에 스티밍을 끝내야 한다.

스티밍이 끝나면 스팀 예비 분사 때와 마찬가지로 젖은 행주를 이용하여 스팀 노즐을 닦고 스팀을 한 번 분사하여 마무리한다.

> **임쌤의 꿀팁**
>
> 스티밍은 거품의 퀄리티 뿐만 아니라 라테 아트 또는 카푸치노 푸어링(Pouring)의 퀄리티까지 결정하는 중요한 작업이다. 따라서 스티밍을 할 때에는 시각, 청각 등을 잘 활용하여 공기 주입과 혼합 가결 단계에서 스팀 피처 안의 우유 상태를 파악할 수 있는 숙련도를 키우는 것이 필요하다.
>
> **스티밍 적정 온도**
> 한국커피협회는 55~60℃, SCA에서 제시하는 스티밍 우유의 적정 온도는 55℃ 정도이다. 하지만 커피전문점에서는 현실적인 이유로 65℃ 정도로 스티밍하는 것이 일반적이다.

❸ 우유 거품 따르기(Pouring)

㉠ 크레마 안정화

에스프레소가 담긴 잔을 기울여 가장 깊은 가운데 쪽으로 잘 혼합된 스팀 밀크를 부어 혼합시키는 과정이다. 이때 우유와 에스프레소가 잘 혼합되도록 스팀 피처는 잔에서 7~10cm의 높이를 두고 잔의 절반 정도까지 채운다. 이 과정에서 피처의 높이가 너무 낮거나 높아지면 하얀 우유 거품만 올라오므로 주의하여야 한다.

㉡ 밀크 폼 띄우기

크레마 안정화를 시키고 잔의 절반 정도를 스팀 밀크로 채운 후 스팀 피처를 낮춰 잔에 담긴 음료와 1~2cm 정도의 높이를 유지한 상태에서 일정한 유량으로 거품을 띄운다. 스팀 밀크가 차워지는 속도에 맞춰 동시에 잔을 세워야 하며, 우유 거품이 표면에 떠야 하므로 우유를 붓는 유량과 피처가 잔에 밀착되는 위치에 신경을 써야 한다. 이때 피처 핸들링의 변화를 주어 하트, 로제타 등 여러 라테 아트 모양을 만들 수 있다.

▲ 푸어링

▲ 라테 아트

▲ 라테 정석 제조 영상

> **임쌤의 꿀팁**
>
> **라테 아트 푸어링에서 알고 있어야 할 3가지**
> ① 위치
> • 스티밍이 끝난 거품 우유를 혼합시키는 적절한 높이는 기울인 잔의 가장 깊은 곳에서 약 10cm이다.
> • 혼합 이후 거품을 띄울 때는 피처 스파우트의 위치에 주의를 기울여야 한다.
> ② 낙차
> • 거품을 띄울 때 스파우트에서 떨어지는 거품 우유와 우유 표면의 낙차는 1~2cm가 적당하다.
> • 낙차가 너무 높으면 거품이 뜨지 않는다.
> ③ 유량
> • 거품을 띄울 때는 일정한 유량을 유지하는 것이 중요하다.
> • 유량이 부족하면 원하는 그림이 표현되지 않는다.

PART 4 출제 예상 문제

01 에스프레소의 일반적인 추출 시간으로 옳은 것은?

① 5~10초 ② 10~15초
③ 20~30초 ④ 40~50초

02 다음 중 적절한 에스프레소 추출 조건에 해당하지 않는 것은?

① 원두커피 가루의 양 : 7±1g
② 추출 시간 : 25±5초
③ 추출 온도 : 90±5℃
④ 추출 압력 : 9±1bar

03 다음 중 에스프레소에 대하여 잘못 설명하고 있는 것은?

① 고농도의 향미 성분 추출을 빠르게 추출하기 위해서 원두는 굵게 분쇄해야 한다.
② 에스프레소 추출은 강한 압력으로 커피 가루에 물을 통과시켜 추출하는 원리이다.
③ 분쇄된 커피 가루는 포터필터에 고르게 담고, 수평을 맞춰 눌러야 한다.
④ 로스팅한 지 얼마 안 된 신선한 원두일수록 크레마가 더 많이 생성된다.

04 좋은 에스프레소 평가 요소로 적절하지 않은 것은?

① 날카롭고 강한 쓴맛 ② 맛의 밸런스
③ 애프터테이스트 ④ 부드러운 바디감

정답

01 ③ 적정 에스프레소 추출 시간은 20~30초이다.
02 ③ **에스프레소 추출 조건**

원두의 양	추출 온도	추출량	추출 압력	추출 시간	pH
7±1.0g	90~95℃	25±5cc	9±1bar	20~30초	5.2

에스프레소의 추출 기준은 나라, 지역, 머신, 바리스타에 따라 조금씩 다르다.
03 ① 에스프레소는 가늘게 분쇄하며 원두의 종류, 블렌딩, 로스팅 정도 등에 따라 조금씩 달라진다.
04 ① 좋은 에스프레소는 신맛과 쓴맛, 아로마, 바디감 등이 전체적으로 조화를 이루어야 한다. 과다 추출되면 날카롭고 강한 쓴맛이 느껴진다.

05 1901년에 에스프레소 머신 특허를 최초로 출원한 이탈리아 밀라노 출신의 사람은?

① 페마(E.V. Faema)
② 루이지 베제라(Luigi Bezzera)
③ 아킬레 가찌아(Achille Gaggia)
④ 안젤로 모리온도(Angelo Moriondo)

06 다음 중 에스프레소 머신의 발전 역사에 대한 설명으로 잘못된 것은?

① 1820년 프랑스의 루이 베르나르 라보(Louis-Bernard Rabaut)가 증기를 이용한 커피 추출 아이디어를 고안하였다.
② 1884년 이탈리아 토리노 박람회에서 루이지 베제라(Luigi Bezzera)가 증기를 이용한 에스프레소 머신을 출시하였다.
③ 1960년 이탈리아의 페마(E.V. Faema)에 의해 추출 자동화 시스템이 개발되었다.
④ 1947년 이탈리아의 아킬레 가찌아(Achille Gaggia)가 최초로 9기압 에스프레소 머신을 발명하였고 크레마가 처음 생성되었다.

07 에스프레소 머신 발전 단계에 대하여 바르게 나열한 것은?

① 진공 방식 → 증기압 방식 → 피스톤 방식 → 전동 펌프 방식
② 진공 방식 → 피스톤 방식 → 전동 펌프 방식 → 증기압 방식
③ 증기압 방식 → 피스톤 방식 → 진공 방식 → 전동 펌프 방식
④ 증기압 방식 → 진공 방식 → 피스톤 방식 → 전동 펌프 방식

08 전원이 켜진 에스프레소 머신에서 포터필터의 보관 방법으로 옳은 것은?

① 물기를 제거하고 워머 위에 보관한다.
② 그룹 헤드에 장착하여 보관한다.
③ 그룹 헤드에서 탈거하여 트레이 그릴 위에서 보관한다.
④ 오염을 방지하기 위해 별도 용기에 넣고 냉장 보관한다.

정답

05 ② 루이지 배제라(Luigi Bezzera)가 최초의 에스프레소 머신 특허를 출원하였다(1901년).
06 ② 1884년 이탈리아 토리노 박람회에서 안젤로 모리온도(Angelo Moriondo)가 빠르게 추출하는 증기 머신을 처음 선보였다.
07 ① 커피 추출 방법의 변화 : 달임식(터키식) → 드립식 → 진공 방식(배큠 브루어 및 초창기 에스프레소) → 증기압 방식 → 피스톤 방식 → 전동 펌프
08 ② 포터필터는 온도 유지를 위하여 그룹 헤드에 장착한 채로 보관한다.

09 다음 중 에스프레소 머신 그룹 헤드에 속하는 부품이 아닌 것은?

① 샤워 스크린(Shower Screen)
② 개스킷(Gasket)
③ 샤워 홀더(Shower Holder)
④ 스팀 노즐(Steam Nozzle)

10 에스프레소 머신의 보일러 내부의 부식을 방지하기 위해 행하는 도금처리에 사용되는 재질은?

① 은
② 동(구리)
③ 망간
④ 니켈

11 에스프레소 머신 보일러 내부의 물은 전체 용량의 어느 정도까지 채워지는가?

① 50%
② 70%
③ 90%
④ 100%

12 에스프레소 머신의 압력 게이지는 추출 압력과 스팀 압력을 나타내는데, 두 압력의 적정 범위를 옳게 짝지은 것은?

① 추출 압력 1~1.5bar, 스팀 압력 8~10bar
② 추출 압력 8~10bar, 스팀 압력 8~10bar
③ 추출 압력 8~10bar, 스팀 압력 1~1.5bar
④ 추출 압력 1~1.5bar, 스팀 압력 1~1.5bar

13 다음에서 설명하고 있는 에스프레소 머신 부품 명칭은?

> 추출 버튼을 눌렀을 때 보일러의 뜨거운 물과 찬물을 섞어서 적정 온도의 물을 그룹 헤드로 보내는 역할을 한다. 상업용 에스프레소 머신에는 주로 보일러, 그룹 헤드, 배수 3방향으로 연결이 되어 있다.

① 플로우미터
② 워터 레벨 게이지
③ 솔레노이드 밸브
④ 로터리 펌프

정답

09 ④ 그룹 헤드는 포터필터, 샤워 홀더, 개스킷, 샤워 스크린 등으로 구성된다.
10 ④ 에스프레소 머신 보일러 내부의 부식을 방지하기 위해 주로 니켈 또는 크롬 도금을 한다.
11 ② 보일러 내의 70%는 물, 30%는 수증기로 채워져 있다.
12 ③ 에스프레소 머신 추출 압력은 8~10bar, 스팀 압력은 1~1.5bar의 범위가 적절하다.
13 ③ ① 플로우미터 : 반자동 머신 이상에서 유량을 세팅 및 조절한다. ② 워터 레벨 게이지 : 보일러 내부의 물의 수위를 표시한다. ④ 로터리 펌프 : 모터가 회전하면서 물을 빨아들여 압력을 조절한다.

14 다음 중 나머지와 다른 하나는?

① 그룹 헤드
② 드립 트레이
③ 스팀 레버
④ 호퍼

15 다음 중 에스프레소 추출에 대한 내용으로 틀린 것은?

① 포터필터에 담기는 원두의 양은 원 컵 기준 일반적으로 약 7g이며, 로스팅 정도와 분쇄도에 따라 조금씩 달라질 수 있다.
② 탬핑을 할 때에는 커피 가루 사이의 공극이 없도록 최대한 세게 여러 번 눌러야 한다.
③ 포터필터 결합 전 추출수를 먼저 빼는 이유는 샤워 스크린 청결과 적절한 추출 온도 유지를 위해서다.
④ 예열과 건조를 위해서 포터필터는 항상 그룹 헤드에 장착해 둬야 한다.

16 다음 중 에스프레소 추출 순서를 옳게 나열한 것은?

> ㉠ 그룹 헤드에서 포터필터를 분리하여 커피 퍽을 버리고 세척하여 다시 장착한다.
> ㉡ 포터필터 가장자리 커피 가루를 털고, 추출 버튼을 눌러 열수를 몇 초가량 흘려보낸다.
> ㉢ 포터필터를 그룹 헤드에서 분리, 물기 제거 후 그라인더를 작동시켜 적정량의 원두를 담는다.
> ㉣ 포터필터를 장착하고 신속하게 잔을 내린 후 추출을 시작한다.
> ㉤ 원두 가루를 평평하게 만들고, 탬퍼를 이용하여 수평을 맞춰 누른다.
> ㉥ 사용한 그라인더 및 머신 주변 정리를 한다.

① ㉠ - ㉡ - ㉢ - ㉣ - ㉤ - ㉥
② ㉢ - ㉤ - ㉣ - ㉠ - ㉡ - ㉥
③ ㉥ - ㉤ - ㉣ - ㉢ - ㉡ - ㉠
④ ㉢ - ㉤ - ㉡ - ㉣ - ㉠ - ㉥

정답

14 ④ 일반적으로 호퍼는 그라인더와 로스팅 머신에서 원두(생두)를 투입시키는 장치이다. 예외적으로 그라인더가 내장된 전자동 에스프레소 머신의 경우에는 호퍼가 달려있다.
15 ② 탬핑할 때의 적정 압력은 일반적으로 13~15kg이다. 너무 세게 탬핑하면 과다 추출이 일어날 수 있다.
16 ④ 에스프레소 추출 순서 : 머신 예열 → 잔 및 그라인더 준비 → 포터필터에 원두 패킹 → 포터필터 장착 → 추출 → 커피 퍽 및 주변 정리

17 다음 중 채널링(Channeling) 현상에 대하여 잘못 설명한 것은?

① 에스프레소 추출 시에 한쪽으로 치우쳐 불균형적으로 추출되는 현상을 말한다.
② 신맛, 쓴맛 등 다양한 맛들이 연출될 수 있어 복합적인 향미가 우수하다.
③ 1차 탬핑 후 2차 탬핑 전에 태핑을 한 경우에도 발생할 수 있다.
④ 분쇄도가 균일하지 않거나 너무 굵을 경우에도 발생한다.

18 다음 중 에스프레소 추출과 상관없는 도구는?

① 드리퍼(Dripper)
② 탬퍼(Tamper)
③ 탬핑 매트(Tamping Mat)
④ 넉박스(Knock Box)

19 다음 중 에스프레소를 추출하여 고객에게 제공할 때 사용하는 도자기로 된 잔을 무엇이라 하는가?

① 데미타세
② 샷 글라스
③ 벨크리머
④ 머그컵

20 다음 중 에스프레소 추출 시간에 변화를 주는 주요한 원인이 아닌 것은?

① 탬퍼의 무게
② 로스팅 정도
③ 원두의 분쇄도
④ 추출 압력

21 에스프레소의 크레마를 평가하는 항목에 해당하지 않는 것은?

① 크레마의 색깔
② 크레마의 두께
③ 크레마의 온도
④ 크레마의 지속 시간

정답

17 ② 채널링 현상은 맞지 않는 분쇄도, 고르지 않은 도징, 탬핑과 충격(태핑 등) 등이 원인이 되어 생기는 부정적인 추출 현상이다.
18 ① 드리퍼는 핸드 드립(브루잉)할 때 사용하는 도구이다.
19 ① 데미타세(Demitasse)는 데미(절반)와 타세(잔)의 합성어. 절반의 잔이라는 뜻으로 60~80ml의 에스프레소 전용 잔을 뜻한다.
20 ① 원두(종류, 로스팅 정도), 추출 압력, 분쇄도, 추출 온도, 원두의 양, 탬핑 강도, 필터 바스켓 상태 등이 추출 시간에 영향을 끼친다.
21 ③ 에스프레소 크레마 평가 요소로는 크레마의 색깔, 두께, 지속 시간 등이 있다.

22 에스프레소를 추출할 때 커피 성분이 지나치게 많이 추출되면 부정적인 뉘앙스가 나타나는데 그 원인에 해당하지 않는 것은?

① 원두의 양이 적정량보다 많은 경우
② 원두의 분쇄도가 적정 분쇄 입자보다 많이 가늘게 된 경우
③ 정상 추출 압력보다 낮은 압력으로 추출한 경우
④ 추출 온도가 매우 낮은 경우

23 다음 중 에스프레소 과소 추출에 대한 설명이 아닌 것은?

① 분쇄 입자가 너무 굵은 경우에 일어난다.
② 크레마의 색상이 연한 베이지색을 띠며, 연한 맛이 난다.
③ 필터 바스켓을 오래 써서 구멍이 넓어진 경우 생길 수 있다.
④ 원두를 많이 담고 추출하였을 때 발생한다.

24 에스프레소의 pH(산성도)는 얼마인가?

① 약 3.5
② 약 5.2
③ 약 7.0
④ 약 8.0

25 다음에서 설명하고 있는 에스프레소 배리에이션 음료는?

> 약 20ml 정도 용량의 농도가 진한 커피로, 에스프레소보다 짧은 시간에 추출한다.

① 도피오(Doppio)
② 리스트레또(Ristretto)
③ 에스프레소 마키아토(Espresso Macchiato)
④ 에스프레소 꼰 빠냐(Espresso Con Panna)

정답

22	④	과다 추출의 원인 : 가는 분쇄도, 강한 탬핑, 많은 원두 양, 높은 추출 온도, 낮은 추출 압력, 긴 추출 시간 등
23	④	과소 추출의 원인 : 굵은 분쇄도, 약한 탬핑, 적은 원두 양, 낮은 추출 온도, 낮은 추출 압력, 짧은 추출 시간, 넓어진 바스켓, 필터 구멍 상태 등
24	②	에스프레소는 약산성(pH 5.2)을 띤다.
25	②	에스프레소보다 짧은 시간(15초 내외)에 적은 양(15~20ml)을 추출한 것을 리스트레토(Ristretto) 또는 꼬르또(Corto)라고 한다.

26 에스프레소 마키아토에 대한 설명 중 틀린 것은?

① 에스프레소 위에 스팀 밀크를 소량 얹어서 제공한다.
② 마키아토는 '점', '얼룩'이라는 뜻이다.
③ 에스프레소보다는 부드럽고, 카푸치노보다는 진한 커피 맛을 느낄 수 있다.
④ 190ml의 잔에 에스프레소를 추출하고, 스팀 밀크와 고운 거품을 혼합한다.

27 일반적으로 제공하는 잔의 크기가 다른 하나는?

① 카페라테(Caffe Latte)
② 에스프레소 솔로(Espresso Solo)
③ 룽고(Lungo)
④ 도피오(Doppio)

28 다음 룽고(Lungo)에 대한 설명 중 잘못된 것은?

① 에스프레소 솔로에 비해 농도가 연하다.
② 약 40초가량, 약 50ml 정도로 추출된 에스프레소 배리에이션 음료이다.
③ 쓴맛과 잡미 등 부정적인 향미로 인해 퀄리티가 낮은 커피로 평가받기도 한다.
④ 에스프레소 투 샷(50~60ml) 정도를 데미타세에 제공하는 음료이다.

29 스팀 우유의 곱고 끈끈한 실키 폼(Silky Foam)이 포인트인 이탈리아 대표 커피 메뉴는?

① 카페오레(Café au Lait)
② 아메리카노(Americano)
③ 카푸치노(Cappuccino)
④ 아인슈페너(Einspanner)

정답

26 ④ ④는 카푸치노에 대한 설명이다.
27 ① 데미타세(60~80ml)에 제공하는 커피 음료로는 에스프레소 솔로, 도피오, 에스프레소 마키아토, 리스트레토, 룽고, 에스프레소 꼰빠냐가 있다. 카페라테는 250ml 이상의 큰 잔에 제공한다.
28 ④ ④는 도피오(Doppio)에 대한 설명이다.
29 ③ 이탈리아식 카푸치노는 부드럽고 촉촉한 우유 거품이 특징이며, 카푸친(Capuchin)이라고 하는 중세 카톨릭 수도회에서 이름이 유래하였다.

30 다음에서 설명하고 있는 커피 음료는?

> • 진하게 내린 커피에 따뜻하게 데운 우유를 섞는 음료이다.
> • 커피는 프렌치 프레스 또는 드립으로 추출한다.
> • 진한 커피를 아침부터 마시면 속이 쓰리기 때문에 우유를 섞어 마시던 것에서 유래하였다.

① 카페라테(Caffe Latte)
② 카푸치노(Cappuccino)
③ 카페오레(Café au Lait)
④ 카페 모카(Caffè Mocha)

31 다음 중 카페 모카(Caffe Mocha)에 들어가지 않는 재료는?

① 휘핑크림
② 에스프레소
③ 초콜릿 시럽 또는 파우더
④ 우유

32 다음 중 위스키가 들어간 커피 음료는?

① 깔루아 커피(Kahlua Coffee)
② 아이리시 커피(Irish Coffee)
③ 비엔나 커피(Vienna Coffee)
④ 갈리아노 커피(Galliano Coffee)

33 다음 중 우유에 대한 설명으로 틀린 것은?

① 지방을 분리하지 않은 상태의 우유를 전유(Whole milk)라고 한다.
② 우유에서 지방이 풍부한 부분을 따로 분리한 것을 탈지유(Ski-mmed milk)라고 한다.
③ 우유의 약 88%는 수분이 차지한다.
④ 우유를 섞어서 많은 커피 음료를 만드는 이유는 우유의 고소함이 더해져 다양한 맛 연출이 가능하기 때문이다.

정답

30 ③ 우유를 섞은 커피 음료는 나라마다 조금씩 차이가 있다. 프랑스에는 카페오레(Cafe au Lait), 이탈리아에는 카페 라테(Caffe Latte), 스페인에는 카페 콘 레체(Cafe Con Leche)가 있다.
31 ① 카페모카는 에스프레소에 초콜릿 파우더나 초콜릿 시럽을 녹인 후 스티밍한 우유를 혼합시킨 커피 음료이다.
32 ② 아이리시 커피는 위스키를 베이스로 하여 커피와 휘핑크림으로 만든 칵테일이다.
33 ② 우유에서 지방이 풍부한 부분을 분리한 것을 크림(Cream)이라고 한다.

34 다음에서 설명하고 있는 우유의 살균 방법은?

> • 원유를 62~65℃에서 30분간 가열하며, 제조 비용이 높게 들고 처리 시간이 길다.
> • 원유의 풍미, 색, 단백질, 비타민, 유산균 등에 큰 변화를 주지 않는 장점이 있다.
> • '파스퇴르 살균법'이라고도 부른다.

① 초고온 멸균법(UHT)
② 고온 단시간 살균법(HTST)
③ 저온 장시간 살균법(LTLT)
④ 고압 증기 멸균법(HPST)

35 다음 중 우유를 살균하는 방법에 해당하지 않는 것은?

① 저온 장시간 살균법
② 고온 단시간 살균법
③ 초고온 멸균법
④ 건열 멸균법

36 우유에 함유된 성분 중 체내 칼슘 흡수를 촉진하는 물질은?

① 단백질
② 무기질
③ 유당
④ 불포화지방산

37 다음에서 설명하고 있는 우유의 성분은 무엇인가?

> 우유를 마시고 소화가 잘 되지 않아서 위 장관 내에서 통증을 유발하는 경우가 있는데, 소장의 점막상피 세포에 락타아제(Lactase)가 결손되었을 때 이 성분의 분해와 흡수가 잘 일어나지 않는 것이 원인이다.

① 유당
② 카세인
③ 락토알부민
④ 인지질

정답

34 ③　저온 장시간 살균법에 대한 설명이다.
　　　우유의 살균법
　　　• 초고온 멸균법(Ultra High Temperature Sterilization, UHT)
　　　• 고온 단시간 살균법(High Temperature Short Time, HTST)
　　　• 저온 장시간 살균법(Low Temperature Long Time, LTLT)
35 ④　건열 멸균법은 건열 멸균기를 이용하여 멸균하는 방법으로, 멸균기 내의 온도 160~180℃에서 1~2시간 가열한다. 유리제 기구류, 금속, 사기그릇 등의 멸균에 이용하는 방법이다.
36 ③　우유에 들어 있는 인, 유당은 칼슘의 체내 흡수를 돕는다.
37 ①　유당 불내증(Lactose Intolerance)에 대한 설명이다.

38 우유를 70℃ 이상의 높은 온도로 가열하면 비릿한 향의 가열취(Heat Flavor)가 생기는데, 이 가열취의 원인이 되는 성분은?

① 뷰티르산 ② 알파-락토알부민
③ 베타-락토글로불린 ④ 카세인

39 다음 중 우유의 성분과 영양학적 가치에 대하여 잘못 설명한 것은?

① 칼슘이 풍부해 뼈, 치아의 성장과 발육에 도움을 준다.
② 카세인과 유청 단백질은 근육 생성과 식욕 조절에 도움이 된다.
③ 유당은 혈당 지수가 낮아 혈당 조절에 좋아서 당뇨병 예방에 도움이 된다.
④ 철분 함량이 풍부하여 빈혈 예방에 효과적이다.

40 우유 스티밍을 할 때 적합하지 않은 우유는?

① 냉장 보관한 차가운 우유
② 무지방 우유
③ 전지우유
④ 단백질, 지방 함량이 높은 신선한 우유

41 우유 거품을 만들 때 거품 생성에 가장 중요한 역할을 하는 성분은?

① 칼슘 ② 탄수화물
③ 지방 ④ 단백질

42 우유를 스티밍할 때 형성된 거품의 유지력에 중요한 역할을 하여 밀도 있는 거품을 만드는 데 중요한 성분은?

① 지방 ② 카세인
③ 인 ④ 유당

정답

38 ③ 우유를 높은 온도로 가열하면 가열취 냄새가 나며, 우유 표면에 얇은 막이 형성되는데 이는 베타-락토글로불린 때문이다. 락토알부민은 우유가 가진 비린내의 요인이며 우유의 항균 성분이다.
39 ④ 치즈나 우유 같은 유제품은 철분 흡수를 저해한다.
40 ② 지방은 거품의 유지력에 도움을 주기 때문에 무지방 우유는 스티밍에 적합하지 않다.
41 ④ 우유 거품 생성에 가장 중요한 역할을 하는 성분은 단백질이다.
42 ① 지방은 단백질과 함께 공기 방울에 흡착하여 공기 방울, 즉 거품의 유지력을 높이는 역할을 한다.

43 다음 중 스티밍 과정에 대한 설명으로 잘못된 것은?

① 스팀을 열고 스팀 피처를 조금씩 아래로 내리면서 공기를 주입한다.
② 우유의 온도가 40℃가 되기 전에 공기 주입을 끝내는 것이 좋다.
③ 롤링 시 잘 혼합되도록 노즐 팁을 옆쪽으로 이동시킨다.
④ 스티밍은 오래 할수록 거품이 부드러워지므로 길게 하는 것이 좋다.

44 우유 거품을 만드는 스티밍에 대한 내용으로 틀린 것은?

① 고객 취향에 맞춰 스티밍 온도는 50~90℃까지 다양하게 할 수 있다.
② 열전도율이 좋은 스테인리스 소재로 된 스팀 피처를 많이 사용한다.
③ 공기 주입과 혼합 가열의 숙련도에 따라 거품의 질, 온도, 두께 등이 결정된다.
④ 스티밍 전후로 스팀을 분사하고 스팀 노즐을 닦아 놓는 것이 좋다.

45 스티밍을 끝냈을 때 거품은 충분히 올라왔으나 표면이 거칠고 굵은 거품이 보이는 경우의 원인으로 옳은 것은?

① 스팀 피처를 충분히 내리지 않아 공기 주입이 부족했다.
② 너무 높은 온도에서 스티밍을 종료하였다.
③ 스팀 노즐 팁이 피처 가운데 또는 너무 깊은 위치에 있었다.
④ 우유의 양이 부족하였다.

46 모든 세균, 미생물의 포자까지 완전 사멸시켜서 유통기한이 길고 상온 보관이 가능한 우유는?

① 멸균우유
② 저온 살균우유
③ 두유
④ 무균질 우유

정답

43 ④ 스티밍을 할 때 공기 주입은 부드럽지만 빠르게, 롤링은 적정 온도에 이르기까지 충분히 하여 거품을 미세하게 쪼개는 것이 좋다.
44 ① 스티밍 우유의 적정 온도는 한국커피협회와 SCA 기준으로 55~60℃ 정도이나, 카페에서는 현실적인 이유로 조금 더 높은 온도(65℃ 정도)까지 스티밍하기도 한다. 70℃부터 가열취가 발생하며 비릿한 맛을 낸다.
45 ③ 스팀 노즐 팁의 위치가 잘못되어 롤링이 제대로 되지 않았을 때, 그리고 스티밍 종료 전에 다시 공기 주입이 되었을 경우 거친 거품이 생성된다.
46 ① 멸균 우유란 초고온 멸균법을 이용하여 모든 미생물을 완전히 사멸시킨 우유를 말한다.

47 아래의 설명에서 ( ) 안에 들어갈 내용으로 옳게 짝지어진 것은?

> 우유 스티밍을 할 때에는 공기 주입은 (㉠)가 되기 전에 완료하는 것이 좋고, 스티밍이 끝난 우유의 적정 온도는 일반적으로 (㉡)이다.

① ㉠ 30℃, ㉡ 40~50℃ ② ㉠ 30℃, ㉡ 45~55℃
③ ㉠ 40℃, ㉡ 55~65℃ ④ ㉠ 40℃, ㉡ 70~80℃

48 다음 중 라테 아트나 카푸치노 푸어링을 하면서 밀크 폼을 띄울 때 신경 써야 될 3가지 요소가 아닌 것은?

① 유량
② 온도
③ 위치
④ 낙차

49 다음 중 우유 거품을 만드는 스티밍 작업에 대한 설명으로 옳은 것은?

① 공기 주입은 최대한 많이 하는 것이 좋다.
② 공기 주입은 부드럽고 신속하게, 롤링은 길게 하는 것이 벨벳 밀크 폼 생성에 유리하다.
③ 스팀 노즐의 각도, 노즐 팁의 구멍 개수, 위치 등은 스티밍에 영향을 주지 않는다.
④ 우유의 양이 많을수록 스티밍하기에 좋으므로 스팀 피처는 큰 것을 사용한다.

50 다음 중 카페라테와 카푸치노의 스티밍 과정에서 발생하는 차이점을 바르게 설명한 것은?

① 카페라테는 카푸치노보다 적은 양의 우유로 스티밍한다.
② 카푸치노는 스팀 노즐을 아주 조금만 내려 공기 주입을 적게 해서 스티밍을 끝낸다.
③ 라떼는 낮은 온도로, 카푸치노는 높은 온도로 스티밍을 종료한다.
④ 카페라테는 공기 주입을 적게, 카푸치노는 거품을 더 많이 내서 에스프레소에 혼합한다.

정답

47 ③ 우유 스티밍에서 40℃ 이후에 공기가 주입되면 우유와 거품이 잘 혼합되지 않는다. 스티밍 우유의 적정 온도는 한국커피협회 기준 55~60℃, SCA 기준 55℃이고, 커피 전문점에서는 65℃까지도 이루어진다.

48 ② 라테 아트에서 푸어링을 할 때는 스티밍 우유를 에스프레소와 혼합할 때에는 잔에 우유를 붓고 띄우는 위치, 적절한 유량, 그리고 높낮이(낙차)에 유의해야 한다.

49 ② ① 카페라테와 카푸치노 등 음료에 따라 거품의 적정량이 다르기 때문에 그에 적절하게 공기주입이 필요하다. ③ 스팀 노즐의 각도, 노즐 팁 차이(구멍 크기 및 개수)에 따라 스티밍이 달라질 수 있다. ④ 우유의 낭비를 줄이기 위해서 음료의 양, 개수에 따라 그에 맞는 사이즈의 스팀 피처를 사용한다.

50 ④ **카페라테와 카푸치노의 차이점**
 • 우유의 양 : 카페라테 〉 카푸치노
 • 거품의 양 : 카페라테 〈 카푸치노

PART 5

커피 향미 평가

Chapter 1
커피 관능 평가

Chapter 2
커핑(Cupping)

커피 관능 평가

1 관능 평가

자신이 마시는 커피의 맛을 평가하는 데 관심을 가지는 사람은 아직 많지 않지만, 향미에 대한 기본적인 개념을 알고 조금만 주의를 기울인다면 커피의 다양한 맛을 이해하는 것은 누구에게나 어렵지 않다. 커피를 마셨을 때 느껴지는 향기와 맛의 복합적인 느낌을 플레이버(Flavor)라고 하며 플레이버의 관능 평가는 후각, 미각, 촉각으로 나뉜다. 하지만 대부분의 사람들은 맛과 향을 복합적으로 느끼기 때문에 이를 따로 구분해서 감지하는 것이 쉬운 일은 아니다. 복합적인 맛과 향을 한번에 느끼려 하기보다는 하나씩 집중하여 반복 훈련하다 보면 다양한 커피 향미의 감을 잡을 수 있다.

1) 후각(Olfaction)

커피에는 커피나무가 성장하면서 자연적으로 생성되거나 또는 로스팅 과정을 통해 생성되는 휘발성 유기물질의 다양한 향기 요소들이 있다. 이 요소들은 증기나 기체 상태로 코의 점막 세포를 통해 감지가 되는데, 커피에 들어 있는 향기 화합물들은 다음과 같이 분류할 수 있다.

❶ 향 생성 원인에 따른 분류

향 생성 원인	향의 종류
효소작용(Enzymatic by-Products)	Flowery, Fruity, Herby 플라워리, 프룻티, 허비
갈변 반응(Sugar Browning by-Products)	Nutty, Caramelly, Chocolaty 너티, 캐러멜리, 쇼콜라티
건열 반응(Dry Distillation by-Products)	Turpeny, Spicy, Carbony 테르페니, 스파이시, 카보니

효소작용에 의한 향은 식물 상태에서 자연적으로 효소에 의해서 생성이 되고 휘발성이 강하여 가장 먼저 후각을 자극하는 향기들이다. 꽃향기(Flowery), 과일 향기(Fruity), 풀 향기(Herby)가 여기에 포함된다.

갈변 반응은 로스팅 과정에서 일어나는 화학반응으로, 마이야르 반응과 캐러멜화로 인해 고소한 향이나 달콤한 향이 나타난다. 견과류 향(Nutty), 캐러멜 향(Caramelly), 초콜릿 향(Chocolaty)이 갈변 반응에 의한 향기에 속한다.

건열(건류) 반응은 로스팅 후반부에 가하는 열에 의해서 생두의 섬유질이 반응하는 것을 말한다. 이 반응에서 분자량이 무겁고 휘발성이 약한 화합물이 생성되며, 커피의 뒷맛에서 느껴지는 송진 향(Turpeny), 향신료 향(Spicy), 탄 향(Carbony) 등이 나타난다.

❷ 향을 맡는 단계에 따른 분류

향의 종류	내용	주요 향기
Fragrance(프래그런스)	분쇄된 커피 향기(Dry Aroma 드라이 아로마)	Flower 플라워
Aroma(아로마)	물에 젖은 커피 향기(Cup Aroma 컵 아로마)	Fruity, Herbal, Nut-Like 프룻티, 허브, 넛 라이크
Nose(노즈)	마실 때 느껴지는 향기	Candy, Cyrup 캔디, 시럽
Aftertaste(애프터테이스트)	마시고 난 뒤 입 뒤쪽에서 느껴지는 향기	Spicy, Turpeny, carbony 스파이시, 테르페니, 카보니

> **임쌤의 꿀팁**
>
> 커피 전체 향기를 총칭하여 부케(Bouquet)라고 한다.

❸ 향기의 강도

강도	내용
Rich(리치)	풍부하면서 강한 향기(Full & Strong 풀 & 스트롱)
Full(풀)	풍부하지만 강도가 약한 향기(Full & Not Strong 풀 & 낫 스트롱)
Rounded(라운디드)	풍부하지도 않고 강하지도 않은 향기(Not Full & Not Strong 낫 풀 & 낫 스트롱)
Flat(플랫)	향기가 없을 때(Absence of any Bouquet 앱센스 오브 애니 부케)

2) 미각(Gustation)

미각은 혀의 점막 수용체가 가용성 화합물의 자극을 인식하여 맛을 느끼는 것을 말한다. 커피의 기본적인 맛으로는 신맛, 단맛, 쓴맛, 짠맛이 있고, 이 중에서 가장 지배적으로 느껴지는 맛은 쓴맛이다. 너무 높은 온도의 커피는 미각세포가 자극을 인지하는 데 방해를 할 수 있으므로 적절한 온도가 중요하게 작용한다.

미각 종류	원인
신맛	지방산, 유기산(클로로겐산, 옥살산, 말산, 시트르산, 타르산)
단맛	환원당, 캐러멜화 단백질
쓴맛	카페인, 트리고넬린, 카페산, 퀸산, 페놀 화합물
짠맛	산화무기물(산화칼륨, 산화인, 산화칼슘, 산화마그네슘)

❶ 신맛

최근 고급 커피에서 신맛을 빼고는 얘기할 수 없을 정도로 커피에서 가장 주된 맛이다. 많은 아라비카종의 경우 재배 고도가 높아질수록 신맛을 띠는 경향이 있다. 자연계에서 산성을 띠는 물질에 의해서 나타나며 커피의 pH(수소이온농도)는 약 6.5로 약산성을 띤다. 커피의 신맛은 주로 지방산, 유기산 등에 의해서 나타난다.

❷ 단맛

로스팅을 통해 탄수화물은 환원당, 캐러멜화된 당이 되지만 거의 소실된다고 볼 수 있다. 또 단맛의 단백질이 일부 남기는 하지만, 단 향기를 가진 방향족 화합물이 주로 남게 된다. 때문에 실질적으로 커피가 단맛을 강하게 가지고 있다기보다는, 향기로 인해 과일, 캐러멜, 초콜릿, 갈색 설탕과 같은 단맛이 복합적으로 느껴지는 것이라고 할 수 있다.

❸ 짠맛

커피에는 짠맛을 내는 염화나트륨이 아주 미량 들어 있다. 커피 한 잔에 5mg 정도로 함유되어 있으며 이는 인간이 짠맛을 느낄 수 있는 감각 역치보다 훨씬 낮은 미량이기에 짠맛을 느끼기는 사실 불가능하다. 그러나 커피에서 미세하게 짠맛이 느껴지는 경우가 있는데 이는 산화칼륨, 산화칼슘 등의 산화무기물을 짠맛으로 오인하는 경우이다.

❹ 쓴맛

쓴맛은 커피가 가지고 있는 카페인, 퀸산, 클로로겐산 등에 의해 나타나는 기본적인 맛이다. 쓴맛이 전혀 없어도 커피에서 아무런 개성을 느끼지 못하기에 통상적으로 나타나야 하는 맛이다. 하지만 쓴맛 중에서도 날카롭고 자극적인 부정적인 느낌의 쓴맛들은 주로 과도한 로스팅과 잘못된 추출로 인해 생기는 경우가 더 많다.

3) 촉각(Mouthfeel)

커피에서 촉각은 음료를 먹는 중, 또는 먹은 후 입안에서 느껴지는 물리적 촉감을 말한다. 입안의 말초신경과 혀가 커피의 점도(Viscosity)와 미끈함(Oilness)을 감지하고, 이 두 가지를 종합한 감각을 바디(Body)라고 칭한다. 바디감은 커피의 종류와 커피 추출 방법에 따라 차이가 생기고, 에스프레소의 경우 크레마가 많을수록 바디감이 높다.

촉각은 지방 함량과 고형 성분에 따라 다음과 같이 구분된다.

❶ 지방 함량에 따라 : Buttery(매우 기름짐) 〉 Creamy(기름짐) 〉 Smooth(부드러움) 〉 Watery(묽음)
❷ 고형 성분의 양에 따라 : Thick(진함) 〉 Heavy(중후함) 〉 Light(연함) 〉 Thin(묽음)

> **임쌤의 꿀팁**
>
> **바디감과 농도**
> 커피의 바디감과 농도는 다른 개념이다. 농도가 높아서 진하게 느껴진다고 꼭 바디감이 높은 것은 아니다. 바디감은 지질이나 고형 성분에 의한 입안의 말초신경 반응이다. 예를 들어 물과 우유가 입안에서 다르게 느껴지는 차이가 바디감이라고 할 수 있다. 커피의 농도는 물에 녹아 있는 가용 성분의 함량 정도를 말하며 그 정도에 따라 진함이나 연함을 느껴질 수 있다.

4) 커피의 향미 결점(Flavor Taints & Faults)

커피 체리에서부터 커피 추출액이 되기까지 각 단계에서는 여러 요인들이 강하게 작용하여 커피의 플레이버에 부정적인 영향을 주는 화학적 변화들이 일어난다. 플레이버 테인트는 향기 결점을 말하며, 플레이버 폴트는 맛에 영향을 주는 중대한 결점을 의미한다. 단계별 결점은 다음과 같다.

❶ **1단계 : 수확(Harvesting)과 건조(Drying)**

원인	종류	상세 내용
산(Acid)	Rioy(리오이)	• 요오드 같은 약품 맛이 심하게 나는 결점 • 자연 건조한 브라질 커피에서 주로 발생 • 커피 열매가 너무 오래 매달려 지속적인 효소 활동을 유발하는 박테리아가 원인
	Rubbery(러버리)	• 탄 고무 냄새가 나는 결점 • 주로 아프리카 건식 로부스타에서 발생 • 커피 열매가 너무 오래 매달려 부분적으로 마를 때 생성이 되는 결점
	Fermented(퍼멘트)	• 혀에 매우 불쾌한 신맛을 남기는 맛의 결점 • 생두의 효소가 당분을 식초산으로 분해할 때 생성
지방(Fat)	Earthy(얼시)	• 커피의 뒷맛에서 흙냄새가 나는 향기 결점 • 건조 시에 생두의 지방 성분이 흙냄새를 흡수하여 발생
	Musty(머스티)	• 곰팡이 냄새가 나는 결점 • 지방 성분이 곰팡이 냄새를 흡수하거나 건조 시 생두가 곰팡이와 접촉하여 발산
	Hidy(하이디)	• 우지(牛脂)나 가죽 냄새가 나는 향기 결점 • 기계 건조 시 너무 많은 열이 전달되어 생두의 지방이 분해되면서 발생

❷ **2단계 : 저장(Storage)과 숙성(Aging)**

종류	상세 내용
Grassy(그래시)	• 풀의 아린 맛과 갓 벤 알팔파에서 나는 냄새가 결합된 향미 결점 • 커피 열매가 숙성되면서 생두에 생성되는 질소 화합물이 너무 많을 때 발생
Strawy(스트로)	• 건초와 같은 맛을 내는 향미 결점 • 수확한 후 보관 기간이 길어져 유기물질이 없어지면서 발생
Woody(우디)	불쾌한 나무와 같은 맛(Woody-Like)을 내는 맛의 결점으로 장기간 보관으로 유기화합물이 거의 소멸된 상태이다.

❸ **3단계 : 로스팅(Roasting)의 캐러멜화 과정(Caramelization)**

종류	상세 내용
Green(그린)	• 풀 냄새가 나는 맛의 결점 • 너무 낮은 열을 너무 짧은 시간에 공급하여 당-탄소 화합물이 제대로 전개되지 않는 것이 원인
Baked(베이크드)	• 향미가 약하고 무미건조한 맛을 내는 향미 결점 • 낮은 열로 오래 로스팅하여 캐러멜화가 제대로 진행되지 않는 것이 원인
Tipped(팁드)	• 커피에서 곡물과 같은 맛이 나는 맛의 결점 • 열량 공급 속도가 너무 빨라 생두의 끝부분이 타는 것이 원인
Scorched(스코치드)	• 페놀과 디리딘의 특성이 커피 뒷맛에서 느껴지는 향기 결점 • 너무 많은 열이 짧은 시간에 공급되어 캐러멜화가 제대로 진행되지 않아 생두의 표면이 타는 것이 원인

❹ **4단계** : 로스팅 후 변화(Post-roasting, Staling, 노화)

종류	상세 내용
Flat(플랫)	• 향이 별로 없는 향기 결점 • 로스팅 이후 산패 진행으로 향기 성분이 소멸되어 발생하는 결점
Vapid(배이피드)	• 향이 별로 없는 향기 결점 • 유기물질이 소실되어 추출된 것이 원인
Insipid(인시피드)	• 맥 빠진 맛이 느껴지는 맛의 결점 • 커피 추출 전에 원두의 섬유조직에 산소와 습기가 침투하여 커피의 플레이버 성분이 소실되면서 추출된 것이 원인
Stale(스테일)	• 불쾌한 맛이 느껴지는 맛의 결점 • 산소와 습기가 커피의 유기물질에 안 좋은 영향을 주거나 로스팅 후 불포화지방산이 산화된 것이 원인
Rancid(란시드)	• 심한 불쾌감을 느끼게 하는 맛의 결점 • 원두에 산소와 습기가 침투하여 지방 성분이 산화하면서 발생

❺ **5단계** : 추출 후 보관 중 변화(Post-brewing, Holding, 유지)

종류	상세 내용
Flat(플랫)	추출 후 보관 과정에서 향기 성분이 소멸되어 발생하는 향기 결점
Vapid(배이피드)	유기물질이 소실되어 Aroma와 Nose 단계에서 향이 거의 나지 않는 향기 결점
Acerbic(아세르빅)	• 커피 추출액이 혀에 강한 신맛을 남기는 맛의 결점 • 뜨거운 상태에서 오래 보관 시 클로로겐산이 퀸산과 카페인산으로 분해되면서 발생
Briny(브라이니)	• 짠맛이 느껴지는 맛의 결점 • 물이 증발하고 무기질 성분이 농축되는 것이 원인
Tarry(태리)	• 불쾌한 탄 맛이 느껴지는 맛의 결점 • 높은 온도로 오래 두었을 때 단백질이 타면서 발생
Brackish(브래키시)	산화 무기물과 염기성 무기질이 농축되어 나타나는 맛의 결점

> **임쌤의 꿀팁**
>
> **기타 플레이버 결점 용어**
> - Aged(에이지드) : 신맛은 약해지고 바디는 강해지는 결점으로 생두를 수확 후 장기 저장하면 생두에 있는 효소에 의해 생긴다.
> - Quakery(퀘이커리) : 커피를 추출했을 때 땅콩 맛이 느껴지는 맛의 결점으로 덜 익은 커피 열매를 수확해서 추출한 커피에서 느껴진다.
> - Wild(와일드) : 불쾌하게 시큼한 맛이 나는 결점으로 외부의 오염이나 생두 내부의 화학적 변화가 원인이다.

커핑(Cupping)

1 커핑

커피는 오랫동안 주관적으로 판단해 왔던 기호식품에 불과했다. 하지만 2000년 이후로 커피에 대한 생산 이력이 중요해졌고, 통상적으로 유통이 되어 왔던 커머셜(Commercial) 커피에 더해져 스페셜티 커피 시장이 도래하면서 향미의 품질을 판단하고 평가하는 커피 감별에 대한 작업이 필요하게 되었다.

따라서 커피의 다양한 맛과 향의 특성을 체계적으로 평가하는 작업인 커핑과 전문적으로 이 일에 종사하는 분야인 커퍼(Cupper)가 생긴 것이다. 커퍼은 분쇄된 커피 가루의 향을 맡는 것부터 시작하여 향기의 종류, 강도, 신맛, 바디, 밸런스, 애프터테이스트, 결점 등 다양한 분야에 걸쳐 평가하게 된다.

▲ 커핑

1) 커핑 준비

준비 사항	조건
샘플 원두	• 8~12분 사이로 로스팅 완료 • 로스팅한 지 8~24시간 이내 • 로스팅 단계 Agtron No.55~60 • 직사광선을 피해 밀봉하여 상온 보관
분쇄	• 커핑 전 15분 이내에 분쇄 • 분쇄 굵기는 미국 표준 스크린 20번(U.S Standard Size 20sieve)을 70~75% 통과하는 굵기 • 커피의 추출 수율이 18~22%가 되도록 가늘게 분쇄
물	• 용존 미네랄 함량 100~200ppm의 물 • 커핑 시 93℃의 물 사용
비율	• 물 1㎖당 원두 0.055g의 원두 사용 예 물 150㎖의 경우 원두는 8.25g • 가용 성분의 농도가 1.1~1.3%가 되는 정도의 비율
커핑 볼, 커핑 스푼	• 강화유리나 도자기 소재의 150~180㎖ 용량의 커핑 볼 • 샘플당 커핑 볼 5개 • 은 또는 스테인리스 재질의 스푼
기타	커핑 시트, 필기도구, 그라인더, 온도계, 주전자, 린싱 컵, 타이머 등

▲ 커핑 볼, 커핑 스푼

2) 커핑 방법

❶ 준비된 커핑 볼(Cupping Bowl)에 정해 놓은 비율에 맞춰 분쇄된 원두를 담는다.

❷ 커핑 볼에 코를 가까이 대고 깊게 들이마시면서 프래그런스(Fragrance)의 속성과 강도를 체크한다.

▲ 프래그런스 체크

❸ 준비된 93℃의 물을 커핑 볼에 잘 붓는다. 가득 부어 가루 전체가 잠길 수 있게 하고, 휘젓지 않고 그대로 3~5분 정도 두어 성분이 용해되도록 기다린다. 사람마다 붓는 정도가 다를 수 있기 때문에 가급적 한 사람이 같은 방법으로 물을 붓는 것이 좋다.

❹ 3~5분 경과 후 커핑 볼 표면에 형성된 크러스트(Crust, 표면에 형성된 커피 가루층)를 커핑 스푼으로 3번 정도 밀어내면서(Break) 코를 대고 아로마(Aroma)를 체크한다. 사용한 커핑 스푼은 다른 커핑 볼로 옮길 때마다 헹궈서 사용한다.

❺ 스키밍(Skimming) : 브레이킹 아로마 평가가 끝나고 커핑 볼 위에 뜬 커피 가루, 부유물 등을 스푼을 이용해서 걷어 내는 작업이다. 두 개의 스푼을 살짝 겹쳐서 여러 번에 걸쳐 깨끗이 걷어 없앤다.

❻ 슬러핑(Slurpping) : 커피를 스푼으로 떠서 입술에 대고 혀에 뿌리듯이 빨아들이는 것을 말한다. 스키밍이 끝난 추출 커피의 온도가 70℃ 정도가 되면, 스푼을 이용하여 입 안으로 강하게 흡입하여 플레이버(Flavor), 애프터테이스트(Aftertaste), 산미(Acidity), 바디(Body), 밸런스(Balance) 등을 평가한다.

▲ 슬러핑

❼ 커피액의 온도가 실온(21~27℃)에 가까워지면 감미(Sweetness), 동일성(Uniformity), 클린 컵(Clean Cup), 종합(Overall)을 평가한다.

3) 커핑 평가 항목

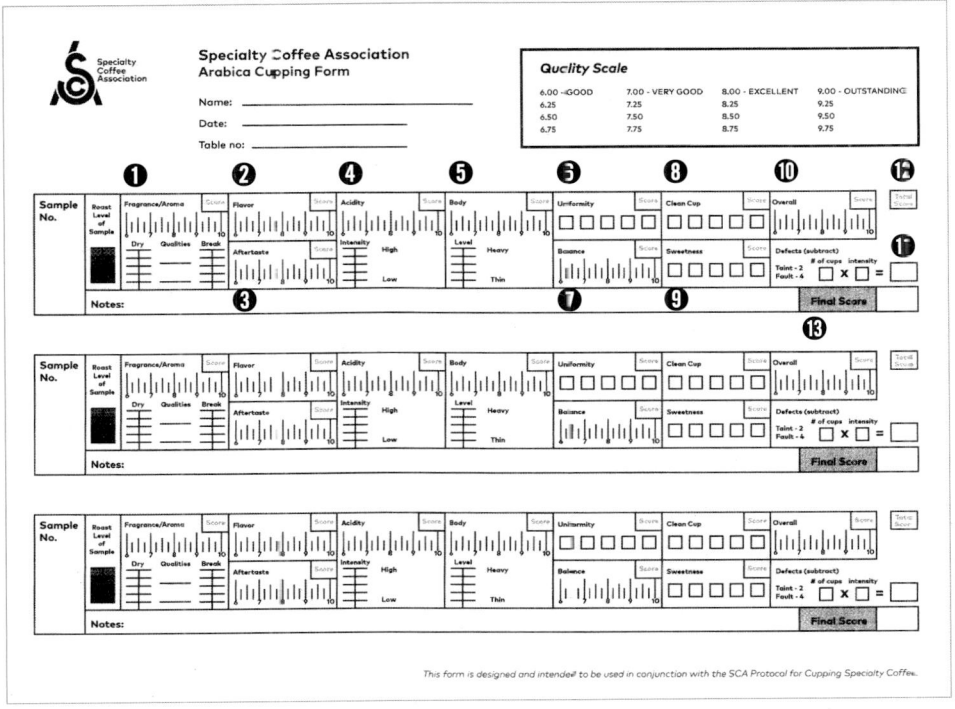

▲ SCA 커핑 폼(출처:store.sca.coffee)

❶ 프래그런스(Fragrance)/아로마(Aroma)

향을 평가할 때는 물을 붓기 전 분쇄된 가루에서 나는 향인 프래그런스와 물을 부었을 때 향인 아로마를 구분한다. 프래그런스는 향기의 강도를 기입하고, 구체적인 향이 인지된다면 그 향에 대한 정보를 'Qualities(품질)'항목에 적는다. 아로마에선 브레이크 아로마의 강도를 기입하는데, 드라이 아로마와 브레이크 아로마의 조화를 평가하여 점수를 부여한다.

❷ 플레이버(Flavor)

슬러핑을 통해서 입안에 머금었을 때 느껴지는 맛과 향의 복합적 강도를 반영하는 부분이다. 처음 아로마 향과 산미에 의한 첫인상, 그리고 마지막 애프터테이스트 전까지의 특성을 기록한다. 향과 맛에서 복합성을 띨수록 좋은 점수가 부여된다.

❸ 애프터테이스트(Aftertaste)

입안에 남는 풍미를 말한다. 커피를 삼키거나 뱉은 후에 입천장과 목 부분에서 느껴지는 여운이 부드럽고 은은하게 느껴지면 좋은 점수, 여운 없이 끊기는 느낌이나 불쾌감이 들면 낮은 점수를 부여한다. 커피액의 온도가 70℃보다 조금 낮을 때 평가하는 것이 좋다.

❹ 산미(Acidity)

산미의 강약과 질, 밝고 상쾌한 정도를 기록한다. 산미가 과일의 신맛과 같다면 높은 점수를, 식초처럼 시큼하고 너무 강하다면 낮은 점수를 부여한다. 'Intensity(강도)'항목에서는 산미의 강도를 체크한다.

❺ 바디(Body)

입안에서 느껴지는 액체의 질감을 가리킨다. 특히 혀와 구강 사이에서의 촉감을 통해 느낄 수 있으며 커피 추출액의 콜로이드라는 입자가 바디감을 묵직하게 한다. 원두의 지방 성분과 고형 성분의 함량 차이에 따라 달라지는 부분이다. 바디감이 묵직하면 높은 평점을 받는다. 한편, 바디가 가벼운 커피가 입안에서 편안하고 좋은 느낌을 줄 때도 있다.

❻ 동일성(Uniformity, 균일성)

5개 샘플이 가지는 향과 맛의 균일함을 말한다. 5개 샘플이 모두 균일한 맛과 향을 지녀야 하며, 샘플에 디펙트가 있으면 일관성이 없는 것으로 평가한다. 컵마다 맛이 다르면 균일함 평가 점수는 낮아진다. 컵 하나에 2점씩 감점을 하고, 5개가 동일하면 최대 10점이 된다.

❼ 밸런스(Balance)

Flavor, Aftertaste, Acidity, Sweetness, Body 등의 속성이 어떻게 조화를 이루는지 또 어떻게 다른지에 대한 전체적인 느낌을 밸런스라고 한다. 특정한 향과 맛이 부족하거나 한쪽이 압도적인 경우 밸런스 점수를 낮게 평가한다.

❽ 클린 컵(Clean Cup)

커피의 깔끔함 정도를 말하며 '커피의 맑기'라고도 얘기한다. 맨 처음 커피를 입에 머금은 순간부터 애프터테이스트까지 맛을 방해하는 부정적인 느낌이 적은 정도에 대한 평가이다. 커피가 아닌 다른 맛이나 향이 느껴지면 그 컵은 감점하고, 클린 컵이 잘 유지되는 컵당 각각 2점씩 부여한다.

❾ 감미(Sweetness)

감미는 풍부한 플레이버와 부드럽고 은은한 단맛을 말한다. 설탕의 주성분인 자당의 직접적인 단맛이 아니며 커핑에서 좋은 단맛의 반대 개념은 '시큼함', '풋내'의 플레이버다.

❿ 종합 평가(Overall)

아주 느낌이 좋은 샘플이라도 그 특징이 살지 못해 종합 평가에서 점수가 낮아지는 경우가 있으며, 개성 있는 커피나 특정 산지의 플레이버 특징이 나타나는 커피에서 높은 점수를 받는 경우도 있다. 커퍼(Cupper)의 개인적인 주관, 취향이 반영되는 유일한 항목이다.

⓫ 결점(Defect)

커피 향미에 악영향을 주는 플레이버로 Taint(테인트, 향의 결점)과 Fault(폴트, 맛의 결점)으로 나뉜다. Taint는 강도(Intensity) 2, Fault는 강도 4에 해당하며, 각각의 디펙트가 있는 컵의 개수에 강도를 곱하여 결점 점수를 계산한다.

⓬ 합계 점수(Total Score)

Fragrance/Aroma, Flavor, Aftertaste, Acidity, Sweetness, Body, Balance, Clean Cup, Uniformity, Overall 10개의 항목의 합산 점수이다.

⓭ 최종 평점(Final Score)

Total Score에서 Defect 점수를 뺀 최종 점수이다. SCA Cupping 규정에서는 Final Score 80점 이상을 스페셜티 커피(Specialty Coffee)로 분류한다.

임쌤의 꿀팁

CoE(Cup of Excellence)
1999년 국제 무역기구 산하의 국제커피기구에서 품질 좋은 커피를 생산하는 나라들이 제대로 보상받을 수 있도록 만들어진 커피 대회라고 할 수 있다. 브라질 CoE, 콜롬비아 CoE, 에티오피아 CoE 등으로 하나의 국가 안에서 경쟁하는 시스템이다. 이 시스템을 통해서 소비자에게는 품질 좋은 생두를 구매할 수 있는 기회를 주고, 생산자에게는 품질에 따른 적절한 보상을 통해 더 나은 커피 생산의 동기 부여가 될 수 있다. CoE는 SCA와는 다른 CoE 커핑 규정에 의해 평가한다.

출제 예상 문제

01 다음 중 커피 플레이버를 평가하는 관능 평가 기준이 아닌 것은?

① 후각
② 시각
③ 미각
④ 촉각

02 다음 중 효소작용에 의해 느껴지는 향의 종류가 아닌 것은?

① 풀 향기(Herby)
② 과일 향기(Fruity)
③ 꽃향기(Flowery)
④ 견과류 향기(Nutty)

03 다음에서 설명하고 있는 커피 향미의 생성 원인은 무엇인가?

> 로스팅 후반부에 가하는 열에 의해서 무겁고 휘발성이 약한 화합물이 생기며, 주로 송진 향(Turpeny), 향신료 향(Spicy), 탄 향(Carbony)이 느껴진다.

① 건열 반응(Dry Distillation by-Products)
② 갈변 반응(Sugar Browning by-Products)
③ 효소작용(Enzymatic by-Products)
④ 마이야르 반응(Maillard Reaction)

정답

01 ② 커피 플레이버 관능 평가 기준으로는 후각, 미각, 촉각이 있다.
02 ④ 효소작용으로 인해 생성되는 향은 식물 상태에서 자연적으로 효소에 의해서 향기가 생성이 되고 휘발성이 강하여 가장 먼저 후각을 자극하는 향들이다. 꽃향기(Flowery), 과일 향기(Fruity), 풀 향기(Herby)가 여기에 포함된다.
03 ① 건열(건류) 반응은 로스팅 후반부에 가하는 열에 의해서 생두의 섬유질이 반응하여 분자량이 무겁고 휘발성이 약한 화합물이 생성되는 것을 말한다. 커피의 뒷맛에서 느껴지는 송진 향(Turpeny), 향신료 향(Spicy), 탄 향(Carbony)으로 나뉜다.

04 후각에 의해서 느낄 수 있는 다음 커피 향미 중에서 나머지와 생성 원인이 다른 것은?

① Nutty ② Caramelly
③ Spicy ④ Chocolaty

05 커피의 향미를 평가하는 순서가 바르게 나열된 것은?

① 촉감 → 향기 → 맛 ② 맛 → 향기 → 촉감
③ 향기 → 맛 → 촉감 ④ 색깔 → 향기 → 맛

06 다음에서 설명하고 있는 커피 향기에 대한 옳은 표현은?

> 물에 젖은 상태의 커피 또는 추출한 커피에서 느껴지는 향으로 분자량이 적고 휘발성이 강하다. 주요 향기는 Fruity, Herbal, Nut-Like 등이 있다.

① Fragrance ② Nose
③ Aftertaste ④ Aroma

07 커피 향을 맡는 단계 용어에 대한 설명 중 틀린 것은?

① 프래그런스(Fragrance) - 원두를 분쇄했을 때 나는 향기이다.
② 노즈(Nose) - 마실 때 느껴지는 향기로 Candy, Cyrup 등이 주요 향기이다.
③ 애프터테이스트(Aftertaste) - 커피를 마신 후 입 뒤쪽에서 나는 향을 말하며, Spicy, Turpeny 등이다.
④ 바디(Body) - 입안에서 느껴지는 향기로 Fruity, Herbal, Nut-Like 등이다.

08 프래그런스, 아로마, 노즈, 애프터테이스트로 구성되는 커피 전체 향기를 총칭하여 무엇이라고 하는가?

① 플레이버(Flavor) ② 부케(Bouquet)
③ 바디(Body) ④ 테이스트(Taste)

정답

04 ③   갈변 반응에 의한 향기로는 Nutty, Caramelly, Chocolaty가 있다.
05 ③   커피의 향미는 향기(후각) → 맛(미각, 후각) → 촉감(촉각)의 순서로 평가한다.
06 ④   향을 맡는 단계 중에서 아로마(Aroma)에 해당하는 설명이다.
07 ④   입안에서 느껴지는 향기(Fruity, Herbal, Nut-like)는 아로마이고, 바디(Body)는 입안에서 느껴지는 물리적 촉감을 말한다.
08 ②   커피 향기의 총칭인 부케(Bouquet)는 와인에서도 동일하게 사용된다.

09 다음 중 향기의 강도를 약한 것부터 순서대로 나열한 것은?

① 플랫(Flat) 〈 라운디드(Rounded) 〈 리치(Rich) 〈 풀(Full)
② 플랫(Flat) 〈 라운디드(Rounded) 〈 풀(Full) 〈 리치(Rich)
③ 라운디드(Rounded) 〈 플랫(Flat) 〈 풀(Full) 〈 리치(Rich)
④ 라운디드(Rounded) 〈 플랫(Flat) 〈 리치(Rich) 〈 풀(Full)

10 커피 맛을 감별하기 위한 기본적인 맛이 아닌 것은?

① 신맛 ② 짠맛
③ 떫은맛 ④ 단맛

11 다음 중 커피에서 느껴지는 신맛의 원인이 아닌 성분은?

① 카페산 ② 옥살산
③ 말산 ④ 시트르산

12 다음 중 커피의 쓴맛을 나타내는 성분이 아닌 것은?

① 트리고넬린 ② 환원당
③ 카페인 ④ 페놀 화합물

13 커피에서 느껴지는 맛에 대한 다음 설명 중 옳은 것은?

① 쓴맛은 카페인, 클로로겐산 등에 의해 느껴지는 맛이며, 좋은 커피의 맛은 쓴맛이 없어야 한다.
② 커피에는 염화나트륨이 많이 함유되어 있어 짠맛을 쉽게 느낄 수 있다.
③ 아라비카의 경우 커피의 재배 고도가 높을수록 더 신맛을 띠는 경향이 있다.
④ 로스팅을 통해 환원당, 캐러멜화당이 많이 생성되고, 단맛 성분이 강하게 느껴진다.

정답

09 ② 향기의 강도 : Flat(향기가 없을 때) 〈 Rounded(풍부하지도, 강하지도 않은) 〈 Full(풍부하지만 강도가 약한) 〈 Rich(풍부하면서 강한)
10 ③ 커피의 기본적인 맛으로는 신맛, 단맛, 짠맛, 쓴맛이 있다.
11 ① 지방산, 클로로겐산, 옥살산, 말산, 시트르산, 타타르산 등이 커피에서 신맛의 원인이 된다.
12 ② 카페인, 트리고넬린, 퀸산, 카페산, 클로로겐산, 페놀 화합물 등이 커피에서 쓴맛의 원인이 된다.
13 ③ 쓴맛은 커피의 향미와 풍미를 높이는 역할을 한다. 쓴맛이 전혀 없으면 커피에서 아무런 개성이 느껴지지 않아 통상적으로 나타나야만 하는 맛이다. 짠맛은 거의 느껴지지 않을 정도 미량의 염화나트륨만 포함되어 있다. 단맛 역시 강하게 느껴진다기보다는 주로 향기로 인해 과일의 단맛, 캐러멜 같은 단맛, 초콜릿 같은, 갈색 설탕 같은 단맛이 복합적으로 느껴진다고 할 수 있다.

14 커피의 쓴맛에 대한 설명으로 옳은 것은?

① 로스팅을 강하게 하면 카페인 외의 쓴맛 성분 농도가 높아지면서 쓴맛이 강해진다.
② 카페인은 커피에서 쓴맛을 내는 유일한 성분이다.
③ 유기산에 의해 쓴맛 성분이 두드러지게 나타난다.
④ 쓴맛을 내는 카페인 성분은 로스팅을 강하게 할수록 함량이 증가한다.

15 다음 설명에서 ( ) 안에 들어갈 용어로 맞게 짝지어진 것은?

> (㉠)(은)는 커피를 먹는 중에 또는 먹은 후 입안에서 물리적으로 느껴지는 촉감을 말한다. 커피를 마실 때는 입안의 말초신경과 혀에서 커피의 점도(Viscosity)와 미끈함(Oilness)을 감지하게 되는데 이를 종합하여 (㉡)(이)라고 한다.

① ㉠ 마우스필(Mouthfeel), ㉡ 바디(Body)
② ㉠ 바디(Body), ㉡ 마우스필(Mouthfeel)
③ ㉠ 플레이버(Flavor), ㉡ 바디(Body)
④ ㉠ 애프터테이스트(Aftertaste), ㉡ 부케(Bouquet)

16 다음 중 지방 함량이 많은 것의 촉각(Mouthfeel) 표현을 순서대로 나열한 것은?

① Creamy 〉 Buttery 〉 Smooth 〉 Watery
② Creamy 〉 Buttery 〉 Watery 〉 Smooth
③ Buttery 〉 Creamy 〉 Watery 〉 Smooth
④ Buttery 〉 Creamy 〉 Smooth 〉 Watery

정답

14 ① 로스팅 시간이 길어지면 클로로겐산 락톤과 히드록시산 페닐린다인 성분이 증가하면서 쓴맛이 강해진다.
15 ① 촉각(Mouthfeel)은 커피에서 느껴지는 물리적 촉감이며, 바디(Body)는 입안에서 느껴지는 커피의 점도와 미끈함 정도이다.
16 ④ 지방 함량에 따른 표현 : Buttery(매우 기름짐) 〉 Creamy(기름짐) 〉 Smooth(부드러움) 〉 Watery(묽음)

17 커피 향기에 대한 다음 설명 중 틀린 것은?

① 프래그런스는 분쇄 커피 가루에서 나는 향기이며, 드라이 아로마(Dry Aroma)라고도 한다.
② 커피에서 나는 향기는 로스팅 과정을 통한 화학반응을 통해서만 생성된다.
③ 일반적으로 분자량이 크고 무거울수록 날카롭고 거칠게 느껴진다.
④ 향기는 기체 상태로만 느낄 수 있다.

18 다음 바디(Body)에 대한 설명으로 옳은 것은?

① 커피의 농도가 높아서 진하게 느껴질수록 바디감도 높게 느껴진다.
② 에스프레소는 크레마가 많을수록 바디감이 낮게 느껴진다.
③ 커피의 지방 성분 등에 의해 입안에서 느껴지는 점도와 미끈한 촉감을 말한다.
④ 약하게 로스팅한 커피에서 바디감을 더 강하게 느낄 수 있다.

19 다음에서 설명하고 있는 커피 향미 결점은?

> 커피에서 요오드 같은 약품 맛이 심하게 나며, 주로 자연 건조한 브라질 커피에서 많이 발생하는 향미 결점이다.

① Hidy ② Fermented
③ Rioy ④ Rubbery

20 저장과 숙성 단계에서의 향미 결점을 나타내는 용어가 아닌 것은?

① 풀 냄새 같은(Grassy)
② 나무 냄새 같은(Woody)
③ 짚 냄새 같은(Strawy)
④ 흙냄새 같은(Earthy)

정답

17 ② 커피의 향기는 커피나무가 성장하는 과정에서 자연적으로 생성되기도 하고, 로스팅을 통해 다양한 향기 요소들이 만들어지기도 한다.
18 ③ 커피의 농도와 바디감은 비례하지 않는다. 에스프레소는 크레마가 많을수록 바디감이 높게 느껴지며, 바디감은 지방 함량과 고형 성분의 양에 따라 차이가 난다.
19 ③ Rioy는 커피 열매가 너무 오래 매달려 있음으로써 효소 활동을 유발하는 박테리아로 인해 느껴지는 수확 단계에서의 향미 결점이다.
20 ④ Earthy는 수확과 건조 단계에서의 향미 결점이다.

21 로스팅 이후 변화에 따른 다음의 설명에서 ( ) 안에 들어갈 향미 결점으로 옳은 것은?

> (㉠)(은)는 로스팅 이후 산패가 진행되어 향기 성분이 소멸되어 발생하는 결점을 말하며, (㉡)(은)는 유기물질이 소실되어 추출된 커피에서 향이 느껴지지 않는 향기 결점이다.

① ㉠ Flat, ㉡ Stale
② ㉠ Flat, ㉡ Vapid
③ ㉠ Vapid, ㉡ Flat
④ ㉠ Rancid, ㉡ Flat

22 커피를 추출했을 때 땅콩 맛이 느껴지는 결점으로, 덜 익은 커피 열매를 수확해서 추출했을 때의 맛의 결점은?

① Quakery
② Aged
③ Wild
④ Green

23 SCA에서 커핑(Cupping)을 실시하는 주된 이유에 해당하지 않는 것은?

① 원두의 품질을 평가하기 위해
② 결점두를 분별하기 위해
③ 생두의 등급을 분류하기 위해
④ 원가를 높이기 위해

24 SCA 커핑 항목에 해당하지 않는 요소는?

① 쓴맛(Bitterness)
② 클린 컵(Clean Cup)
③ 신맛(Acidity)
④ 감미(Sweetness)

정답

21 ② 향미 결점
- Insipid : 원두의 섬유조직에 산소와 습기가 침투하여 커피의 플레이버 성분이 소실되면서 추출된 커피에서 맥빠진맛이 느껴지는 맛의 결점
- Stale : 산소와 습기가 커피의 유기물질에 안 좋은 영향을 주거나 로스팅 후 불포화지방산이 산화 되어 불쾌한 맛이 느껴지는 맛의 결점
- Rancid : 원두에 산소와 습기가 침투하여 지방 성분이 산화하면서 발생하는 맛의 결점

22 ① 퀘이커(Quaker)는 덜 익은 커피 열매를 수확하여 로스팅한 후 현저히 밝은 색깔을 띠는 결점두를 말하며 퀘이커리(Quakery)는 퀘이커의 향미 결점이다.

23 ④ 커핑을 통해 커피의 생산 이력을 명확히 하고, 고유 향미를 확인, 결점두 분류, 생두의 등급을 평가한다.

24 ① 쓴맛은 SCA 커핑 항목에 해당하지 않는다.

25 다음 중 SCA 커핑에 대한 내용으로 틀린 것은?

① 샘플 원두는 로스팅한 지 8~24시간 이내의 원두를 상온 보관하여 준비한다.
② 분쇄는 커핑 전 15분 이내에 실시한다.
③ 로스팅은 애그트론 넘버(Agtron No.) 55~60의 원두로 커핑한다.
④ 정확한 커핑을 위해 물은 미네랄이 포함되어 있지 않은 정수된 물을 사용한다.

26 커핑 평가 순서를 옳게 나열한 것은?

① 아로마 → 브레이킹 아로마 → 플레이버 → 프래그런스
② 플레이버 → 프래그런스 → 아로마 → 브레이킹 아로마
③ 프래그런스 → 플레이버 → 아로마 → 브레이킹 아로마
④ 프래그런스 → 아로마 → 브레이킹 아로마 → 플레이버

27 다음에서 설명하고 있는 커핑 과정의 용어는?

> 플레이버, 애프터테이스트, 산미, 바디, 밸런스 등을 본격적으로 평가하는 과정이다. 스푼으로 커피를 떠서 입술에 대고 혀에 뿌려주듯 강하게 빨아들이는 방법이다.

① 브레이킹(Breaking)
② 스키밍(Skimming)
③ 슬러핑(Slurpping)
④ 푸어링(Pouring)

정답

25 ④   SCA 커핑에는 용존 미네랄 함량 100~200ppm의 물을 사용한다.
26 ④   커핑 순서 : 분쇄 원두의 프래그런스 체크 → 물을 붓고 Wet Aroma 체크 → 브레이킹 아로마 체크 → 스키밍&슬러핑하여 플레이버 체크 → 애프터테이스트 체크
27 ③   슬러핑(Slurpping)은 커피를 스푼으로 떠서 입술에 대고 혀에 뿌리듯이 빨아들이는 방법이다. 스키밍이 끝난 추출 커피의 온도가 70℃ 정도가 되면, 스푼을 이용해 입안으로 강하게 흡입하여 플레이버(Flavor), 애프터테이스트(Aftertaste), 산미(Acidity), 바디(Body), 밸런스(Balance) 등을 평가한다.

28 SCA 커핑 평가 항목에 대한 설명으로 틀린 것은?

① 클린 컵 : '커피의 맑기'이며, 커피를 입에 머금은 순간부터 애프터테이스트까지의 부정적인 요소와 깔끔함 정도를 평가한다.
② 오버롤 : 커피 플레이버에 대한 종합적인 평가로, 결점두 점수를 뺀 최종 점수이며 가장 객관적인 평가이다.
③ 감미 : 풍부한 플레이버와 부드러운 은은한 단맛을 평가한다.
④ 동일성 : 5개 샘플의 향과 맛의 균일함을 말한다.

29 SCA 커핑 규정에서는 최종 평점(Final Score) 몇 점 이상을 스페셜티 커피(Specialty Coffee)라고 하는가?

① 60점
② 70점
③ 80점
④ 90점

30 다음에서 설명하고 있는 내용에 대하여 맞는 용어는?

> 1999년 브라질에서 처음 시작되었고, 국제커피기구(ICO)에서 품질 좋은 커피를 생산하는 나라들이 제대로 보상받을 수 있도록 만들어졌다. 소비자에게는 품질 좋은 생두를 구매할 수 있는 기회를, 생산자에게는 품질에 따른 적절한 보상을 통해 더 나은 커피 생산의 동기 부여가 되는 생산 국가별 평가 시스템이며 자체 커핑 규정에 의해 평가한다.

① 공정무역 커피
② 스페셜티 커피
③ 컵 오브 엑설런스
④ 지속 가능 커피

정답

28 ② 오버롤(Overall, 종합)은 커퍼(Cupper)의 개인적인 주관, 취향이 반영되는 유일한 항목이다.
29 ③ SCA Cupping 규정에서는 Final Score 80점 이상을 스페셜티 커피(Specialty Coffee)로 분류한다.
30 ③ CoE(Cup of Excellence)에 관한 설명이다. 브라질 CoE, 콜롬비아 CoE, 에티오피아 CoE 등으로 하나의 국가 안에서 경쟁하는 시스템이다.

PART 6

커피 서비스

Chapter 1
커피와 건강

Chapter 2
위생 관리와 서비스

 커피와 건강

1 커피의 효능

1) 카페인의 효과

카페인(Caffeine)은 알칼로이드의 일종이다. 커피나무의 열매인 커피 체리뿐 아니라, 잎, 뿌리에도 존재하며, 커피나무 외에도 차, 구아바 열매, 코코아와 콜라 열매에도 소량 존재한다. 이들 식물들은 해충으로부터 자신을 보호하기 위한 방어 기제로 카페인 성분을 함유하고 있다. 한 잔의 커피에는 약 100mg 내외의 카페인이 함유되어 있고, 아라비카종보다 로부스타종의 카페인 함량이 많게는 2배 가까이 높다.

❶ 각성 효과와 긴장감 유지

카페인은 뇌 신경 전달 물질(Neuro-Transmitter)의 생성 및 분비를 촉진하여 각성 작용, 심장박동을 증가시키는 작용, 혈관 수축 작용, 아스피린과 같은 진통 효과 증대 등의 작용을 한다.

❷ 신체 에너지 생성 효과

카페인은 몸의 글리코겐(Glycogen)보다 먼저 중성지방을 분해하여 에너지로 전환하는 작용을 한다. 신체 전반의 대사 작용을 촉진시켜 신체 에너지 소비량을 10% 이상 증가시키고 체중 감량에도 도움을 준다.

❸ 이뇨 효과

카페인은 신장의 아데노신 수용체에 반응하여 배뇨 밸런스에 영향을 주고, 혈관을 확장시켜 더 많은 이뇨 작용을 일으킨다. 너무 많은 커피 섭취를 하거나 땀을 많이 흘리는 사람이 커피를 섭취할 시 간혹 탈수 현상이 일어날 수 있다.

❹ 심장 작용

카페인은 부교감 신경을 자극하고, 심근의 직접적인 수축력을 증가시켜 심박 수를 빠르게 하므로 부정맥에 대한 위험성을 높일 수 있다.

❺ 부작용

카페인은 위산 분비를 촉진하기 때문에 공복에 과다 섭취는 위궤양을 유발할 수 있다. 또한 이뇨 효과로 배뇨 활동을 통한 칼슘 배출이 많아져 폐경기 여성은 골다공증의 위험성이 증가한다. 또한 과다 섭취 및 금단 현상으로 불면증, 두통, 신경과민, 불안감 등의 증세가 발생하기도 한다.

> **임쌤의 꿀팁**
>
> **커피와 콜레스테롤**
> 커피를 마시면 콜레스테롤이 증가한다는 연구 결과가 있는데, 이는 카페인이 아니라 커피 성분에 포함된 카페스톨(Cafestol)이 원인이다. 생두를 로스팅하고 뜨거운 물로 추출할 때 나오는 커피의 기름 성분인데, 에스프레소의 크레마에 많이 포함되어 있다. 따라서 콜레스테롤 걱정 없이 건강하게 커피를 즐기고 싶다면 크레마는 제거하고 에스프레소를 마시거나 종이 필터를 이용하여 커피 오일을 거른 후 마시는 필터 커피를 섭취하는 것이 좋다.

2) 커피의 영양학적 효능

❶ 노화 예방

원두커피는 항산화 효과가 있는 페놀류를 다량 함유하고 있어서 노화 예방 및 세포 산화 방지 작용을 하는데, 지용성 비타민인 토코페롤(Tocopherol)이 이 역할을 한다.

❷ 체중 감량

커피는 식이섬유, 펜토산, 전분 등을 함유하고 있어 성인병 예방 및 다이어트 효과가 있다.

❸ 필수지방산

세포의 성장과 신체의 발달에 반드시 필요하지만 체내에서 생성되지 않는 필수지방산 중 하나인 리놀레산(Linoleic Acid)이 포함되어 있다.

❹ 뇌 기능 활성화

커피에는 다량의 무기질이 많지만 그중 칼륨 성분을 많이 함유하고 있다. 칼륨은 나트륨과 균형을 이루어 혈압 유지에 기여하고, 에너지 대사 및 뇌 기능을 활성화하는 물질이다.

❺ 장 건강

커피는 유산균을 활성화하는 작용을 하고, 이는 장 건강에 도움이 된다.

> **임쌤의 꿀팁**
>
> **커피와 클로로겐산**
> 클로로겐산은 주로 생두(그린 빈)에서 발견되는 천연 항산화 화합물이다. 혈압과 혈당을 낮추며 체중 감소 및 기분 향상에 도움이 되는 것으로 밝혀져 있고, 특히 이탈리아 밀라노 대학 연구팀의 연구 결과에 따르면 커피를 하루 3잔 마셨을 때 간암 발병률을 40%까지 낮출 수 있다고 발표된 커피 성분이다.

위생 관리와 서비스

❶ 식품위생

식품위생이란 식품의 재배, 생산, 제조로부터 사람의 섭취에 이르기까지 모든 단계에 걸친 식품의 안전성, 건전성, 완전 무결성을 확보하기 위해 필요한 모든 수단을 말한다.

1) 식재료 위생 관리

❶ 검수 시 제품 온도 조건

냉장 제품	5℃ 이하에서 검수한다.
냉동 제품	언 상태를 유지하고 녹은 흔적이 없어야 한다.
일반 채소	상온에서 신선도를 확인한다.
전처리된 채소	10℃ 이하에서 검수한다.

❷ 저장 방법

상온 저장	15~25℃에서 보관한다.
냉장 저장	5℃ 이하에서 보관한다.
냉동 저장	-18℃ 이하에서 저장한다.
건조 저장	온도 15~21℃, 습도 50~60% 상태를 유지한다.

❸ 안전한 위생 관리를 위한 체크 포인트
- 냉장, 냉동 온도를 유지하고 지속적으로 확인 및 관리한다.
- 식자재 보관 리스트를 활용하여 보관 기한을 관리한다.
- 선입선출법으로 의해 관리한다.
- 식재료 종류별로 구분하여 보관한다.
- 개봉한 식자재는 밀봉한 후 표기하여 보관한다.
- 손상 및 오염 방지를 위해 적절한 방법에 따라 포장하여 분리 및 보관한다.
- 주기적인 청소 및 재고관리를 시행한다.

> **임쌤의 꿀팁**
>
> **선입선출법(First In First Out, FIFO)**
> 먼저 입고된 것부터 순차적으로 출고되는 개념을 말한다. 식품에서는 먼저 구입한 식재료를 우선적으로 쓰도록 앞쪽에, 늦게 입고된 식재료를 뒤쪽에 보관하는 위치 선정 방법이 중요하다.

❹ 식재료 전처리 주의사항

- 작업 전 손을 깨끗이 씻고, 필요할 경우 위생 장갑을 착용한다.
- 25℃ 이하에서 2시간 이내에 수행한다.
- 식품 내부 온도는 15℃를 넘지 않아야 한다.
- 식품용수에 적합한 물, 식품용 재질로 적절한 용기를 사용한다.
- 사용할 기구 및 용기는 세척 또는 소독한 것을 사용한다.
- 조리대는 항상 정리 정돈을 유지한다.
- 작업과 작업 사이에 알코올 소독을 실시한다.
- 세제는 용도별로 구분하여 사용한다.

구분	용도
1종	야채 또는 과실용 세척제
2종	식기류용 세척제(자동식기세척기용, 산업용 식기류)
3종	식품의 가공 기구, 조리 도구용 세척제

2) 살균 및 소독

❶ 물리적 살균, 소독

- 자외선 살균법 : 살균력이 강한 2,537Å의 자외선(UV)을 방출하여 세균 등의 핵산(DNA)을 변화시켜 사멸시키거나 증식력을 잃게 하여 살균하는 방법이다.
- 방사선 살균법 : Co-60이나 Cs-137과 같은 방사선 동위원소로부터 방사되는 투과력이 강한 감마선을 쏘여 세균 등의 DNA를 손상시켜 사멸한다.
- 열탕 소독법 : 끓는 물을 이용하여 식기나 조리 도구, 행주 등의 소독에 시행한다.

❷ 화학적 살균

조리 도구(도마, 칼 등), 조리 시설(조리대, 싱크대 등), 기타 수세미 등의 살균, 소독에는 화학물질을 이용한 방법이 가장 많이 사용되고 있다.

구분	유효 성분
염소계	치아염소산나트륨, 이염화이소시아눌산나트륨 등
알코올계	에탄올
4급 암모늄계	염화-n-알킬디메틸암모늄, 염화알킬벤질디메틸암모늄 등
과산화물계	과산화수소, 과산화초산 등
요오드계	요오드(아이오딘), 요오드칼륨(아이오딘화 칼륨) 등
기타	젖산, 구연산 등

3) HACCP(Hazard Analysis Critical Control Point)

해썹(HACCP)은 위해요소 분석(Hazard Analysis)과 중요 관리점(Critical Control Point)의 영문 약자로서 '위해요소 중점 관리 기준'이라고 한다. 식품의 원재료부터 제조, 가공, 보존, 유통, 조리 단계를 거쳐 최종 소비자에 이르기까지 각 단계에서 발생할 우려가 있는 위해 요소를 규명한다. 중요 관리점을 결정하여 자율적이고, 체계적이며, 효율적인 관리로 식품의 안정성을 확보하기 위한 과학적 위생 관리 체계이다. 해썹은 전 세계적으로 가장 효과적이고 효율적인 식품안전 관리체계로 인정받고 있으며 미국, 일본, 유럽연합, WHO, FAO 등의 국제기구에서도 모든 식품에 HACCP을 적용하도록 적극 권장하고 있다.

4) 병원 미생물 종류에 의한 감염병

병원 미생물은 바이러스, 세균 등 사람에게 질병을 일으키는 미생물을 의미하며 소화기계와 호흡기계 감염병으로 분류할 수 있다.

❶ 소화기계 감염병

소화기계 감염병이란 병원체가 오염된 음식물이나 물을 통해 경구적으로 침입해 감염이 일어나는 수인성 감염병을 말한다. 소화기계 감염병으로는 장티푸스, 콜레라, 파라티푸스, 세균성 이질, 폴리오, 유행성 간염 등이 있다.

❷ 호흡기계 감염병

호흡기계로 감염되는 감염병은 환자나 보균자의 객담(가래), 콧물 등 비말에 의해 직접 전파되거나 공기를 통해 전파된다. 대표적인 호흡기계 감염병으로 디프테리아, 백일해, 홍역, 성홍역, 유행성 이하선염, 풍진, 인플루엔자, 중증급성호흡기증후군(SARS), 중동호흡기증후군(MERS), 코로나바이러스감염증-19(Covid-19) 등이 있다.

> **임쌤의 꿀팁**
>
> 식중독 예방 3대 원칙
> ① 청결의 원칙 : 식품을 위생적으로 취급하여 세균 오염을 방지하며 손을 자주 씻어 청결을 유지한다.
> ② 신속의 원칙 : 세균 증식을 방지하기 위해 식품은 오랫동안 보관하지 않으며, 조리된 음식 또한 가능한 신속히 섭취하는 것이 안전하다.
> ③ 냉각 또는 가열의 원칙 : 조리된 음식은 5℃ 이하 또는 60℃ 이상에서 보관해야 하며, 가열 조리가 필요한 식품은 중심부 온도가 75℃ 이상이 되어야 한다.

② 매장 관리 및 서비스

1) 매장 관리

❶ 장비 관리
- 영업 전후로 에스프레소 머신의 압력, 온도, 누수, 정상 작동 유무를 확인한다.
- 머신은 매일 마감 전에 위생을 관리 및 체크한다.
- 주기적으로 머신의 소모품(개스킷, 샤워 스크린) 교체를 실시한다.
- 그라인더의 날 마모 상태를 항상 점검하고, 분쇄도가 영업 전에 추출 가이드에 맞게 세팅되어 있는지 확인한다.
- 제빙기, 쇼케이스, 냉장 및 냉동고, 블렌더 기타 장비도 주기적으로 위생 관리, 정상 작동 여부를 확인한다.
- 식기, 조리 기구, 청소 도구 등은 용도에 맞는 세제 및 소독제를 이용하여 세척 및 소독 관리한다.

❷ 식재료 관리
- 모든 식재료는 제조 일자, 유통기한을 확인하고, 선입선출법(FIFO)에 따라 순차적으로 쓰일 수 있도록 관리한다.
- 식재료는 바닥으로부터 6cm 이상의 떨어진 높이에 보관해야 한다.
- 식재료 냉장 보관 시에는 5℃ 이하, 냉동 보관 시 −18℃ 이하를 유지해야 한다.
- 식품 보관은 일반적으로 온도 15~25℃, 습도 65~75%를 유지한다.
- 바닥의 이물질, 습기, 미생물, 오염으로부터 식재료의 변질, 부패를 최대한 방지해야 한다.
- 식재료 보관에서 가장 중요한 요소 중 하나는 청소를 통한 관리이다.
- 냉장, 냉동고에 성에가 끼지 않도록 하여 효율을 높이고 식재료 보관 기간을 원활히 유지한다.
- 식재료 보관 장소 및 내용 리스트 및 청소 스케줄을 작성하여 효율적, 정기적으로 관리한다.

❸ 안전 관리
- 전기 화재 : 전기로 인한 화재 진압 시 물을 뿌리면 감전의 위험이 있으므로 분말 소화기를 사용하여 화재를 진압한다.
- 전격(감전) : 감전 사고자를 안전한 장소로 구출하여 이동시키고 의식, 화상, 출혈 상태 등을 확인한다. 필요시 인공호흡 등 응급처치를 실시하고 119에 신고한다.

❹ 전기 사고 예방법
- 전기기기와 배선에 절연처리가 되어 있지 않은 부분을 노출시키지 않는다.
- 전기기기는 땅이나 수도관과 전선으로 접지한다.
- 누전 차단기를 설치하여 감전, 화재 등의 사고를 방지한다.
- 전기기기의 스위치 조작은 아무나 함부로 하지 않는다.

- 젖은 손으로 전기기기를 만지지 않는다.
- 수동 개폐기의 퓨즈로 동선이나 철선을 사용하면 매우 위험하므로 정격전류 퓨즈를 사용한다.
- 자동 개폐기는 정상적으로 작동하는지 정기적으로 테스트 버튼을 눌러서 확인한다.
- 불량 제품이나 부분적으로 고장이 나 있는 제품을 무리하게 사용하지 않는다.
- 배선용 전선은 중간에 연결, 접속하여 사용하지 않는다.

❺ 소방 안전 관리
- 화재 발생 시
  - 화재 최초 발견 시 비상벨을 눌러 알린다.
  - 화재 초기에는 소화기를 사용하여 신속하게 불을 끈다.
  - 화재가 진행 중일 시 직원이나 소방관의 안내에 따라 질서 있고 신속하게 대피한다.
- 유독가스 발생 시
  - 옷이나 수건 등을 이용하여 호흡기(코, 입)를 가린다.
  - 가급적 낮은 자세로 피하며 벽면에 부착된 피난 유도등을 따라 대피한다.
  - 발생지의 반대 방향으로 대피한다.

❻ 가스 안전사고
- 가스 사용 전 누출되지 않는지 냄새를 통해 또는 감지기를 설치하여 확인한다.
- LPG는 바닥으로부터, LNG는 천장으로부터 감지된다.
- 불쾌한 냄새가 나는 것을 통해 가스가 새고 있음을 감지할 수 있어야 한다.
- 가스 기구를 사용할 때는 창문을 열어 실내를 환기해야 하며 가연성 물질을 가까이 두지 않는다.
- 가스레인지는 불이 꺼지면 자동으로 가스가 차단되는 제품을 설치하는 것이 안전하고 자동 차단 장치가 제대로 작동하는지 자주 확인한다.
- 밸브는 사용 전후로 잠금 상태를 확인하고 배관, 호스 등의 연결 부분에 가스 누출 여부를 수시로 점검한다.

❼ 지진 발생 시 행동 요령
- 지진이 발생하면 벽면 혹은 책상 아래로 몸을 숙여서 대피하고 충격에 대비해 기둥 및 손잡이 등의 고정물을 꽉 잡는다.
- 전화 등 통신이 가능한 방법을 이용하여 본인의 위치를 119에 알린다.
- 정전 발생 시 당황하지 말고 위험한 행동은 삼가며 상황이 진정되면 밖으로 탈출한다.
- 엘리베이터는 갇히는 등의 사고가 일어날 수 있으므로 사용하지 않으며, 엘리베이터 사용 중에 갇혔을 경우 엘리베이터 내부 인터폰으로 상황을 전파하며 구조 요청을 하고, 안에 있는 손잡이를 잡은 채로 구조될 때까지 기다린다.

2) 서비스

❶ 서비스의 기본 자세
- 프로 의식을 갖는다.
  - 고객은 아마추어가 아닌 전문성이 있는 바리스타에게 서비스 받기를 원한다.
- 고객의 입장에서 서비스한다.
  - 서비스의 주체인 고객의 입장에서 생각하고, 배려하는 마음이 필요하다.
  - 항상 밝은 미소와 긍정적인 마인드로 고객을 상대한다.
- 용모는 항상 단정하게 유지한다.
  - 머리, 복장 등은 항상 깔끔하게 유지하며, 개인위생에 신경을 써서 서비스한다.
- 서비스는 신속하고 정확해야 한다.
  - 동료 간 또는 부서 간의 팀워크를 강화하고 수준 높은 서비스를 위해 서로 협력해야 한다.
- 풍부한 업무 지식과 자기 계발을 위해 노력한다.
  - 고객의 질문, 요청에 자신감 있게 대처할 수 있도록 보다 전문성 있는 바리스타로서의 노력을 게을리하지 않는다.

❷ 고객 응대 및 안내
- 밝은 얼굴과 미소로 고객을 반갑게 맞는다.
- 단골 고객일 경우 이름이나 직함을 불러 친밀감을 형성한다.
- 고객이 입장하면 예약 여부와 인원수를 확인하고 예약 손님일 경우 예약된 테이블로 안내한다.
- 예약 손님이 아닐 경우 고객이 원하는 테이블, 장소의 가능 유무를 확인 후 안내한다.
- 대기(웨이팅)가 필요한 경우, 대기 공간에서 대기하도록 정중히 안내 후 예상 시간을 공지하고 순서에 따라 차례로 좌석을 배정한다.
- 좌석 배정 시 고려 사항
  - 젊은 남녀 고객은 벽 쪽의 조용한 테이블로, 화려하고 호화로운 고객은 카페의 중앙으로, 혼자 온 고객은 전망이 좋은 곳으로 안내한다.
  - 연로한 고객이나 지체 장애 등으로 이동에 어려움이 따르는 고객은 의사를 확인하여 입구에서 가까운 테이블로 안내한다.
  - 어린이 동반 고객은 안쪽으로 안내한다.
- 분위기를 흐리는 고객은 다른 고객에게 방해가 되지 않도록 기분이 상하지 않게 적절히 조치한다.
- 외국인의 경우 적절한 언어로 응대한다.

❸ 주문받는 요령
- 개인위생 및 준비 사항을 점검하고 고객의 좌측에서 주문을 받는다.
- 메뉴판을 먼저 제공하고 옆에서 대기하다가 고객이 준비되면 다가가서 주문을 받는다.
- 메뉴 제공은 고객의 측방에서 시계 방향으로 제공한다.
- 메뉴 설명은 간단하고 정확하게 한다.
- 주문을 받는 순서는 주빈, 여성, 연장자, 직책이 높은 순으로 받는다.
- 주문이 끝나면 주문 내용을 한 번 더 확인, 복창한 후에 감사함을 표시한다.

❹ 서빙 자세
- 커피, 음료 등은 트레이(쟁반)를 이용하여 운반하며 고객의 오른쪽에서 오른손으로 제공한다.
- 서빙을 할 때는 여성 고객 우선의 원칙을 지키고, 연장자, 남성의 순으로 제공한다.
- 잔의 손잡이와 스푼의 손잡이가 고객의 시선에서 오른쪽으로 향하도록 한다.
- 음료를 완성한 후에는 최대한 신속하게 제공한다.

❺ 매장 정리하기
- 고객이 떠난 후 신속히 정리정돈을 하여 다음 고객을 맞이할 준비를 한다.
- 테이블은 소독제를 이용하여 닦고, 의자, 테이블 등을 다시 세팅한다.
- 고객의 분실물 발견 시 고객이 있다면 즉시 전달하고, 없다면 습득물 대장에 기록하여 모든 직원이 공유하도록 한다.
- 사용한 기물은 바로 세척 및 건조 후 보관한다.
- 그 외 공간(매장, 화장실 등)은 수시로 점검하여 청결을 유지한다.

❻ 고객 관리 및 응대하기
- 고객 불만(클레임) 발생의 예시
    - 예약 접수 오류
    - 음식물 및 음료에서의 이물질 발견
    - 서빙 도중 엎지르는 등의 실수 발생
    - 주문과 다른 음식물 및 음료가 제공될 경우
    - 계산이 잘못된 경우
- 클레임 해결 방법
    - 신속히 응대하고 솔직한 답변이 최선이라는 사실을 인지한다.
    - 변명하거나 사실이 아닌 내용으로 상황을 회피하지 않는다.
    - 적극적으로 고객의 클레임을 해결하려는 노력이 필요하다.
    - 추후 발생할지 모르는 클레임 사항에 대한 방지책의 기초 자료로 사용한다.

PART 6 출제 예상 문제

01 다음 중 커피 성분인 카페인의 효과로 틀린 것은?

① 중성지방을 분해하며 체중 감량에 도움을 준다.
② 아스피린과 같은 진통 효과를 증강시키는 작용을 한다.
③ 뇌의 신경 전달 물질의 생성, 분비 촉진으로 각성 효과가 있다.
④ 심장 박동수를 감소시켜 진정 효과가 있다.

02 커피 과다 섭취 또는 금단현상의 부작용이 아닌 것은?

① 칼슘 배출을 촉진시켜 폐경기 여성의 경우 골다공증 위험성이 증가한다.
② 위궤양을 유발할 수 있다.
③ 간에 부담을 주어 간경화, 간질환을 유발할 가능성이 있다.
④ 금단 현상으로 불면증, 두통 등의 증세가 발생할 수 있다.

03 다음에서 설명하고 있는 커피의 성분은?

> 탄화수소의 일종으로 커피 위에 떠 있는 기름 성분이며, 특히 에스프레소의 크레마에 많이 포함되어 있다. 우리 몸에서 항염, 항암 효과의 장점도 있지만, 2007년 미국의 한 의과대학 연구에서는 커피의 이 성분이 저밀도콜레스테롤(LDL)의 수치를 높인다고 발표되었다. 종이 필터를 이용할 경우 95% 정도가 걸러져서 조금 더 건강하게 커피를 즐길 수 있다.

① 카페인(Caffeine)
② 폴리페놀(Polyphenol)
③ 카페스톨(Cafestol)
④ 리놀레산(Linoleic Acid)

정답

01 ④ 카페인은 부교감 신경을 자극하고, 심근의 직접적인 수축력을 증가시켜 심박수를 빠르게 하여 부정맥에 대한 위험성을 높일 수 있다.
02 ③ 하루 1~3잔의 커피 섭취는 간암, 간질환 발생률을 낮춘다는 연구 결과가 있다.
03 ③ 카페스톨은 생두를 로스팅하고 뜨거운 물로 추출할 때 나오는 커피의 기름 성분이다.

04 음료 분류에서 커피는 어디에 속하는가?

① 기호음료
② 영양음료
③ 청량음료
④ 알코올 음료

05 커피를 많이 마실 경우 반드시 보충해 주어야 할 영양소는 무엇인가?

① 나트륨(Na)
② 칼륨(K)
③ 칼슘(Ca)
④ 인(P)

06 다음 중 커피에 함유된 폴리페놀에 대한 설명으로 잘못된 것은?

① 헬리코박터균을 박멸하여 충치 발생 억제 효과가 있다.
② 노화 방지 및 세포 산화 방지 효과가 있다.
③ 전분이 당으로 분해되는 것을 막기 때문에 당뇨에도 효과가 있다.
④ 커피 성분 중 클로로겐산이 폴리페놀의 일종이다.

07 커피의 영양학적 효능에 대한 설명 중 틀린 것은?

① 식이섬유, 펜토산, 전분 등을 함유하고 있고, 성인병 예방 및 다이어트 효과가 있다.
② 다량의 무기질 중 마그네슘(Mg)이 많아 혈압 유지에 도움을 준다.
③ 장 건강에 유익한 유산균을 활성화시킨다.
④ 체내에서 생성되지 않는 필수지방산 중 하나인 리놀레산(Linoleic Acid)이 포함되어 있다.

정답

04 ① 음료의 분류
- 영양음료 : 건강에 도움을 줄 수 있는 비알코올 음료로, 우유와 주스 등이 해당된다.
- 기호음료 : 영양학인 면보다 심리적, 생리적 욕구에 의하여 마시는 음료로, 커피, 차, 술 등이 해당된다.
- 청량음료 : 이산화탄소를 함유하는 비주정 발포성 음료로 콜라, 소다수, 사이다 등이 해당된다.

05 ③ 커피의 카페인은 칼슘의 흡수를 방해한다.

06 ① 폴리페놀은 커피 성분 중 클로로겐산에 해당하며 항산화 효과, 포도당 흡수 저해, 스트레스 해소, 체중 감량 등에 효과가 있다.

07 ② 커피의 무기질 성분 중에서는 칼륨 성분이 가장 많다. 칼륨은 나트륨과 균형을 이루어 혈압 유지에 도움이 되고, 에너지 대사 및 뇌 기능을 활성화하는 물질이다.

08 매장에서 식재료 보관 시 냉장, 냉동 저장에 적합한 온도는?

① 냉장 3℃ 이하, 냉동 -15℃ 이하
② 냉장 5℃ 이하, 냉동 -18℃ 이하
③ 냉장 7℃ 이하, 냉동 -20℃ 이하
④ 냉장 10℃ 이하, 냉동 -25℃ 이하

09 생두(Green Bean)의 보관 방법으로 적절한 것은?

① 오래 보관이 가능한 냉동 보관이 좋다.
② 햇볕이 잘 드는 곳에 보관하여야 한다.
③ 햇볕을 피하고 지하실 등 습기가 많은 곳에 보관해야 한다.
④ 다습한 곳을 피하고 상온에서 보관한다.

10 다음에서 설명하고 있는 내용은?

> 먼저 입고된 것부터 순차적으로 출고되는 개념을 말한다. 식품에서는 먼저 구입한 식재료를 우선적으로 쓰도록 앞쪽에, 늦게 입고된 식재료를 뒤쪽에 보관하는 위치 선정 방법이 중요하다.

① 표준저장법　　② 선입선출법
③ 식품관리법　　④ 식품위생법

11 식품의 가공 기구, 식기 등의 살균 방법 중 자외선 살균법에 대한 설명으로 옳은 것은?

① 감마선을 투과시켜 세균의 DNA를 손상시켜 사멸하는 살균법이다.
② 자외선은 물질의 표면과 내면을 투과할 수 있다.
③ 대부분의 미생물에 효과가 있는 살균 방법이다.
④ 살균력이 강한 3,500Å의 자외선(UV)을 이용한다.

정답

08 ② **식재료 저장(보관) 방법**
- 상온 저장 : 15~25℃에서 저장
- 냉장 저장 : 5℃ 이하에서 저장
- 냉동 저장 : -18℃ 이하에서 저장
- 건조 저장 : 온도 15~21℃, 습도 50~60% 상태를 유지

09 ④ 진공 질소 충전 포장이 가장 과학적인 커피 보관 방법이지만, 일반적인 가정에서 생두를 보관하는 가장 좋은 방법은 습기를 피하고, 직사광선과 바람을 피해 상온에서 보관하는 것이다.

10 ② 선입선출법(First In First Out, FIFO)에 관한 설명이다.

11 ③ 자외선 살균법은 살균력이 강한 2,537Å의 자외선(UV)을 방출하여 세균 등의 핵산(DNA)을 변화시켜 사멸시키거나 증식력을 잃게 하여 살균하는 방법으로, 대부분의 미생물에 효과가 있다.

12 식음료 및 재료 취급 시 주의사항으로 옳지 않은 것은?

① 작업 전 손을 깨끗이 씻고, 필요할 경우 위생 장갑을 착용한다.
② 차가운 음료는 4℃ 정도로 보관한다.
③ 뜨거운 음료와 식품은 최대한 뜨겁게 유지해서 보관한다.
④ 유제품은 냉장 보관하고, 유통기한이 지난 것은 바로 폐기한다.

13 다음에서 설명하고 있는 시스템은 무엇인가?

> 식품의 원재료부터 제조, 가공, 보존, 유통, 조리 단계를 거쳐 최종 소비자에 이르기까지 각 단계에서 발생할 우려가 있는 위해 요소를 규명하고, 이를 중점적으로 관리하기 위한 중요 관리점을 결정하여, 자율적이고 체계적이며 효율적인 관리로 식품의 안정성을 확보하기 위한 과학적인 위생 관리 체계이다.

① 유기농(Organic)　　② 우수관리인증(GAP)
③ 안전품질식품(SQF)　　④ 해썹(HACCP)

14 식품위생법상 감염성 질환으로 영업에 종사하지 못하는 질병은?

① 파라티푸스　　② 비감염성 결핵
③ 인플루엔자　　④ 홍역

15 식중독 예방 3대 원칙에 해당하지 않는 것은?

① 청결의 원칙　　② 신속의 원칙
③ 살균, 소독의 원칙　　④ 냉각, 가열의 원칙

16 식품위생법에서 식품을 제조, 가공, 보존하는 과정에서 식품에 넣거나 섞는 데 사용하는 것은?

① 식품첨가물　　② 화학합성물
③ 식품가공물　　④ 보조첨가물

정답

12 ③　뜨거운 음료, 식품을 저장할 때에는 상온 정도의 온도가 된 후 밀봉하여 냉장 또는 냉동 보관한다.
13 ④　해썹(HACCP)은 위해요소 분석(Hazard Analysis)과 중요 관리점(Critical Control Point)의 영문 약자로서 '위해요소 중점 관리 기준'이라고 한다.
14 ①　[감염병의 예방 및 관리에 관한 법률 시행규칙] 제33조 제1항에 따라 다음 어느 하나 감염병에 해당하는 자는 영업에 종사하지 못한다. → 콜레라, 장티푸스, 파라티푸스, 세균성 이질, 장출혈성대장균감염증, A형간염
15 ③　식중독 예방 3대 원칙 : 청결의 원칙, 신속의 원칙, 냉각 또는 가열의 원칙
16 ①　식품첨가물이란 식품을 제조, 가공 또는 보존하는 과정에서 식품에 넣거나 섞는 물질 또는 식품을 적시는 등에 사용되는 물질을 말한다. 이 경우 기구 용기, 포장을 살균, 소독하는 데 사용되어 간접적으로 식품으로 옮겨갈 수 있다.

17 카페나 식음료 영업장의 서비스 중에서 '해피 아워(Happy Hour)'에 대한 의미로 옳은 것은?

① 영업시간 이외의 시간대에 매장을 추가 운영하는 서비스
② 1년 중 특정한 때에 고객에 대한 감사를 보답하는 서비스
③ 하루 중 특정 시간에 환기, 소독 등의 위생 점검을 하는 서비스
④ 손님이 드문 시간대에 가격을 할인하거나 음료 등을 무료로 제공하는 서비스

18 다음 영업장의 안전 관리에 대한 내용 중 옳은 것은?

① 전기로 인한 화재 발생 시에 근처의 물을 이용하여 진압한다.
② 유독가스가 발생한 경우 옷이나 수건 등을 이용하여 입, 코를 가리고, 가급적 상체를 세워서 유도등을 따라 대피한다.
③ 지진 발생 시 고층에서는 엘리베이터를 타고 지상으로 대피한다.
④ 정전 시에는 위험한 행동을 삼가하며 상황이 진정되면 밖으로 탈출한다.

19 다음 중 커피 등 식음료 서비스 방법으로 틀린 것은?

① 주문은 고객의 왼쪽에서 받고, 음료 제공은 오른쪽에서 한다.
② 음료를 제공할 때에는 여성 고객 우선으로, 연장자, 남성 고객 순으로 서비스한다.
③ 잔과 스푼의 손잡이가 고객 기준 오른쪽으로 향하도록 한다.
④ 음료를 완성 시 작업대 정리를 먼저 한 후 고객에게 제공한다.

20 다음 매장 서비스 및 관리에 대한 내용 중 옳은 것은?

① 고객은 전문성 있는 바리스타에게 서비스받기를 원하므로 자기 계발을 게을리하지 않는다.
② 고객과의 친밀감을 갖기 위해 적극적으로 고객의 대화에 참여한다.
③ 고객 클레임 발생 시 일단 핑계를 대고 빠르게 상황을 모면한다.
④ 고객의 분실물을 습득한 경우 보안을 위해 다른 직원에게 공유하지 않고 개별적으로 보관한다.

정답

17 ④ 해피 아워(Happy Hour)란 식음료 매장에서 하루 중 손님이 드문 시간대를 이용하여 저렴한 가격이나 무료로 음료 및 간단한 간식거리 등을 제공하는 서비스를 말한다.
18 ④ ① 전기로 인한 화재 진압 시 물을 뿌리면 감전의 위험이 있다. ② 유독가스 발생 시 가급적 낮은 자세로 대피한다. ③ 지진이 발생하였을 경우 정전이 되면 엘리베이터는 갇힘 사고가 일어날 수 있다.
19 ④ 음료는 완성 후 최대한 신속하게 제공한다.
20 ① 서비스의 기본 자세를 숙지하고, 적절한 고객 관리 및 응대가 필요하다.

PART 7

모의고사

모의고사 1회

모의고사 2회

모의고사 3회

모의고사 4회

모의고사 5회

모의고사 정답 & 해설

모의고사 1회

01 커피나무가 처음 발견된 것으로 알려진 나라는?

① 예멘
② 콜롬비아
③ 브라질
④ 에티오피아

02 한 목동이 자기가 키우던 염소가 평소와 다른 행동을 하는 모습을 보고 커피를 발견했다고 알려진 기원설은?

① 모하메드의 전설
② 오마르의 전설
③ 가브리엘의 전설
④ 칼디의 전설

03 다음 내용에 해당하는 커피의 기원설은?

> 이슬람의 한 수도사가 역병을 치료하러 모카로 가게 되었고, 그곳에서 성주의 딸을 치료하다가 부도덕한 일을 저질러서 척박한 지형이었던 우자프 산으로 추방당하게 되었다. 그러다가 새가 빨간 열매를 먹는 것을 보고 그 열매를 먹게 되었고, 힘이 솟는 걸 느껴 커피나무를 발견하였다고 하는 일화가 전해진다.

① 오마르의 전설
② 모하메드의 전설
③ 칼디의 전설
④ 가브리엘의 전설

04 오늘날 커피(Coffee)의 어원으로 알려진 아랍어는?

① 카페(Cafe)
② 카흐베(Kahve)
③ 카와(Qahwah)
④ 코피(Koffie)

05 커피를 다음과 같이 기록한 인물은?

> 9세기경 아라비아 의학자였던 그는 자신의 문헌에서 커피를 '뜨겁고 건조한 성질을 가지고 있으며, 소화, 위장에 좋다'라고 기술하며, 그 명칭을 분춤(Bunchum) 또는 분카(Bunca)라고 소개하였다.

① 바바 부단
② 라제스
③ 린네
④ 오마르

06 커피의 역사를 서술한 것으로 틀린 것은?

① 6세기경 예멘에서 처음으로 커피나무 경작을 시작하였다.
② 튀르키예는 오스만 제국 당시 이집트 정벌에서 커피를 들여오기 시작하였고, 1517년 콘스탄티노플에 최초의 커피하우스가 개장되었다.
③ 1600년경 베니스의 상인들에 의해 유럽으로 조금씩 커피가 전파되기 시작하였고, 유럽에서는 처음부터 커피가 인기를 끌어 널리 퍼지게 되었다.
④ 이슬람권에서 종자반출이 엄격히 금지되었던 때에 1585년 인도 승려인 바바 부단의 밀반출로 인해 인도 남부에서도 커피 경작이 시작되었다.

07 다음에서 설명하는 지역은?

> 지금은 홍차 산지로 널리 알려져 있지만, 18세기 중반 커피녹병으로 커피 산지가 황폐화되기 전까지 아라비카 커피 산지로 유명했던 스리랑카의 옛 지명이다.

① 자바　　　　② 모카
③ 메카　　　　④ 실론

08 17세기 이후 세계의 많은 도시에서 문을 연 커피하우스 중 가장 먼저 시작된 곳은 어디인가?

① 카페 르 프로코프(Café Le Procope)
② 카페 플로리안(Caffè Florian)
③ 거트리지 커피하우스(Gutteridge Co-ffeehouse)
④ 카페 그레코(Caffè Greco)

09 1732년 커피에 관한 에피소드를 담아 '커피 칸타타(Coffee Cantata)'를 작곡한 음악가는?

① 바흐(Bach)
② 베토벤(Beethoven)
③ 브람스(Brahms)
④ 모차르트(Mozart)

10 옥스포드 타운의 커피하우스에서 결성되어 오랜 역사를 자랑하며 지금도 존재하는 영국 사교클럽은?

① 민트(MINT) 클럽
② 로열 소사이어티(The Royal Society)
③ 하이 소사이어티(The High Socioexty)
④ 라이엇 클럽(The Riot Club)

11 커피의 식물학적 관점에서 잘못된 내용은?

① 커피나무는 코페아(Coffea)속에 속하는 다년생 상록수이다.
② 커피 열매는 과육 안에 씨앗이 들어 있는 핵과로 분류한다.
③ 아라비카종은 염색체 수가 22개, 로부스타종은 44개이다.
④ 커피의 3대 원종은 아라비카, 카네포라, 리베리카로 알려져 있다.

12 아라비카 품종에 대한 설명으로 틀린 것은?

① 원산지는 에티오피아이다.
② 주로 800m 이하의 저지대에서 재배한다.
③ 개성 있는 향미로 인해 주로 원두커피 용도로 사용한다.
④ 재배하기 까다로우며 병충해에 약한 편이다.

13 로부스타 품종에 대한 내용으로 잘못된 것은?

① 카페인 함량이 아라비카종에 비해 많은 편이다.
② 아라비카종에 비해 가뭄을 잘 견디는 특징이 있다.
③ 나무의 높이는 10m 정도이고, 생두는 둥글둥글하며 타원형이다.
④ 로부스타를 주로 생산하는 나라는 베트남, 인도, 우간다 등이다.

14 아라비카와 로부스타에 대한 비교 내용으로 옳은 것은?

① 아라비카의 원산지는 콩고, 로부스타의 원산지는 에티오피아이다.
② 커피 열매 숙성 기간은 아라비카는 6~9개월, 로부스타는 9~11개월이다.
③ 로부스타는 향과 맛이 뛰어나며 아라비카종에 비해 카페인 함량도 절반 정도이다.
④ 아라비카는 타가수분, 로부스타는 자가수분에 의해 번식한다.

15 커피 열매에 대한 설명으로 옳은 것은?

① 일반적으로 커피 열매껍질 안쪽에 딱딱한 파치먼트 상태의 씨앗이 있고, 파치먼트 안에 과육이 있다.
② 커피 열매는 형태학적으로 호두와 같은 견과에 속한다.
③ 커피 열매는 주황색에서 녹색, 빨간색, 노란색으로 익는다.
④ 커피 열매 안에는 주로 두 개의 생두가 들어 있지만, 간혹 한 개가 들어 있는 경우가 있고, 이를 피베리(Peaberry)라고 한다.

16 다음에서 설명하는 생두로 옳은 것은?

> 커피 체리 안에는 일반적으로 두 개의 생두가 생기고, 자라고 숙성되면서 마주 보는 면은 서로 압력을 받아 납작한 형태를 보인다.

① 라운드 빈(Round Bean)
② 그린 빈(Green Bean)
③ 페어 빈(Pair Bean)
④ 플랫 빈(Flat Bean)

17 다음에서 설명하고 있는 아라비카 커피 품종은?

> 아라비카 원종에 가깝고, 좋은 향과 신맛이 우수한 품종이지만, 병충해에 취약하고 생산성이 떨어지는 품종이다. 현재 주요 생산지는 하와이 코나, 자메이카, 파푸아뉴기니, 동티모르 정도이며, 그 외 콜롬비아 일부, 쿠바, 도미니카 등에서 소량 생산된다.

① 티피카(Typica)
② 버번(Bourbon)
③ 카투라(Caturra)
④ 문도 노보(Mundo Novo)

18 피베리(Peaberry)에 대한 설명으로 틀린 것은?

① 커피나무 가지 끝에서 많이 발견된다.
② 플랫 빈에 비해 동글동글하며 단맛이 우수하다.
③ 피베리는 결점두로 분류한다.
④ 생두를 포장할 때 통상적으로 10% 정도의 피베리가 섞여 있으며, 따로 골라내면 더 높은 가격에 거래되기도 한다.

19 문도 노보(Mundo Novo) 품종에 대한 설명으로 틀린 것은?

① 1935년 브라질에서 발견된 버번의 돌연변이종이다.
② 버번과 티피카의 자연 교배종이다.
③ 병충해에 강하며, 생산성이 높다.
④ 나무의 키가 크고 성숙 기간이 길며, 향미는 마일드한 편이다.

20 다음에서 설명하는 품종으로 옳은 것은?

> 문도 노보(Mundo Novo)와 카투라(Caturra)의 인공교배종으로 브라질의 주력품종이며 병충해에 강하지만, 향미의 큰 특징 없이 무난한 맛을 낸다.

① HdT(Hibrido de Timor)
② 카티모르(Catimor)
③ 마라고지페(Maragogype)
④ 카투아이(Catuai)

21 다음에서 설명하고 있는 품종은 무엇인가?

> 1959년 포르투갈에서 개발한 HdT와 카투라의 인공교배종으로 커피녹병에 강하며, 조기 수확과 다수확이 가능한 품종이다. 생두의 크기는 크고, 나무의 크기는 작은 편이다.

① 카투아이(Catuai)
② 카티모르(Catimor)
③ 카투라(Caturra)
④ 파카스(Pacas)

22 커피를 재배할 수 있는 조건에 대한 설명으로 틀린 것은?

① 햇볕이 강하게 내리쪼는 완만한 지역에서 재배해야 커피 열매가 잘 자란다.
② 커피나무는 서리에 특히 취약하다.
③ 화산지형은 고지대에 배수성이 좋아서 커피 재배에 적합하다.
④ 연평균 22℃ 정도의 온화한 열대 기후에서 잘 자란다.

23 몬순 커피에 대한 설명으로 틀린 것은?

① 인도 말라바 지역에서 생산한 몬순 커피가 유명하다.
② 건식 가공 후 남서 계절풍에 2~3주 정도 건조시켜 숙성시킨다.
③ 산미는 강하고, 약한 바디감이 있으며 흙내 같은 독특한 향미가 있다.
④ 인도에서 생산된 커피가 유럽으로 이동하던 선박에서 장시간 항해 동안 계절풍에 의해 숙성되었던 것에서 그 유래를 찾을 수 있다.

24 다음은 어떤 커피에 관한 설명인가?

> 1989년 7월 국제적으로 커피 가격 조정 조항이 폐지되었다. 이후 베트남이 주요 커피 생산국으로 떠올라 커피 가격이 하락하면서 2000년대 초까지 장기간 지속된 커피 위기로 인해 커피 생산 지역의 빈곤이 심화되었다. 이에 따라 커피 재배 농가에는 적절한 보상이 돌아가고, 장기적인 관점에서 환경친화적으로 커피를 생산하게끔 돕기 위한 방법으로 등장한 개념이다.

① 스페셜티 커피(Specialty Coffee)
② 프리미엄 커피(Premium Coffee)
③ 지속 가능 커피(Sustainable Coffee)
④ 셰이딩 커피(Shading Coffee)

25 커피의 꽃과 열매에 대한 내용으로 잘못된 것은?

① 커피나무의 개화는 나무를 심고 1년 정도 지나면 시작되고 열매는 바로 수확할 수 있다.
② 커피 꽃은 흰색으로 재스민 향이 난다.
③ 보통의 커피 열매는 다 익었을 때 빨간색을 띠지만, 노란색이나 분홍색인 경우도 있다.
④ 블로섬 샤워(Blossom Shower)가 지나간 후 커피 꽃이 피기 시작한다.

26 다음에서 설명하고 있는 커피 가공방법은 무엇인가?

> 커피 체리를 수확한 후 과육을 제거하지 않은 체리를 그대로 건조장(Patio, 파티오)에 펼쳐 놓고 건조하는 방법이다. 물이 부족하고 햇빛이 좋은 지역에서 주로 이용하는 전통적 가공법이다.

① 습식법(Wet Method)
② 건식법(Dry Method)
③ 세미 워시드(Semi-Washed)
④ 펄프드 내추럴(Pulped Natural)

27 커피를 가공하는 방법 중 습식법에 대한 설명으로 틀린 것은?

① 수확한 커피를 물에 띄어 바닥에 가라앉는 무거운 체리와 위로 뜨는 가벼운 체리로 분리한다.
② 펄핑을 통해 과육을 벗기고 점액질은 발효 과정을 거쳐 제거한다.
③ 발효 과정이 끝나면 파치먼트 상태로 건조한다.
④ 발효 시간은 48시간 정도이며 알칼리성으로 변한다.

28 기계를 이용하여 커피 체리를 수확할 때의 특징이 아닌 것은?

① 기계로 인해 커피나무가 손상될 수 있다.
② 안 익거나 덜 익은 열매, 이물질이 섞일 수 있다.
③ 인건비가 절약된다.
④ 수확 기계가 비싸기 때문에 커피 원가 상승에 영향을 끼친다.

29 커피 가공법 중 펄프드 내추럴 방식에 대한 설명으로 옳은 것은?

① 과육과 점액질을 모두 제거한 후에 발효공정 없이 건조하는 방법이다.
② 덜 익거나 상한 체리가 섞이는 것을 줄여 건식법에 비해 고품질 커피를 기대할 수 있다.
③ 1970년대부터 브라질에서 시작된 가공 방법이다.
④ 로부스타 생산 국가에서 많이 이용하는 방식이다.

30 디카페인 커피에 대한 설명으로 틀린 것은?

① 독일 화학자 룽게가 1819년 최초로 커피에서 카페인을 분리하였다.
② 초임계 추출법은 화학 약품을 사용하지 않아 안전하게 99% 이상의 카페인을 제거할 수 있어 가장 널리 사용하는 카페인 제거 방법이다.
③ 용매 추출법, 물 추출법, 초임계 추출법 등으로 제조한다.
④ 용매 추출법은 벤젠, 클로로포름 등 용매로 사용하는 성분이 미량 잔류하는 문제점이 있다.

31 스크린 사이즈를 기준으로 분류 시 피베리(Peaberry)의 넘버는?

① No.9
② No.11
③ No.13
④ No.15

32 다음의 커피 생산국 중에서 생두를 분류하는 기준이 다른 나라는?

① 과테말라
② 온두라스
③ 콜롬비아
④ 코스타리카

33 결점두에 따라 생두를 분류한 표기로 옳은 것은?

① 인도네시아 만델링 G1
② 하와이 코나 Extra Fancy
③ 코스타리카 타라주 SHB
④ 케냐 니에리 AA

34 커피 포장에 적힌 'Brazil Santos NY2 FC 17/18 Pulped Natural Catuai'에서 알 수 있는 정보로 틀린 것은?

① Santos - 재배한 농장 이름
② NY2 - 결점두로 분류한 뉴욕 무역 거래소 2등급 커피
③ 17/18 - 스크린 사이즈 17/18
④ Pulped Natural - 생두 가공법

35 다음에서 설명하고 있는 아프리카 지역의 커피 생산 국가는?

> 현재 수많은 커피 생산지들이 식민지 시대의 유산에 의해 커피 재배가 시작되었지만, 이 나라는 야생에서 저절로 자란 커피나무에서 커피 재배가 시작되었다. 개발되지 않은 야생 품종이 3,500종이 넘을 정도로 아라비카종의 다양성이 세계에서 가장 풍부한 나라이다. 주요 재배 지역으로는 하라르(Harar), 시다모(Sidamo), 구지(Guji), 예가체프(Yirgacheffe), 짐마(Jimma), 리무(Limu) 등이 있다.

① 케냐
② 탄자니아
③ 콩고
④ 에티오피아

36 커피 생산 국가와 주요 지역이 잘못 연결된 것은?

① 인도네시아 - 말라바(Malabar)
② 브라질 - 세라도(Cerrado)
③ 과테말라 - 안티구아(Antigua)
④ 탄자니아 - 킬리만자로(Kilimanjaro)

37 다음 커피 생산국 중 로부스타를 재배하지 않는 나라는?

① 브라질(Brazil)
② 코스타리카(Costa Rica)
③ 베트남(Vietnam)
④ 과테말라(Guatemala)

38 로스팅에 대하여 잘못 설명한 것은?

① 생두에 열을 가해 물리적, 화학적 변화를 통해 향미와 맛을 이끌어 낸다.
② 똑같은 생두라도 로스팅 머신이나 로스팅하는 사람에 따라 향미 발현이 다양할 수 있다.
③ 주로 전기, 가스, 숯 등을 열원으로 사용한다.
④ 로스팅은 '수분 건조 → 발열 반응 → 흡열 반응 → 냉각 단계'로 진행된다.

39 생두를 로스팅할 때 나타나는 물리적 변화에 대한 설명이 옳은 것은?

① 수분 증가, 밀도 증가, 부피 감소, 무게 감소
② 수분 감소, 밀도 감소, 부피 증가, 갈변 반응
③ 수분 감소, 밀도 증가, 부피 감소, 오일 발생
④ 수분 증가, 밀도 감소, 부피 증가, 무게 증가

40 로스팅하는 과정 중에 일어나는 크랙(Crack)에 대한 설명으로 틀린 것은?

① 1차 크랙은 생두 내의 수분이 기화하면서 발생한다.
② 1차 크랙은 주로 생두의 온도가 약 200℃일 때 일어난다.
③ 2차 크랙은 이산화탄소의 방출로 발생하며 1차 크랙보다 더 큰 소리가 들린다.
④ 생두의 부피는 1차 크랙 이후 팽창하기 시작한다.

41 다음 설명은 무엇에 대한 내용인가?

- 서로 다른 커피를 혼합하여 새로운 맛과 향을 가진 커피를 만들 수 있다.
- 원가를 절감할 수 있다.
- 싱글 오리진(Single Origin)과 반대되는 개념이다.

① 브루잉(Brewing)
② 블렌딩(Blending)
③ 로스팅(Roasting)
④ 믹싱(Mixing)

42 에스프레소를 추출하였는데 15초에 30ml 정도로 빠르게 추출이 되었고, 크레마 색깔이 연한 베이지색을 보였을 때 그 원인에 대한 설명으로 틀린 것은?

① 적정 분쇄도보다 굵게 분쇄되어 과소 추출되었다.
② 적정 압력인 9bar보다 훨씬 낮은 압력으로 과다 추출되었다.
③ 원두를 정량보다 적게 담고 탬핑을 약하게 하였다.
④ 추출 온도가 80℃ 정도로 낮게 설정되어 추출된 결과이다.

43 커피를 추출할 때 커피 가루의 분쇄 입자에 대한 내용으로 틀린 것은?

① 튀르키예식 커피를 추출할 때는 입자를 매우 가늘게 분쇄해서 추출한다.
② 입자가 가늘수록 물과 만나는 접촉 면적이 늘어나 고형 성분이 더 많이 추출된다.
③ 분쇄 입자가 균일할수록, 미분이 적을수록 커피 향미에 긍정적인 영향을 준다.
④ 같은 추출 도구 및 방식으로 커피를 추출할 때에는 분쇄 입자가 달라도 맛은 동일하다.

44 커피 추출 방식이 다른 하나는?

① 융 드립
② 에스프레소 머신
③ 모카포트
④ 사이펀

45 다음에서 설명하고 있는 커피 추출 기구는?

> • 1941년 독일 출신의 화학자 피터 쉴럼봄(Peter Schlumbohm)이 발명하였다.
> • 완벽한 모래시계 모양의 도구로 상부 드리퍼와 하부 서버 일체형이다.
> • 일반적인 드리퍼에 있는 리브가 없으며, 대신 공기 통로가 있어 에어 채널 역할을 하지만, 물 빠짐이 다른 드리퍼에 비해 좋지 않은 단점이 있다.

① 에어로 프레스(Aero Press)
② 케멕스(Chemex)
③ 프렌치 프레스(French Press)
④ 사이펀(Siphon, Syphon)

46 다음은 어떤 직업에 대한 설명인가?

> 이탈리아어에서 유래하여 '바(Bar) 안에서 또는 카운터(Counter)에서 음료를 만드는 사람'이란 의미로 칵테일 등 알코올 음료를 만드는 바텐더(Bartender)와 구분하여 커피를 만드는 전문가로 불린다. 넓은 의미에서의 이 직업의 역할은 좋은 원두를 선택하여, 추출 도구를 이용해서 고객의 취향에 맞게 커피 음료를 만드는 것이다.

① 바리스타(Barista)
② 소믈리에(Sommelier)
③ 파티시에(Patissier)
④ 로스터(Roaster)

47 다음에서 설명하고 있는 커피 향기 용어는?

> • 추출한 커피에서 느껴지는 주요 향기이며, 분자량이 적고 휘발성이 강해 금방 날아간다.
> • 과일 향기(Fruity), 풀 향기(Herbal) 견과류 향(Nut-Like) 등이 있다.

① 아로마(Aroma)
② 바디(Body)
③ 애프터테이스트(Aftertaste)
④ 플레이버(Flavor)

48 커피 성분인 카페인에 대한 설명으로 틀린 것은?

① 커피 열매뿐만 아니라 잎, 뿌리에도 소량 존재한다.
② 아라비카보다 로부스타에 더 많다.
③ 카페인은 부교감 신경을 자극하여 심박수를 빠르게 증가시키는 효과가 있다.
④ 열에 약하여 로스팅이 진행될수록 카페인 함량은 감소한다.

49 커피 생두의 성분 중에서 가장 많은 비중을 차지하는 성분은?

① 단백질　　② 지방
③ 탄수화물　④ 무기질

50 커피를 포장하거나 보관하는 방법으로 잘못된 것은?

① 보관 기간이 가장 긴 포장법은 질소 포장법이다.
② 햇빛을 피해 불투명 용기에 넣고 상온에 보관한다.
③ 습도가 낮은 곳에 보관하는 것이 좋다.
④ 보관 기간을 늘리기 위해 원두는 분쇄 후 소분하여 진공 포장한 후에 냉동 보관한다.

모의고사 2회

01 커피의 3대 원종이 아닌 것은?

① 카네포라(Canephora)
② 스테노필라(Stenophylla)
③ 리베리카(Liberica)
④ 아라비카(Arabica)

02 ( ) 안에 들어갈 내용으로 옳게 짝지어진 것은?

> 커피는 6세기경 ( )에서 처음으로 재배가 시작되었고, 16세기 상인들에 의해 유럽으로 처음 전파되었던 도시는 ( )이다.

① 튀르키예 – 로마
② 예멘 – 베니스
③ 에티오피아 – 베니스
④ 예멘 – 런던

03 다음에서 설명하고 있는 커피의 기원설은?

> 이슬람 창시자인 인물에 대한 이야기로, 병을 앓던 중에 꿈에 나타난 천사 가브리엘의 계시를 받아 커피나무와 커피 열매를 발견하여 병이 낫고 힘을 얻게 되었다고 전해진다.

① 칼디(Kaldi)의 전설
② 오마르(Omar)의 전설
③ 모하메드(Mohammed)의 전설
④ 미카엘(Michael)의 전설

04 커피에 대한 역사적인 사실로 틀린 것은?

① 1585년 인도 승려 바바 부단이 예멘에서 커피 종자를 밀반출하여 인도에 커피를 심었다.
② 유럽으로 전파된 커피는 이슬람 음료라는 이유로 박해를 받다가 1605년 교황 클레멘트 8세의 커피나무 세례를 계기로 널리 퍼졌다.
③ 유럽의 제국주의 식민지 지배로 커피 산지를 넓히던 시기에 네덜란드가 최초로 인도네시아에 커피나무를 옮겨 심어 생산을 시작하였다.
④ 튀르키예는 1517년 오스만 제국 시대에 커피 재배를 시작하였고, 튀르키예식 커피 문화를 발달시켰다.

05 16~18세기의 커피하우스에 대한 설명으로 틀린 것은?

① 카페 플로리안은 1720년 베네치아에 오픈한 이탈리아에서 현존하는 가장 오래된 카페이다.
② 영국은 홍차를 선호하는 소비문화로 인해 커피가 늦게 전파되어 1800년대 이후에야 커피하우스가 오픈하기 시작하였다.
③ 프랑스에서는 카페 르 프로코프가 1686년 파리에 개장하였다.
④ 미국은 1691년 보스턴에 최초의 커피숍인 거트리지 커피하우스가 문을 열었다.

06 한국에 커피가 전해진 19~20세기에 대한 내용으로 틀린 것은?

① 1896년 아관파천 당시 고종황제가 커피를 처음 접하였다는 기록이 있다.
② 우리나라 최초의 커피하우스는 1902년 손탁호텔 안에 있던 정동구락부이다.
③ 일제강점기 당시 커피는 가배(珈琲) 또는 양탕국(洋湯麴)으로 불렸다.
④ 1950년 한국전쟁 당시 미국으로부터 원두커피가 들어오기 시작하였다.

07 다음에서 설명하고 있는 품종은 무엇인가?

> 에티오피아가 원산지이며 세계 커피 생산량의 60~70%를 차지하고 있다. 향이 우수하고 개성이 강하여 원두커피 용도로 많이 소비하고 있으며 브라질, 콜롬비아, 케냐 등 많은 산지에서 재배하고 있다.

① 아라비카
② 로부스타
③ 리베리카
④ 티피카

08 다음 중 나머지와 성격이 다른 품종 하나는?

① 버번(Bourbon)
② 카투라(Caturra)
③ 코닐론(Conillon)
④ 마라고지페(Maragogype)

09 ( ) 안에 들어갈 말로 옳게 짝지어진 것은?

> 커피 생두의 표면을 덮은 얇은 껍질을 ( )(이)라고 하고, 생두의 가운데 파인 홈을 ( )(이)라고 한다.

① 실버 스킨, 센터 컷
② 펄프, 센터 컷
③ 펄프, 파치먼트
④ 실버 스킨, 펄프

10 다음에서 설명하고 있는 품종은 무엇인가?

> 1917년 인도네시아에서 발견된 아라비카와 로부스타의 자연 교배종으로 나무와 생두의 크기가 큰 편이다. 커피녹병(잎곰팡이병, Coffee Leaf Rust)에 강하여, 이 병에 대한 저항성이 큰 품종을 연구하기에 좋은 모태 품종이 된다.

① 마라고지페(Maragogype)
② 아라부스타(Arabusta)
③ HdT(Hibrido de Timor)
④ 카티모르(Catimor)

11 다음에서 설명하고 있는 품종은 무엇인가?

> 1935년 케냐 커피 연구소(Scott Laboratory)에서 만들어진 아라비카 품종이며 가뭄에도 강하고 커피 품질이 우수하여 케냐의 주력 품종이 되었다.

① 파카스(Pacas)
② 켄트(Kent)
③ 게이샤(Geisha)
④ SL28

12 로부스타종의 특징이 아닌 것은?

① 아프리카 콩고가 원산지이다.
② 22개의 염색체를 가지고 있다.
③ 병충해, 기후에 강한 편이다.
④ 자가수분에 의해 수정이 되며, 복합적인 향미가 우수하다.

13 ( ) 안에 들어갈 말을 옳게 나열한 것은?

> 커피의 생육에 가장 치명적인 영향을 끼치는 기후적인 요소는 ( )(이)며, 생두를 보관할 때에는 ( )(이)가 가장 중요한 요인이다. 또한 로스팅을 하고 나서 원두를 보관할 경우에는 ( )(이)가 커피의 산패를 가속하는 커다란 요인이 된다.

① 서리, 온도, 산소
② 서리, 습도, 산소
③ 기온, 습도, 햇빛
④ 바람, 온도, 햇빛

14 커피를 재배하기에 적합한 토양 중에서 석회암의 풍화작용으로 형성된 적색 토양을 무엇이라 부르는가?

① 라테라이트(Laterite)
② 레구르 토(Regur Soils)
③ 테라록사(Terra Roxa)
④ 테라로사(Terra Rossa)

15 커피를 재배하기 위한 조건이 아닌 것은?

① 해충 등으로부터 피해를 예방하기 위해 강한 바람이 부는 지역이 좋다.
② 연평균 기온 15~24℃로, 30℃를 넘지 않고, 5℃ 이하로 내려가지 않아야 한다.
③ 직사광선이 닿지 않는 완만한 지역에서 잘 자라고, 강한 햇빛을 막기 위해 셰이드 트리(Shade Tree)를 심어서 재배하는 것이 좋다.
④ 유기물이 풍부하고 배수성이 좋은 화산지형 토양이 커피 재배에 유리하다.

16 커피의 번식 방법에 대한 설명이 옳은 것은?

① 생두(Green Bean)을 파종하여 번식하는 방법이 발아에 가장 유리하다.
② 커피 밭에 직접 파종하여 묘목의 내성을 키우는 것이 많은 커피 체리 수확에 유리하다.
③ 파치먼트 파종을 주로 하며, 묘판에서 발아 후 묘목이 되면 커피 밭에 이식한다.
④ 구덩이에 3~5개의 커피 종자를 직접 심는 직파법이 가장 널리 사용된다.

17 다음 중 올드 크롭(Old Crop)을 이용하여 만드는 가향 커피는 무엇인가?

① 헤이즐넛 커피(Hazelnut Coffee)
② 코피 루왁(Kopi Luwak)
③ 스페셜티 커피(Specialty Coffee)
④ 비엔나 커피(Vienna Coffee)

18 다음에서 설명하고 있는 내용은 무엇인가?

> 커피 생두의 실버 스킨(Silver Skin)을 제거하는 과정이며, 상품의 가치를 높이기 위한 선택 과정이다. 주로 고급 커피인 하와이 코나 커피, 자메이카 블루 마운틴 커피에 사용되는 가공 과정이다.

① 허스킹(Husking)
② 헐링(Hulling)
③ 폴리싱(Polishing)
④ 피킹(Picking)

19 생두 수확 연도에 따른 분류 설명이 틀린 것은?

① 수확한 지 1년 이내의 생두는 뉴 크롭이라고 하며 수분함량이 많다.
② 수확한 지 2년 이상 오래된 생두를 올드 크롭이라고 한다.
③ 뉴 크롭일수록 짙은 청록색을 띠고, 수확한 지 오래될수록 녹색이 옅다.
④ 수확한 지 1~2년 사이의 생두를 패스트 크롭이라고 하는데, 일정 기간 숙성이 되어 가장 향기와 품질이 우수하다.

20 커피의 가공 방식에 대한 설명 중 옳은 것끼리 짝지어진 것은?

> ㉠ 건식법 : 습도가 낮은 나라에서 주로 사용하며, 커피의 단맛이 우수하다
> ㉡ 습식법 : 과육을 벗기지 않은 상태로 수조에 담가 발효시키며, 향기가 복합적이다.
> ㉢ 세미 워시드 : 과육과 점액질을 제거하여 건조하고, 수질오염의 문제가 큰 가공법이다.
> ㉣ 허니 프로세스 : 코스타리카에서 시작이 되었으며, 점액질을 벗기는 정도에 따라 세분화된다.

① ㉠, ㉡   ② ㉠, ㉣
③ ㉡, ㉢   ④ ㉢, ㉣

21 생두 분류의 기준이 아닌 것은?

① 생두의 무게   ② 결점두 개수
③ 재배 고도   ④ 생두의 크기

22 생두를 분류하는 기준이 다른 나라는?

① 콜롬비아   ② 브라질
③ 인도네시아   ④ 에티오피아

23 커피 생산 국가인 코스타리카에 대한 내용이 틀린 것은?

① 1729년 쿠바로부터 커피가 전해져 주로 소규모 농원에서 커피를 생산한다.
② 환경 부담이 적은 세미 워시드 가공법을 많이 사용한다.
③ 커피녹병에 내성이 있는 카투라, 카투아이 품종 및 소량의 로부스타를 재배한다.
④ 재배 고도에 따라 등급 분류를 하며, 타라주 지역이 가장 유명하다.

24 SCA 분류에서 스페셜티 등급(Specialty Grade)에 해당하지 않는 것은?

① 퀘이커(Quaker)는 한 개도 허용되지 않는다.
② 커핑(Cupping) 점수는 80점 이상이어야 한다.
③ 프라이머리 디펙트(Primary Defect)는 1개까지만 허용된다.
④ 풀 디펙트(Full Defects) 점수는 5 이내여야 한다.

25 적도를 기준으로 북위 25°와 남위 25° 사이에서 커피를 생산하는 이 위치를 커피 벨트(Coffee Belt) 또는 무엇이라고 부르는가?

① Coffee Area
② Coffee Line
③ Coffee Zone
④ Coffee District

26 다음에서 설명하고 있는 나라는 어디인가?

> 지리학적으로 서남아시아 국가로 분류되는 이 나라는 가장 오래된 커피 생산국 중의 하나이다. 물이 부족하고 주요 산지들이 높은 고도에 위치해 있기 때문에 계단식 밭에서 커피 재배가 이루어지며, 주로 내추럴 가공 방식을 사용한다. 향미가 와일드하고 복합적이며, 굉장히 독특한 맛을 지니고 있고, 특히 '모카 마타리'라는 커피가 세계적으로 유명하다.

① 에티오피아　② 예멘
③ 탄자니아　　④ 케냐

27 다음 중 동물이 커피 체리를 먹고 그 배설물로 만든 커피가 아닌 것은?

① 코피 루왁(Kopi Luwak)
② 콘삭 커피(Consoc Coffee)
③ 블랙 아이보리 커피(Black Ivory Co-ffee)
④ 코나 커피(Kona Coffee)

28 브라질에서 생산되는 커피에 대한 내용으로 틀린 것은?

① 브라질에서 생산되는 커피는 거의 자국에서 소비되지 않고 대부분 해외로 수출된다.
② 세계 커피 총생산의 30~40%를 차지하는 커피 최대 생산국이다.
③ 다른 커피 생산지에 비해 비교적 저지대 대규모 농장에서 기계적으로 커피가 생산되며, 향미는 대체로 마일드한 편이다.
④ 아라비카뿐만 아니라 로부스타도 일부 생산한다.

29 로스팅의 3단계 과정을 옳게 나열한 것은?

① 건조 → 냉각 → 열분해
② 냉각 → 열분해 → 건조
③ 열분해 → 건조 → 냉각
④ 건조 → 열분해 → 냉각

30 다음에서 설명하는 로스팅 열전달 방식은?

> 로스터 내부에서 서로 다른 온도의 생두들이 접촉하여 열을 전달하게 되는데, 열이 특정 부분에 과하게 전달될 수 있고, 로스터 내부에서 교반이 제대로 이루어지지 않을 경우 부분적으로 타거나 균일하지 않은 색상을 띠게 될 수 있다. 또한 로스터 내부 드럼 사이즈에 비해 적은 양의 생두가 투입되었을 경우 열전도가 빨라지는 등 로스팅의 일관성, 균일성 면에서 주의가 많이 필요한 열전달 방식이다.

① 전도
② 대류
③ 복사
④ 반사

31 로스팅의 물리적 변화에 대한 내용으로 틀린 것은?

① 로스팅이 진행되면서 수분은 증발하고 무게도 감소한다.
② 생두 상태에서 열을 받아 수축하면서 표면에 주름이 발생하고 점점 깊어진다.
③ 가스가 생성되면서, 생두 세포가 압력을 받으면서 부풀어 부피가 증가한다.
④ 로스팅이 진행될수록 색깔은 녹색에서 옅은 노란색, 갈색, 검은색으로 점차 바뀐다.

32 로스팅 단계 중에서 원두의 색깔이 가장 진하고 길게 진행된 단계는?

① 하이 로스트(High Roast)
② 이탈리안 로스트(Italian Roast)
③ 풀 시티 로스트(Full City Roast)
④ 프렌치 로스트(French Roast)

33 생두의 성분 중에서 로스팅 후에 가장 많이 감소되는 성분은 무엇인가?

① 수분
② 탄수화물
③ 지방
④ 비타민

34 다음에서 설명하는 로스팅 화학반응은 무엇인가?

> 아미노산과 환원당 사이에 일어나는 화학반응으로 열에 의해 수백 가지 방향족 화합물과 갈색의 멜라노이딘이 생성된다. 생두의 수분 증발이 끝날 시점까지 일어나는 반응이다.

① 가수분해 반응(Hydrolysis)
② 마이야르 반응(Maillard Reaction)
③ 캐러멜화(Caramelization)
④ 탈탄산반응(Decarboxylation)

35 높은 온도에 비교적 안정적이기 때문에 로스팅이 일어나는 동안에도 비율이 크게 변하지 않는 커피의 성분으로만 옳게 연결된 것은?

① 수분 – 카페인
② 자당 – 유기산
③ 지방 – 비타민
④ 지질 – 카페인

36 다음에서 설명하고 있는 커피 성분은 무엇인가?

> 커피에서 가장 많은 비중을 차지하는 성분이다. 로스팅 과정에서 갈변 반응을 통해 원두가 갈색을 띠게 하고, 플레이버와 아로마 물질을 형성하며 로스팅 후에는 대부분 소실된다. 아라비카종이 로부스타종에 비해 두 배가량 더 많이 함유하고 있다.

① 단백질 ② 지질
③ 유기산 ④ 탄수화물

37 로스팅 도중에 드럼에서 소량의 원두를 꺼내어 볼 수 있는 기구로, 로스팅되고 있는 생두의 색, 형태, 향 등을 확인할 수 있는 이것은?

① 쿨러(Cooler)
② 댐퍼(Damper)
③ 샘플러(Sampler)
④ 호퍼(Hopper)

38 1차 크랙부터 배출까지의 구간을 뜻하며, 로스터에 따라서 이 시간을 달리하여 플레이버 표현을 다양하게 이끌어 낼 수 있는 로스팅 용어는 무엇인가?

① 배치 사이즈(Batch Size)
② 터닝 포인트(Turning Point)
③ 팝 피크(Pop Peak)
④ 디벨롭 타임(Develop Time)

39 커피 그라인더의 구성 부품이 아닌 것은?

① 호퍼(Hopper)
② 포터필터(Portafilter)
③ 도저(Doser)
④ 분쇄도 조절 디스크(Disk)

40 필터 드립에 사용하는 드리퍼 중에서 다음에서 설명하고 있는 드리퍼는?

> 원추형 모양의 드리퍼로, 하단부에 18mm 크기의 구멍이 한 개 있고, 나선형으로 리브(Rib)가 드리퍼의 끝부분까지 있어서 물 빠짐이 매우 빠른 것이 특징이다. 가볍고 산미가 강한 약배전 원두 추출에 적합하다는 강점이 있어서 스페셜티 업계에서 가장 대세를 이루는 드리퍼이다.

① 멜리타 ② 고노
③ 하리오 ④ 칼리타

41 베트남에서 흔히 사용하며, 용기에 커피 가루를 넣은 후 뜨거운 물을 부어 천천히 추출하여 연유를 섞어 달콤하게 마실 때 사용하는 추출 기구는 무엇인가?

① 에어로 프레스(Aero Press)
② 클레버(Clever)
③ 핀(Phin)
④ 이브릭(Ibrik)

42 에스프레소 추출 속도에 영향을 주는 요인이 아닌 것은?

① 탬퍼의 재질 ② 원두의 분쇄도
③ 탬핑의 강도 ④ 원두의 양

43 에스프레소를 추출할 때 그룹 헤드에 원두가 담긴 포터필터를 결합하기 전에 열수를 미리 빼는 퍼징(Purging)을 하는 이유는?

① 샤워 스크린을 청결하게 하고, 물의 온도를 유지하기 위해서이다.
② 크레마를 더 풍부하게 만들기 위해서이다.
③ 퍼징을 하고 추출하면 커피의 신맛을 더 추출할 수 있다.
④ 추출 압력을 맞추기 위해서이다.

44 더블 에스프레소(Double Espresso)를 뜻하는 용어에 대한 설명으로 틀린 것은?

① 도피오(Doppio)라고 한다.
② 에스프레소 도피오는 50~60ml의 양을 데미타세에 제공한다.
③ 양을 많이 해서 강한 맛을 내고 싶을 때 다른 커피 음료에도 같은 용어를 사용한다.
④ 에스프레소 솔로에 비해 추출 시간과 추출량을 2배 정도로 늘린다.

45 우유의 단백질의 80% 정도를 차지하는 단백질 성분이며, 칼슘, 인, 구연산 등과 결합한 형태로 존재하는 것은?

① 락토알부민
② 리포단백질
③ 비단백태질소화합물
④ 카세인

46 에스프레소 머신을 이용하여 우유 거품을 만드는 과정에 대해 잘못 설명한 것은?

① 빠른 스티밍을 위해서 미지근한 우유를 사용하는 것이 좋다.
② 스팀 노즐 팁은 스팀 피처에 적절하게 담그고 스팀을 시작한다.
③ 스팀 전후로 스팀 노즐을 닦고 스팀 분사를 한다.
④ 거품을 만들고 난 후이는 노즐 팁 위치를 적절한 위치로 이동시켜 혼합시킨다.

47 커피를 마시고 난 뒤 입 뒤쪽에서 느껴지는 향기로 적절하게 짝지어진 것은?

① Fruity, Carbony
② Spicy, Turpeny
③ Flower, Fruity
④ Candy, Cyrup

48 커피에서 느껴지는 바디감은 주로 커피의 무슨 성분 때문인가?

① 단백질
② 카페인
③ 지방
④ 유기산

49 커피의 신체 작용에 대한 설명으로 틀린 것은?

① 항산화 효과가 있는 페놀 성분이 노화 예방 및 세포 산화 방지 작용을 한다.
② 소변에서 칼슘 배설을 촉진하기 때문에 폐경기 여성의 경우 골다공증 위험이 증가한다.
③ 커피에 들어 있는 다량의 칼륨 성분은 혈압 유지에 도움이 된다.
④ 커피의 카페인은 심박수를 느리게 하여 심신 안정에 도움을 준다.

50 카페 매장 관리에 대한 내용이 틀린 것은?

① 에스프레소 머신은 매일 마감 전에 포터필터, 샤워 스크린 등을 세척하여 관리한다.
② 원두는 항상 그라인더 호퍼에 담아서 보관한다.
③ 카페에서 사용하는 모든 식재료는 선입선출법에 따라 관리한다.
④ 날씨(특히 습도)에 따라 분쇄도가 달라지므로 영업 전에는 항상 추출 상태를 확인할 필요가 있다.

모의고사 3회

01 커피에 관한 역사적인 사실로 틀린 것은?

① 커피가 처음 발견된 시점에 지금과 비슷한 음료 형태로 마셨다는 기록이 있다.
② 커피의 원산지는 에티오피아이다.
③ 커피의 기원과 관련한 전설은 칼디의 전설, 오마르의 전설 등이 있다.
④ 커피는 17세기에 이르러 유럽으로 널리 퍼지기 시작하였다.

02 커피(Coffee)의 명칭에 대한 역사적 설명으로 틀린 것은?

① 커피에 대한 최초의 기록을 남긴 9세기 아라비아 의학자 라제스는 커피를 카흐베(Kahve)라고 소개하였다.
② 커피의 기원인 에티오피아 짐마의 옛 이름 카파(Kaffa)에서 Coffee가 유래되었다는 설이 있다.
③ 커피를 유럽 문화권으로 알린 16세기 독일 식물학자 라우볼프는 카우베(Chaube)라고 기술하였다.
④ 이슬람어로 와인을 뜻하는 카와(Qah-wah)에서 Coffee가 유래하였다.

03 오스만 제국과의 전쟁에서 승리하여 1683년 오스트리아 비엔나에 최초로 커피하우스를 개장한 인물은?

① 크리스토프 발츠(Christoph Waltz)
② 칼 마르코빅스(Karl Markovics)
③ 파스콰 로제(Pasqua Rosée)
④ 게오그르그 프란츠 콜쉬츠키(Franz Georg Kolschit-zky)

04 예멘 모카에서 커피를 몰래 밀반출하여 인도네시아 자바섬과 지금의 스리랑카인 실론에 커피를 재배하여 한동안 커피 생산, 무역을 주도한 나라는?

① 이탈리아   ② 영국
③ 프랑스   ④ 네덜란드

05 다음 설명에 해당하는 인물은?

> 스웨덴 생물학자였던 그는 1753년 처음으로 커피나무를 식물로 분류하면서 코페아(Coffea)속에 속하는 다년생 상록수 쌍떡잎식물로 분류하였다.

① 라제스(Rhazes)
② 라우볼프(Rauwolf)
③ 프로스페로 알피니(Prospero Alpini)
④ 칼 폰 린네(Carl von Linne)

06 1732년 다음과 같은 내용의 '커피 칸타타 (Coffee Cantata)'를 작곡한 인물은?

> 아! 커피, 얼마나 매혹적인가!
> 천 번의 키스보다 황홀하고 모스카토 와 인보다 부드럽구나.
> 커피, 난 커피를 마셔야 해.
> 누가 내게 즐거움을 주고 싶다면 커피 한 잔이면 족해.

① 바흐
② 베토벤
③ 모차르트
④ 브람스

07 다음에서 설명하고 있는 커피 원종은 무엇인가?

> 아프리카 라이베리아가 원산지이며, 나무의 키가 커서 재배, 수확이 어렵고 과육이 두꺼워 가공도 어려운 편이다. 특별한 향미가 없고 품질도 떨어지기 때문에 아프리카 서부 지역과 아시아 일부 지역에서만 소량 생산된다.

① 아라비카(Arabica)
② 리베리카(Liberica)
③ 카네포라(Canephora)
④ 로부스타(Robusta)

08 아라비카종와 로부스타종의 비교 내용으로 틀린 것은?

① 아라비카는 에티오피아가 원산지이며, 생두의 형태가 납작한 타원형이다.
② 로부스타종은 2,000m의 고지대에서까지 잘 자라며, 생산량이 많고 가격도 저렴하다.
③ 아라비카종은 로부스타종에 비해 쓴맛이 덜하며, 카페인 함량도 낮은 편이다.
④ 로부스타종은 나무의 높이가 10m 정도로 높고 생두는 둥글둥글한 형태이며, 주로 인스턴트 커피, 캔 커피, 블렌드용으로 사용한다.

09 다음에서 설명하고 있는 커피 품종은?

> 1956년 엘살바도르에서 발견된 버번의 돌연변이종으로, 생두의 크기가 작고 커피 체리가 빨리 익기 때문에 수확량이 많다. 저지대에서도 잘 자라지만 높은 지대가 있는 온두라스에서 재배되는 이 품종은 향미가 매우 뛰어난 편이다.

① 켄트(Kent)
② 파카스(Pacas)
③ 카투라(Caturra)
④ 카티모르(Catimor)

10 영국의 식민 지배 영향으로 차를 마시던 미국이 본격적으로 커피 소비가 활발해지면서 커피 문화로의 전환점을 맞게 된 사건은?

① 남북전쟁
② 제1차 세계대전
③ 보스턴 차 사건
④ 대공황 사건

11 커피의 파종부터 수확에 이르기까지 커피 나무의 생장 과정으로 틀린 설명은?

① 파치먼트 파종을 하여 묘목이 되면 커피 밭에 옮겨 심는다.
② 나무를 심고 2~3년 정도 지나면 흰색의 커피 꽃이 핀다.
③ 핸드 피킹은 노동력, 인건비는 많이 들지만 선별도가 좋다.
④ 모든 커피 체리는 잘 익었을 때 빨갛게 되며, 1년에 두 번 수확할 수 있다.

12 커피 가공 방식 중 건식법에 대한 설명으로 틀린 것은?

① 커피 체리를 수확한 후 세척, 선별, 건조 과정을 거친다.
② 친환경적이고, 생산 단가가 낮은 편이다.
③ 산미가 우수하고, 복합적인 향미가 특징이다.
④ Natural Process 또는 Dry Method라고도 한다.

13 커피 가공법 중 습식법에 대한 설명으로 옳은 것은?

① 단맛과 강한 바디감을 가진 커피를 생산할 수 있다.
② 품질이 낮고, 가공을 거친 커피의 균일함이 떨어진다.
③ 과육 제거기(Pulper)를 이용하여 과육을 벗겨 내는 펄핑 과정을 거친다.
④ 물이 부족하거나 햇빛이 좋은 지역에서 전통적으로 사용하는 가공 방식이다.

14 커피 체리 100kg을 수확 후 가공 과정을 거쳐서 최종적으로 얻게 되는 생두의 무게는 얼마인가?

① 내추럴 커피 생두 30kg, 워시드 커피 생두 30kg
② 내추럴 커피 생두 20kg, 워시드 커피 생두 20kg
③ 내추럴 커피 생두 20kg, 워시드 커피 생두 30kg
④ 내추럴 커피 생두 30kg, 워시드 커피 생두 20kg

15 건식법과 습식법 두 가공 방식을 모두 이용하여 커피를 가공하는 나라는?

① 에티오피아　② 브라질
③ 케냐　　　　④ 콜롬비아

16 국제커피기구(ICO)에서 정한 생두 포장 단위는 1bag당 몇 kg인가?

① 40kg　　　② 50kg
③ 60kg　　　④ 70kg

17 디카페인 커피에 대한 설명이 잘못된 것은?

① 물을 이용한 카페인 제거는 화학약품을 사용하지 않고 안전하게 카페인을 제거할 수 있다.
② 1819년 독일 화학자 룽게가 커피에서 처음 카페인을 분리하는 데 성공하였다.
③ 벤젠, 클로로포름 등의 유기용매를 이용한 카페인 제거는 미량의 용매 성분이 커피에 잔류할 수 있는 문제점이 있다.
④ 카페인 제거 기술로 인해 카페인은 100% 제거되지만, 향미 손실도 크다.

18 크기에 따른 생두 분류를 하는 국가와 그 표기법을 옳게 연결한 것은?

```
가. 케냐          ㉠ Extra Fancy
나. 콜롬비아      ㉡ Supremo
다. 하와이        ㉢ AA
```

① 가-㉢, 나-㉡, 다-㉠
② 가-㉠, 나-㉡, 다-㉢
③ 가-㉡, 나-㉠, 다-㉢
④ 가-㉢, 나-㉠, 다-㉡

19 ( ) 안에 들어갈 내용이 옳게 나열된 것은?

> 생두의 크기는 스크린 사이즈에 따라 분류하며, 체에 뚫린 구멍의 크기별로 번호가 매겨져 있다. 이는 각 번호의 구멍을 통과하지 않는 콩을 의미하며 1 스크린 사이즈는 ( )inch로, 약 0.4mm 이다. 스크린 사이즈 18은 ( )mm이다.

① 1/64, 7.2
② 1/44, 8.2
③ 1/54, 7.2
④ 1/74, 8.2

20 커피 생두 분류 기준이 다른 나라는?

① 베트남
② 인도네시아
③ 에티오피아
④ 탄자니아

21 SCA 기준 결점두 분류에서 '블랙 빈(Black Bean)'에 대한 옳은 설명은?

① 콩의 색깔이 붉거나 갈색을 띠고, 너무 익어 떨어진 체리에서 발생한다.
② 콩의 일부 또는 전체가 검은 외피에 쌓여 있거나 잘못된 탈곡에 의해 발생한다.
③ 콩의 전체 또는 일부가 검은색으로, 수확이 늦었거나 흙과 접촉해서 발효되어 발생한다.
④ 실버 스킨이 두껍게 말라붙은 형태이며, 덜 익은 상태에서 수확한 결점두이다.

22 SCA 결점두 분류에서 세컨더리 디펙트가 아닌 것은?

① 헐/허스크(Hull/Husk)
② 위더드(Withered)
③ 포린 매터(Foreign Matter)
④ 쉘(Shell)

23 다음 중 커피 생산국인 에티오피아에 대한 설명으로 틀린 것은?

① 아라비카의 원산지이며 해발 1,000~2,000m의 고지대에서 커피나무를 재배한다.
② 소규모 농장 위주로 커피를 생산하며, 일부는 로부스타도 재배한다.
③ 내추럴 가공법뿐만 아니라 워시드 가공법으로도 커피를 생산한다.
④ 특유의 산미와 다채로운 과일 향, 꽃향기 등을 가진 커피를 많이 생산한다.

24 인도에서 생산되는 커피에 대한 설명이 잘못된 것은?

① 17세기 예멘에서 밀반출된 커피 씨앗으로부터 커피 재배가 시작되었다.
② 로부스타를 주로 생산하며, 카피 로열은 최고급 로부스타로 평가받는다.
③ 계절풍으로 건조, 숙성시킨 몬순 커피가 유명하다.
④ 17세기 네덜란드로부터 커피나무가 들어와서 재배하기 시작하였고, 대표적인 커피는 만델링 커피이다.

25 로부스타를 생산하지 않는 나라는?

① 우간다 ② 코스타리카
③ 베트남 ④ 브라질

26 커피 생산국과 주요 재배 지역이 바르게 연결된 것은?

① 콜롬비아 – 타라주
② 과테말라 – 안티구아
③ 브라질 – 킬리만자로
④ 케냐 – 시다모

27 다음에서 설명하고 있는 용어는?

> 와인에서 많이 알려진 이 용어는 포도나무와 재배 환경의 밀접한 관계를 설명하는 데 많이 쓰인다. 커피나무 역시 기후, 토양, 재배 고도 등의 영향을 많이 받기 때문에 점점 그 상관관계에 대한 관심이 높아지고 있다.

① 떼루아(Terroir)
② 플레이버(Flavor)
③ 부케(Bouquet)
④ 유기농(Organic)

28 로스팅 시 발생하는 일반적인 물리적 변화에 대하여 잘못 설명한 것은?

① 수분은 감소한다.
② 부피는 증가한다.
③ 갈색으로 색깔이 변화한다.
④ 생두의 밀도는 높아진다.

29 다음 설명에서 ( ) 안에 들어갈 알맞은 단어로 짝지어진 것은?

> 로스팅 과정에서 두 번의 파열음을 들을 수 있는데, 이를 크랙 또는 파핑이라고 한다. 1차 크랙은 생두 내부의 ( )이(가) 열과 압력에 의해 기화하면서 발생하고, 2차 크랙은 로스팅이 더 진행되면서 일어나는데 이때는 목질 조직이 파괴되며 ( )이(가) 방출된다.

① 수분, 일산화탄소
② 수분, 이산화탄소
③ 향미 성분, 질소
④ 카페인, 오일 성분

30 다음 보기의 원두 표기를 봤을 때 로스팅이 가장 오래 진행되어 색상이 가장 어두울 것으로 예상되는 원두는 무엇인가?

> ㉠ 에티오피아 예가체프 G2 #75
> ㉡ 케냐 키암부 AA Medium Roasting
> ㉢ 콜롬비아 Huila 수프리모 #45
> ㉣ 파나마 에스메랄다 게이샤 Light Medium Roasting

① ㉠ ② ㉡
③ ㉢ ④ ㉣

31 다음에서 설명하고 있는 로스팅의 화학적 변화는?

> 열분해에 의해 휘발성 화합물이 배출되면서 생두에 포함되어 있는 자당이 황색으로 변화한다. 1차 크랙을 지나 2차 크랙 전까지 일어나는 반응이다.

① 캐러멜화
② 마이야르 반응
③ 가수분해
④ 중합반응

32 생두 내의 수분함량은 로스팅에서 열전달에 영향을 미치는데, 이에 대한 잘못된 설명은?

① 수분함량이 높을수록 더 많은 열이 필요하다.
② 수분함량이 낮을수록 온도가 더 빨리 오른다.
③ 수분함량이 높으면 더 많은 양의 수증기가 생두 밖으로 배출되어야 하므로 생두 외부에서 내부로의 열전달을 방해한다.
④ 수분함량이 높을수록 같은 열량 대비 로스팅 속도가 빨라진다.

33 로스팅 과정에 따른 변화와 특징에 대한 설명으로 옳은 것은?

① 로스팅이 과하게 너무 오래 진행되면 자연 발화가 일어날 수 있다.
② 프렌치 로스트는 원두가 계피색을 띠고 가장 신맛이 강하다.
③ 생두가 열을 계속 흡수하여 조직은 팽창하고 색깔은 점점 푸르게 변한다.
④ 로스팅이 진행될수록 생두의 탄수화물, 지방, 단백질, 유기산 등은 지속적으로 화학반응을 일으켜 커피의 맛과 향기 성분이 계속 증가한다.

34 로스팅 기계에 대한 설명 중 틀린 것은?

① 가정용 로스팅 머신은 주로 전기를 열원으로 사용한다.
② 열풍식 로스팅 머신은 주로 전도열을 이용하여 로스팅이 이루어진다.
③ 최근에는 디지털 프로그래밍 등 자동으로 로스팅할 수 있는 스마트 로스터가 등장하였다.
④ 일반적으로 열풍식 로스팅 머신은 반열풍식이나 직화식에 비해 로스팅 시간이 짧다.

35 커피 추출에 대한 의미를 옳게 설명한 것은?

① 분쇄 커피 입자가 물을 만나서 향미 성분을 분리하여 음료화한 것이다.
② 분쇄 커피 입자를 물과 접촉시켜 지용성 성분을 뽑는 것을 말한다.
③ 분쇄 커피 입자가 물과 접촉하여 커피의 단맛 성분을 분리해 음료화한 것이다.
④ 분쇄된 커피 입자가 물을 만나 커피의 고형 성분을 녹여 음료화한 것이다.

36 다음에서 설명하는 현상에 대한 맞는 용어는?

> 흔히 푸어오버(Pour-Over)로 커피를 추출할 때 뜨거운 물과 분쇄된 커피, 기체가 뒤섞이는 현상을 말한다. 교반 작업을 하는 경우에 이 현상이 더 잘 일어난다. 뜨거운 물이 분쇄된 커피와 접촉할 때 기체가 배출되면서 곱게 갈린 커피 입자들 사이로 뜨거운 물이 흐르며 커피의 맛과 향 성분을 알맞게 추출할 때 일어나는 현상이다.

① 침투
② 분리
③ 난류
④ 용해

37 다음에서 설명하는 그라인더 날의 형태는 무엇인가?

> 모터와 직접 연결된 금속으로 된 칼날을 회전시켜 충격식으로 분쇄하는 방식으로, 균일한 분쇄가 어려운 단점이 있다.

① 플랫 버 ② 코니컬 버
③ 블레이드 커터 ④ 롤러 커터

38 커피를 추출할 때 사용하는 물에 관한 내용이 틀린 것은?

① 물의 염소 성분은 커피 맛에 치명적인 영향을 준다.
② 냄새와 불순물이 없고 신선해야 한다.
③ 무기물이 전혀 없는 순수한 물을 사용하는 것이 좋다.
④ 석회질이 많은 지역의 물은 정수하여 경도가 낮은 물을 사용하여야 한다.

39 추출 방식 중에서 커피 가루에 물을 부어 통과시켜 고형 성분을 분리하는 '여과식' 방식이 아닌 것은?

① 모카포트 ② 에스프레소 머신
③ 페이퍼 드립 ④ 체즈베

40 다음 설명에서 ( ) 안에 들어갈 말이 알맞게 짝지어진 것은?

> ( )은(는) 커피의 가용 성분 중에서 실제로 커피에 추출된 비율, 즉 사용한 원두 양에서 뽑아낸 커피 고형 성분의 비율을 말하고, 추출된 커피 안에 녹아 있는 커피 성분의 양은 ( )(이)라고 한다.

① 추출 농도, 추출 수율
② 골든 컵, 추출 농도
③ 가용 수율, 커피 농도
④ 추출 수율, 추출 농도

41 로스팅된 원두가 공기 중의 산소와 접촉해 산화하며 그 맛과 향이 변질되는 현상인 산패에 대해 잘못 설명한 것은?

① 원두는 햇빛에 더 노출될수록 산패가 촉진된다.
② 라이트 로스트 상태의 원두가 다크 로스트 원두에 비해 산패가 더 빨리 진행된다.
③ 분쇄 입자가 작을수록 공기와의 접촉면이 늘어나서 산화가 촉진되므로, 추출 직전에 분쇄하는 것이 좋다.
④ 원두의 보관 온도가 높으면 산화 속도가 촉진된다.

42 에스프레소에 대한 설명으로 틀린 것은?

① 순수한 물과 비교했을 때 전기전도도, 점도, 밀도가 높아진다.
② 추출액은 수용성 상태로만 존재한다.
③ 9기압의 강한 압력으로 인해 커피의 불용성 성분인 커피 오일이 크레마 형태로 나타난다.
④ 일반적으로 20~30초 정도의 시간에 약 30ml 정도의 커피가 추출된다.

43 에스프레소 머신을 이용하여 커피를 추출할 때의 과정 설명이 잘못된 것은?

① 포터필터 장착 전에 물 흘리기를 하는 이유는 샤워 스크린 청결 및 온도 유지 때문이다.
② 포터필터에 원두를 담기 전에 필터 바스켓 내부의 물기와 커피 찌꺼기를 닦는다.
③ 포터필터 장착을 하고 주변 청소와 서빙 준비를 한 후에 추출을 시작한다.
④ 원두를 바스켓 사이즈 정량보다 많이 담을 경우 헤드 스페이스 공간이 부족해 누수가 생기거나 에스프레소 추출에 부정적인 영향을 줄 수 있다.

44 커피 성분이 지나치게 많이 추출되는 과다 추출의 원인으로 거리가 먼 경우는?

① 적정 온도보다 낮은 온도로 추출한 경우
② 원두의 분쇄 입자가 지나치게 가늘게 된 경우
③ 적정 기준보다 너무 많은 양의 원두를 담아서 추출한 경우
④ 적정 탬핑 압력보다 강하게 여러 번 탬핑하여 추출한 경우

45 호퍼를 주기적으로 청소해야 하는 이유로 옳은 것은?

① 커피 오일　② 습기
③ 실버 스킨　④ 온도

46 다음에서 설명하고 있는 우유의 성분은?

> • 우유의 단맛을 나게 하며, 칼슘 흡수를 촉진하는 성분이다.
> • 우유를 마시고 소화가 잘 되지 않아서 통증을 유발하는 경우 그 원인이 되는 성분이다.
> • 95% 이상의 알코올, 에테르에 녹지 않으며 냉수에도 용해되지 않는다.

① 카세인　② 무기질
③ 지방　④ 유당

47 커피를 마실 때 향을 맡는 단계에 따른 순서가 옳은 것은?

① 아로마 → 프래그런스 → 노즈 → 애프터테이스트
② 프래그런스 → 아로마 → 노즈 → 애프터테이스트
③ 노즈 → 프래그런스 → 아로마 → 애프터테이스트
④ 프래그런스 → 노즈 → 아로마 → 애프터테이스트

48 커피의 영양학적 효능에 대한 설명으로 틀린 것은?

① 항산화 효과가 있는 페놀류 성분으로 노화 예방에 도움이 된다.
② 다량의 칼륨 성분은 혈압 유지에 도움을 준다.
③ 칼슘 성분이 많아 뼈 건강, 골다공증 예방에 도움이 된다.
④ 장 건강에 유익한 유산균을 활성화시킨다.

49 식재료를 보관하는 경우 냉장, 냉동 적정 온도가 옳은 것은?

① 냉장 5℃ 이하, 냉동 −18℃ 이하
② 냉장 0℃ 이하, 냉동 −10℃ 이하
③ 냉장 5℃ 이하, 냉동 −10℃ 이하
④ 냉장 0℃ 이하, 냉동 −30℃ 이하

50 카페 매장에서 고객에게 서비스하는 기본자세로 틀린 것은?

① 직원의 입장이 아닌 고객의 입장에서 서비스한다.
② 용모는 항상 단정하게, 머리, 복장 등은 항상 깔끔하게 유지한다.
③ 고객들 간의 대화에 적극적으로 끼어들어 친밀감을 높인다.
④ 고객으로부터 클레임이 발생했을 경우, 신속히 응대하고 솔직한 답변으로 적극적으로 해결하려는 자세를 보인다.

모의고사 4회

01 커피나무가 처음 발견된 나라와 처음 경작을 시작한 나라가 바르게 연결된 것은?

① 예멘, 에티오피아
② 콩고, 예멘
③ 에티오피아, 튀르키예
④ 에티오피아, 예멘

02 커피나무의 열매로 외피(Outer Skin)와 과육(Pulp)이 있는 상태를 무엇이라 하는가?

① Coffee Bean
② Coffee Cherry
③ Coffee Peaberry
④ Coffee Parchment

03 커피의 3대 원종에 해당하지 않는 것은?

① Arabica
② Bourbon
③ Canephora
④ Liberica

04 다음에서 설명하고 있는 커피 품종은?

> 이 품종은 1834년 서아프리카 시에라리온에서 처음 발견된 커피 체리가 검은색인 품종이다. 아라비카에 비해 병충해, 서리에 강하고 향도 우수하다는 평가를 받았으나 낮은 경제성, 긴 성숙 기간, 심각한 병충해 등으로 인해 차차 사라져서 멸종된 것으로 알려졌다가 2018년 서아프리카에서 야생 군락지가 발견되었다. 기후변화로 인해 아라비카의 재배가 위협을 받고 있는 와중에 이 품종의 재발견은 크게 주목을 받고 있다.

① 스테노필라
② 로부스타
③ 리베리카
④ 게이샤

05 커피 열매에 대한 설명 중 틀린 것은?

① 커피나무에서는 흰색의 커피 꽃이 피고, 꽃이 진 자리에 커피 열매가 자란다.
② 커피 열매의 씨앗인 생두를 로스팅하여 커피 음료로 만들게 된다.
③ 커피 열매는 커피 체리라고 부르며, 성숙하면서 모두 빨갛게 익는다.
④ 커피 체리는 일반적으로 2개의 생두가 들어 있으며, 간혹 드물게 1개 또는 3개인 경우도 있다.

06 커피 체리의 구조를 바깥쪽부터 올바른 순서로 나타낸 것은?

① Outer Skin – Pulp – Mucilage – Parchment – Silver Skin – Green Bean
② Outer Skin – Mucilag – Parchment – Pulp – Silver Skin – Green Bean
③ Outer Skin – Silver Skin – Pulp – Mucilage – Parchment – Green Bean
④ Outer Skin – Parchment – Mucxilage – Pulp – Silver Skin – Green Bean

07 아라비카종의 특징으로 옳은 것은?

① 타가수분을 통해 번식이 이루어진다.
② 염색체는 22개이다.
③ 센터 컷이 일반적으로 일직선의 형태를 보인다.
④ 린네(Linne)에 의해 품종으로 분류 등록된 시기는 1753년이다.

08 아라비카종과 로부스타종을 비교한 내용으로 옳은 것은?

① 로부스타종의 생산량이 아라비카종에 비해 월등하게 많다.
② 카페인 함량은 아라비카종이 로부스타종에 비해 2배가량 같은 편이다.
③ 아라비카종은 타가수분, 로부스타종은 자가수분한다.
④ 아라비카종은 원산지가 에티오피아이고, 로부스타종은 콩고이다.

09 ( ) 안에 들어갈 말로 알맞게 짝지어진 것은?

> 커피의 생산 지역은 처음에는 오직 예멘, 에티오피아 등 지중해 연안의 일부 중동 국가였으나 커피 산지가 지금처럼 널리 퍼지게 된 데에는 역사적으로 몇 가지 중요한 사건이 있다. 첫째로 이슬람권에서 커피 종자 유출이 엄격하게 제한되던 시기에 이슬람교 승려 ( )에 의해 인도 남부로 밀반출된 커피 종자로 산지가 확대되었다. 둘째로 ( )의 상인이 커피나무를 몰래 밀반출하여 자국의 식민지였던 인도네시아 등에 옮겨 심어 대량 생산이 이루어질 수 있게 하였다.

① 클레멘트 8세 – 베니스
② 바바 부단 – 네덜란드
③ 오마르 – 이탈리아
④ 라제스 – 이집트

10 1686년 프랑스 파리에 오픈한 최초의 카페는 어디인가?

① 카페 플로리안(Caffè Florian)
② 더 킹스 암스(The King's Arms)
③ 카페 르 프로코프(Café Le Procope)
④ 카페 그레코(Caffè Greco)

11 역사에 기록된 바에 의하면 우리나라에서 최초로 커피를 마신 사람으로 알려진 고종 황제는 어떤 사건을 계기로 커피를 즐기게 되었는가?

① 아관파천   ② 갑오개혁
③ 임오군란   ④ 갑신정변

12 커피 씨앗은 발아 확률이 높은 어떤 상태에서 파종을 하는가?

① 파치먼트
② 그린 빈
③ 원두
④ 펄프드 커피 체리

13 커피나무의 재배에 가장 적합한 토양은?

① 물이 많은 토양
② 화강암성 토양
③ 점토
④ 유기질이 풍부한 화산 토양

14 1870년 브라질에서 발견된 티피카의 돌연변이종으로, 커피나무 및 생두도 크기 때문에 '코끼리콩'으로 불리기도 하는 이 품종은 무엇인가?

① 카티모르　② 파카스
③ 마라고지페　④ 테키식

15 커피 생산지에 대한 설명이 잘못된 것은?

① 커피 벨트라고 불리는 북위 25°와 남위 25° 사이에서 커피가 재배되고 생산된다.
② 연평균 기온 22℃, 강수량 1,200~2,000mm 정도의 지역이 커피 재배에 적합하다.
③ 에티오피아를 제외한 많은 생산지들이 식민지 시대의 유산으로 커피 재배가 시작되었다.
④ 같은 품종의 커피는 생산지가 달라도 같은 향미와 품질을 가진다.

16 인공적으로 커피의 종자를 개량하는 경우 주로 어떤 목적으로 행해지는가?

① 생두의 크기를 크게 만들어 무게를 늘리고 높은 등급의 생두를 생산하기 위해
② 키가 작은 나무를 만들어 수확 및 생산을 용이하게 하기 위해
③ 병충해에 강한 품종을 개발하고 단위 면적당 생산량을 늘리기 위해
④ 밀도감이 높은 품종을 개발하여 우수한 향미를 가진 커피를 생산하기 위해

17 워시드 가공법에는 있지만 내추럴 가공법에는 없는 과정은 무엇인가?

① 탈곡(Milling)
② 발효(Fermentation)
③ 선별(Sorting)
④ 건조(Drying)

18 커피의 표기가 잘못된 것은?

① 콜롬비아 메데인 Supremo
② 브라질 산토스 NY2
③ 케냐 니에리 SHB
④ 에티오피아 예가체프 G2

19 '커피의 귀부인'이라는 별명이 있고, 향과 맛이 뛰어난 것으로 이름난 이 커피는 무엇인가?

① 자메이카 블루 마운틴
② 하와이 코나
③ 파나마 게이샤
④ 에티오피아 예가체프

20 다음 중 나머지와 다른 하나는 무엇인가?

① 헤이즐넛 커피(Hazelnut Coffee)
② 코피 루왁(Kopi Luwak)
③ 위즐 커피(Weasel Coffee)
④ 블랙 아이보리 커피(Black Ivory Coffee)

21 디카페인 커피에 대한 설명이 틀린 것은?

① 물 추출법은 화학약품을 사용하지 않아 가장 안전하게 카페인을 제거할 수 있는 방법이다.
② 디카페인 제거 기술로 인해 디카페인 커피는 카페인 함량이 0%이다.
③ 1903년 독일에서 처음 상업적 카페인 제거 기술을 개발하여 디카페인 커피가 탄생하였다.
④ 용매 추출법은 미량의 용매 성분이 커피에 잔류하는 문제점이 있다.

22 다음에서 설명하고 있는 SCA 기준 결점두를 바르게 짝지은 것은?

> ㉠ 커피 체리를 늦게 수확하였거나 흙과 접촉하여 발효되어서 콩 색깔이 검은색을 띤다.
> ㉡ 커피콩의 안쪽 부분이 떨어져나가 바깥쪽만 남아 있는 형태로 로스팅 후에 쉽게 발견되며, 유전적인 원인으로 발생한다.

① ㉠ 사우어 빈(Sour Bean)
　㉡ 허스크(Husk)
② ㉠ 인섹트 데미지(Insect Damage)
　㉡ 플로터(Floater)
③ ㉠ 펑거스 데미지(Fungus Damaged)
　㉡ 브로큰(Broken)
④ ㉠ 블랙 빈(Black Bean)
　㉡ 쉘(Shell)

23 수확한 커피 체리를 건조장(Patio)에 넓게 펼쳐서 수분이 일정 수준 이하가 될 때까지 건조하는 방법을 무엇이라 하는가?

① 습식법
② 건식법
③ 허니 프로세스
④ 펄프드 내추럴

24 커피 생산 국가 중의 하나인 에티오피아에 대한 설명으로 틀린 것은?

① 아라비카종의 원산지이며 지금도 개발되지 않은 야생 품종이 많아서 다양성이 풍부하다.
② 결점두 개수에 따라 등급 분류를 하며, G1~G6로 표기를 한다.
③ 800m 이하의 저지대에서 주로 커피를 재배한다.
④ 에티오피아 커피의 70% 정도는 건식법으로 생산된다.

25 로부스타종의 주요 생산 국가가 아닌 곳은?

① 인도
② 우간다
③ 코스타리카
④ 베트남

26 생두 등급 분류 기준이 다른 나라는?

① 온두라스
② 과테말라
③ 멕시코
④ 콜롬비아

27 다음에서 설명하는 개념에 포함되지 않는 것은?

> 한때 국제적으로 지속적 커피 가격 하락으로 커피 생산지들이 어려움을 겪게 되자 커피 생산 지역의 사회적, 생태적 지속성에 대한 고민으로 시작되었다. 커피 생산 국가들이 환경친화적인 커피 농사를 지으면서 각 농가에 적정 수준으로 보상이 유지되도록 한다는 개념이다.

① 스페셜티 커피(Specialty Coffee)
② 공정무역 커피(Fair-Trade Coffee)
③ 조류 친화적 커피(Bird-Friendly Coffee)
④ 유기농 커피(Organic Coffee)

28 로스팅할 때 열분해 과정에서 나타나는 현상으로 옳은 것은?

① 밀도가 높아진다.
② 향미가 생긴다.
③ 급격하게 로스터기 드럼 내부의 온도가 낮아진다.
④ 수분이 증가한다.

29 로스팅이 끝난 원두는 어느 정도 디개싱(Degassing)을 거친 후 추출하는데, 로스팅 중에 발생하는 어떤 가스 성분 때문인가?

① 이산화탄소   ② 일산화탄소
③ 산소   ④ 질소

30 로스팅 과정에서 일어나는 물리적 변화 중에 원두의 색깔 변화가 일어나는데, 이때 관찰할 수 없는 색깔은?

① 검은색   ② 계피색
③ 갈색   ④ 흰색

31 뉴 크롭에 대한 설명으로 틀린 것은?

① 당해에 생산한 커피 생두를 말한다.
② 뉴 크롭의 수분함량은 패스트 크롭이나 올드 크롭에 비해 많은 편이다.
③ 로스팅 시 뉴 크롭은 더 적은 열량과 시간이 쓰인다.
④ 패스트 크롭, 올드 크롭에 비해 가격이 높고 향미를 나타내는 성분 함량도 많다.

32 로스팅을 하기 전에 필수적으로 파악해야 할 생두의 특성으로 가장 거리가 먼 것은?

① 수확 연도   ② 생산지 토양 환경
③ 수분함량   ④ 밀도

33 다음 보기의 화학적 성분 중 로부스타종에 비해 아라비카종에 더 많이 함유된 것으로 옳게 짝지어진 것은?

| ㉠ 카페인 | ㉡ 탄수화물 |
| ㉢ 지질 | ㉣ 클로로겐산 |

① ㉡, ㉢   ② ㉠, ㉡
③ ㉠, ㉣   ④ ㉢, ㉣

34 다음에 해당하는 커피의 성분은 무엇인가?

> • 항균, 살균 작용을 하는 물질이다.
> • 교감신경을 자극하고 심리적 안정과 각성을 주는 성분이다.
> • 낮은 고도에서 자라난 로부스타종이 비교적 더 많이 함유하고 있다.
> • 열에 비교적 안정적이어서 로스팅 후에도 원두에서 차지하는 비중은 크게 변하지 않는다.

① 유기산   ② 트리고넬린
③ 리보플라빈   ④ 카페인

35 커피 원두의 색깔과 가장 관련이 없는 성분은 무엇인가?

① 캐러멜　　② 멜라노이딘
③ 클로로겐산　④ 카페인

36 아라비카의 15~17%, 로부스타의 10~11.5%를 차지하고 있고, 커피 향과 맛에 가장 많은 영향을 주는 커피의 성분은 무엇인가?

① 카페인　② 지질
③ 자당　　④ 트리고넬린

37 커피 추출액에 함유된 무기질 성분 중에서 가장 비중이 큰 것은?

① 칼륨　② 칼슘
③ 인　　④ 나트륨

38 유리당 중에서 생두에 가장 많이 함유되어 있고, 로스팅 시 가장 많이 감소하는 성분은 무엇인가?

① 자당　② 과당
③ 포도당　④ 마노스

39 로스팅 과정의 생두의 화학적 성분 변화 중에서 다음 설명에 해당하는 성분은?

> 유기산 중에서 가장 많은 성분으로 폴리페놀 형태의 페놀 화합물에 속하며, 갈변 반응을 일으키는 성분이다. 생두에 가장 많이 존재하고, 로스팅 초반부에 급속히 감소하면서 퀸산과 카페산으로 바뀌어 떫고 쓴맛을 낸다. 일반적으로 아라비카종보다 로부스타종에 더 많이 함유되어 있다.

① 시트르산　② 말산
③ 클로로겐산　④ 타타르산

40 다음에서 설명하고 있는 커피 추출 방식은?

> 필터를 이용하여 커피 가루를 걸러 추출하는 방식 중의 하나이다. 천의 섬유조직을 필터로 사용한 것이 시초이다. 한 면은 기모로 되어 있고, 양면 사용이 가능하며, 커피 오일까지 같이 추출되는 방식이다.

① 페이퍼 드립　② 융 드립
③ 사이펀　　　④ 에어로프레스

41 커피 추출 방식은 흔히 침출식과 필터 여과식으로 나뉘는데, 그 방식이 다른 하나는?

① 페이퍼 드립　② 체즈베
③ 에스프레소 머신　④ 케멕스

42 에스프레소 머신을 이용하여 에스프레소를 추출할 때 설명으로 틀린 것은?

① 추출 속도는 기본적으로 분쇄도에 의해 결정되며 그 외 원두의 양, 탬핑 강도 등에 따라서도 달라질 수 있다.
② 에스프레소 크레마 거품의 두께는 추출 압력에 의해서만 달라지며 원두의 종류, 로스팅 상태 등과 전혀 관계가 없다.
③ 적정 온도보다 낮은 온도로 추출할 경우 과소 추출이 일어난다.
④ 포터필터에 적정량의 원두를 담는 도징, 담긴 원두 가루를 평평하게 하는 레벨링, 적정한 압력으로 누르는 탬핑을 거친 후에 에스프레소를 추출한다.

43 에스프레소 추출 과정으로 잘못된 내용은?

① 사용 전 에스프레소 머신의 추출 압력과 스팀 압력을 점검해야 한다.
② 기본적으로 추출 전 잔의 예열을 해야 한다.
③ 커피 가루의 균일한 밀도를 유지하기 위해서 수평에 맞게 탬핑해야 한다.
④ 메인 보일러의 물 온도가 낮을 경우 열수를 많이 빼고 추출한다.

44 다음에서 설명하고 있는 인물은?

> 스프링의 복원력을 이용하여 커피를 추출하는 방식의 머신을 개발하였다. 수동 스프링 레버가 달린 압축식 9기압 에스프레소 머신 발명으로 의도치 않게 '크레마'라는 거품이 생성된 커피를 만들어서, 천연 커피 크림이라고 광고하였다.

① 페마(E.V. Faema)
② 루이지 베제라(Luigi Bezzera)
③ 안젤로 모리온도(Angelo Moriondo)
④ 아킬레 가찌아(Achille Gaggia)

45 포터필터의 필터 홀더의 재질은 무엇인가?

① 동(구리)
② 알루미늄
③ 우레탄
④ 스테인리스 스틸

46 커피 머신의 연수기는 주기적으로 청소해야 하는데 이때 청소에 사용하는 것은 무엇인가?

① 소금　　② 식초
③ 뜨거운 물　　④ 베이킹 소다

47 우유 거품을 생성하는 데 가장 중요한 성분과 거품 유지력을 높이는 성분끼리 순서대로 맞게 짝지어진 것은?

① 지방, 단백질
② 단백질, 탄수화물
③ 단백질, 지방
④ 지방, 칼슘

48 커피의 신맛을 나타내는 성분과 가장 거리가 먼 것은 무엇인가?

① 아세트산　　② 카페산
③ 말산　　④ 시트르산

49 다음에서 설명하는 에스프레소 배리에이션 음료는 무엇인가?

> 이탈리아어로 '흔들다'라는 뜻을 가진 커피 음료이며 에스프레소 원액과 얼음, 설탕(시럽)을 셰이커(Shaker)에 넣고 흔들어 커피 원액과 거품이 1:1 정도 되게 만든다. 에스프레소의 진한 커피 맛과 부드러운 거품을 함께 즐길 수 있는 차가운 커피 음료이다.

① 아포가토
② 카페 로마노
③ 카페 샤케라토
④ 아이스 카푸치노

50 오스트리아 빈(비엔나)에서 유래하여 300년 이상의 역사가 있으며 우리나라에는 비엔나 커피로 알려진, 아메리카노 위에 휘핑크림을 듬뿍 얹은 커피 음료는?

① 플랫 화이트　　② 아인슈페너
③ 카푸치노　　④ 카페오레

모의고사 5회

01 커피 음료는 커피 열매의 어느 부분으로 만들어지는가?

① 과육　　② 씨앗
③ 실버 스킨　④ 외과피

02 다음에서 설명하고 있는 것은?

> 스페인어로 껍질을 의미하는데, 커피 체리를 펄핑(Pulping)하고 난 뒤 남겨진 껍질을 건조하여 우려내서 마시는 음료이다. 커피의 원산지인 에티오피아와 예멘에서는 이미 오래전부터 생활 속에서 즐겨 마셨고, 가난한 자들의 커피라고 불렸다. 최근 들어 미국, 유럽 등지에서 인지도가 올라가고 있다.

① Caracoli　　② Cascara
③ Cappuccino　④ Con Panna

03 커피 열매에 대한 설명으로 틀린 것은?

① 커피 열매는 바깥쪽부터 겉껍질, 과육, 점액질, 파치먼트, 실버 스킨, 생두의 구조로 이루어져 있다.
② 정상적인 커피 열매에는 2개의 생두가 들어 있다.
③ 커피 열매의 성장 속도는 품종에 따라 조금씩 다르다.
④ 커피 꽃의 개화부터 열매의 수확까지의 기간은 아라비카종이 로부스타종보다 길다.

04 커피나무에 대해 잘못 설명한 것은?

① 경제적인 수명은 20~30년 정도이다.
② 3년 정도 지나면 열매가 열리기 시작하며, 안정적인 수확은 5년 정도부터 가능하다.
③ 열대지방에서 자라는 꼭두서닛과 코페아속의 쌍떡잎식물이다.
④ 안정적인 수분 흡수를 위해서 2m 이상 길게 뿌리를 내린다.

05 로부스타종에 대한 설명으로 잘못된 것은?

① 기후, 병충해에 취약한 편이어서 30% 내외로 아라비카에 비해 적게 생산된다.
② 콩고가 원산지이며 베트남, 인도, 우간다, 브라질 등에서 주로 재배한다.
③ 22개의 염색체를 가지고 있으며, 타가수분(곤충이나 바람의 매개로 수정)을 통해 열매가 생긴다.
④ 카페인 함량이 높아서 주로 인스턴트 커피 제조용으로 사용한다.

06 커피 꽃은 보통 건기가 끝나고 우기가 시작될 때 내리는 비에 의해 자극을 받아 일제히 개화하기 시작하는데, 이때 내리는 첫 번째 비를 지칭하는 말은?

① Terroir
② Blossom Shower
③ Nursery
④ Coffee Cherry

07 기원전 7세기경 에티오피아 카파지역에서 염소를 키우던 목동에 의해서 커피나무가 발견되었다는 이야기로 알려진 커피의 기원설은?

① 칼디의 전설
② 오마르의 전설
③ 모하메드의 전설
④ 시바 여왕의 전설

08 커피의 역사적 사건들을 오래된 순서대로 옳게 나열한 것은?

> ㉠ 오스만튀르크 콘스탄티노플에 커피하우스가 등장하였다.
> ㉡ 영국 런던에 최초로 커피하우스가 문을 열었다.
> ㉢ 베니스의 상인들에 의해서 커피가 유럽에 소개되었다.
> ㉣ 바흐(Bach)가 커피 칸타타(Coffee Cantata)를 작곡하였다.

① ㉠-㉡-㉢-㉣
② ㉢-㉠-㉡-㉣
③ ㉠-㉢-㉡-㉣
④ ㉢-㉡-㉠-㉣

09 커피 용어에 대한 설명이 잘못된 것은?

① 커피 체리 : 커피 열매
② 그린 빈 : 커피 열매의 정제된 씨앗
③ 홀 빈 : 커피 씨앗을 건조한 것
④ 그라운드 커피 : 분쇄된 원두 가루

10 피베리에 대한 설명으로 잘못된 것은?

① 피베리는 결함이 있는 콩으로 대게 낮은 가격에 거래된다.
② 유전적 결함이나 불완전한 수정 등에 의해 발생하며 나뭇가지 끝에서 많이 발견된다.
③ 커피콩의 사이즈가 일반 콩에 비해 작은 편이다.
④ 한쪽 면이 평평한 플랫 빈과 달리 피베리는 전체가 둥근 모양을 하고 있다.

11 문도 노보(Mundo Novo)와 카투라(Caturra)의 인공교배종으로, 병충해와 강풍, 홍수, 가뭄에 강한 장점이 있는 품종은?

① 파카마라(Pacamara)
② 카티모르(Catimor)
③ 카투아이(Catuai)
④ 마라고지페(Maragogype)

12 커피를 재배할 때 바나나 나무 등 잎이 크고 키가 큰 나무를 함께 심어서 일조량을 줄이고 직사광선이나 서리, 강한 바람으로부터 커피나무를 보호하는 재배 방식을 무엇이라 하는가?

① Shadow Grown
② Shade Grown
③ Sun Grown
④ Nursery

13 다음에서 설명하고 있는 커피 병충해는?

> 1861년 영국의 식물학자에 의해 동아프리카 야생 커피나무에서 처음 발견되었다. 이 병충해 유행이 1870년 이후로 1920년대까지 실론과 인도, 인도네시아의 커피 산지를 황폐화시켰다. 기온이 너무 높은 경우 열매가 빨리 익고, 수확량은 많아지지만 이 병에 걸리기 쉽다. 아라비카종이 특히 이 병충해에 취약하다. 현재까지 알려진 커피 질병 중 가장 피해가 큰 것으로 알려져 있다.

① CLR(Coffee Leaf Rust)
② CBD(Coffee Berry Disease)
③ CBB(Coffee Berry Borer)
④ CWD(Coffee Wilt Disease)

14 커피 가공 방식이 나머지와 다른 하나는?

① 생두가 상하거나 쓰기 쉬운 단점이 있으나 바디감이 높고 단맛이 우수한 향미를 가진다.
② 아라비카 생산에 주로 이용하며 신맛과 깔끔하면서 균형 있는 향미의 특징이 있다.
③ 과육을 벗긴 후 수조에 담가 24~48시간 정도 발효 과정을 거친다.
④ 수질오염 등 환경문제가 많다.

15 커피 건조 과정에 대한 설명이 잘못된 것은?

① 균일하게 건조될 수 있도록 파치먼트나 체리를 자주 뒤집는 것이 중요하다.
② 아프리칸 베드(African Bed)라고 불리는 건조대를 사용하는 건즈 방식은 파티오(Patio)라고 하는 바닥 건조대에 비해 더 많은 노동력을 필요로 한다.
③ 기계를 이용하여 건조하는 방식은 전통적인 햇볕 건조에 비해 균일한 건조가 가능하다.
④ 건조를 위한 파티오(Patio)는 콘크리트, 아스팔트, 자갈, 모래 등으로 만들어진다.

16 다음 설명에 해당하는 커피 생산 국가는 어디인가?

> 국토의 12%가 커피 농장이다. 비옥한 화산 지대와 높은 해발고도, 이상적인 기후 조건을 갖추고 있는 중앙아메리카 최대 커피 생산지이다. 주요 생산 지역은 산타 아나, 손소나테 등이며, 재배 고도에 따라 SHG(Strictly High Grown), HG(High Grown), CS(Central Standarc) 순으로 등급 분류를 한다. 아라비카종만 재배하고, 주요 재배 품종은 버번, 파카스, 파카마라 등이다.

① 온두라스
② 과테말라
③ 코스타리카
④ 엘살바도르

17 전 세계 커피 생산과 소비에 대한 설명으로 틀린 것은?

① 1인당 커피 소비율로만 보면 핀란드, 노르웨이, 덴마크 등 북유럽 국가들이 상위권이다.
② 브라질은 세계 최대 커피 생산 국가이면서 소비도 높은 편이다.
③ 우리나라의 커피 소비율은 아시아 국가 중에서는 일본 다음으로 높다.
④ 단일 지역으로는 북아메리카 지역이 커피 소비가 가장 많다.

18 커피를 볶기 시작한 로스팅 기원설에 대해 잘못 설명한 것은?

① 커피콩을 달여 마시다 우연히 눌어붙어서 커피 로스팅이 되었다.
② 에티오피아 목동이었던 칼디가 우연히 불에 타서 로스팅된 커피를 발견하였다.
③ 우연히 에티오피아 숲에 불이 나서 로스팅된 커피 체리를 발견하였다.
④ 예멘에서 커피 유출을 막고자 생두를 가열하다 커피 로스팅이 시작되었다.

19 로스팅의 열전달 방식 중 유체의 이동에 의해 열이 전달되는 방식으로, 열풍식 로스터에서 가장 비중이 높은 것은?

① 대류　　② 복사
③ 반사　　④ 전도

20 로스팅 단계 중에서 가장 강한 로스팅 단계로 짝지어진 것은?

① #25, High Roast
② #95, Italian Roast
③ #25, Italian Roast
④ #95, French Roast

21 1990년대 이후로 등장하여 최근 몇 년 사이 급속히 대중화된 스페셜티 커피에 대하여 잘못 설명한 것은?

① 뛰어난 향과 맛을 지닌 고급 커피를 표방하는 마케팅 용어이다.
② 스페셜티 커피라는 용어는 SCAA가 커피의 종류를 구분하기 시작하면서부터 등장하였다.
③ 인스턴트 커피 붐이었던 제1의 물결과 프랜차이즈 커피 등장인 제2의 물결에 이어 스페셜티 커피는 제3의 물결을 주도하고 있다.
④ 과거 커피 원산지 추적의 불명확성, 나라마다 다른 등급 분류, 균일하지 않은 생두의 품질 등의 한계로 인해 모든 과정에서 품질 관리가 필요하다는 배경에서 시작되었다.

22 로스팅 과정에서 일어나는 생두의 변화에 대하여 잘못 설명한 것은?

① 생두의 세포 구조가 확장되고, 수분과 이산화탄소의 배출로 인해 조직이 다공질화된다.
② 갈변 반응에 의해서 생두의 색깔은 녹색에서 점차 옅은 노란색, 갈색, 검은색으로 바뀐다.
③ 생두가 열을 받으면 표면에 주름이 발생하고 시간에 따라 주름이 깊이와 모양이 달라진다.
④ 열을 받으면 생두는 콩 내부의 수분이 증발하고 무게도 감소한다.

23 커피에 존재하는 비타민 중에서 생두보다 로스팅 된 원두에 오히려 더 많은 함량을 보이는 것은?

① 티아민(Thiamin)
② 니아신(Niacin)
③ 리보플라빈(Riboflavin)
④ 아스코르브산(Ascorbic Acid)

24 생두 상태의 성분 중에서 로스팅 후에도 크게 변하지 않는 성분에 해당하지 않는 것은?

① 셀룰로오스   ② 펙틴
③ 자당   ④ 카페인

25 로스팅 머신의 부품에 대해 잘못 설명한 것은?

① 호퍼 : 생두가 드럼 안으로 투입되는 깔때기 모양의 장치
② 사이클론 : 로스팅 중에 소량의 콩을 드럼에서 꺼내어 색깔, 향 등을 확인할 수 있는 장치
③ 댐퍼 : 드럼 내부의 공기 흐름, 열량을 조절하는 장치
④ 쿨러 : 로스팅이 끝난 원두를 빠르게 냉각하는 장치

26 로스팅 방법 중 고온 단시간 로스팅의 설명이 잘못된 것은?

① 가용성 성분을 10~20% 더 추출할 수 있다.
② 수분 증발률이 높아서 비경제적이다.
③ 향미는 강하지만 지속력은 떨어진다.
④ 상대적으로 원두의 팽창이 커서 밀도가 낮다.

27 ( ) 안에 들어갈 말로 순서에 옳게 나열된 것은?

> 커피의 쓴맛을 나타내는 성분은 약 30여 종으로 알려져 있는데 (㉠), (㉡), 퀸산, 갈색 색소, 기타 페놀 화합물 등이다. 이 중에서 쓴맛의 25% 정도를 내는 (㉠)은 알칼로이드 성분이며, 열에 불안정하기 때문에 로스팅이 진행됨에 따라 급속히 감소하며 쓴맛 이외에도 캐러멜의 단맛과 아로마 형성에도 기여한다. 커피 쓴맛의 10% 정도를 담당하는 (㉡)은 열에 비교적 안정적이어서 로스팅 후에도 원두에서 차지하는 비중은 크게 변하지 않는다.

① ㉠ 카페인, ㉡ 트리고넬린
② ㉠ 카페인, ㉡ 멜라노이딘
③ ㉠ 트리고넬린, ㉡ 카페인
④ ㉠ 클로로겐산, ㉡ 카페인

28 커피의 유기산 성분 중에서 가장 많은 성분인 클로로겐산(Chlorogenic Acid)에 대한 설명으로 틀린 것은?

① 생두에서 가장 많이 존재하고, 로스팅 초반부에 급속히 감소한다.
② 비타민C인 아스코르브산(Ascorbic Acid)보다 강한 항산화 작용을 한다.
③ 로부스타보다 아라비카에 더 많이 함유되어 있다.
④ 로스팅되면서 퀸산(Quinic Acid)과 카페산(Caffeic Acid)으로 바뀐다.

29 블렌딩에 대하여 잘못 설명한 것은?

① 싱글 오리진 원두에 비하여 밸런스를 맞출 수 있다.
② 한 가지 생두 공급 등에 문제가 생기더라도 비슷한 뉘앙스를 가진 다른 생두로 대체할 수 있다는 장점이 있다.
③ 원가를 절감하기 위해서도 블렌딩을 하는 목적이 있다.
④ 선 블렌딩 후 로스팅 방법은 로스팅 컬러가 불균일하며, 재고관리 측면에서 단점이 있다.

30 ( )안에 들어갈 단어가 순서대로 나열된 것은?

> 커피 추출은 3단계로 이루어진다. 분쇄된 커피 가루가 물과 만나면 커피 입자의 다공질화된 조직 사이로 물이 (㉠)되고, 가용성 성분을 (㉡)하고 나서 커피 입자 바깥으로 (㉢)된 성분이 (㉣)되는 과정을 통해 추출이 이루어지는 것이다.

① ㉠ 용해, ㉡ 침투, ㉢ 분리
② ㉠ 분리, ㉡ 분리, ㉢ 침투
③ ㉠ 침투, ㉡ 분리, ㉢ 용해
④ ㉠ 침투, ㉡ 용해, ㉢ 분리

31 커피 그라인더 칼날 형태가 간격식이 아닌 것은?

① 플랫 버
② 롤러 커터
③ 코니컬 버
④ 블레이드 커터

32 에스프레소 추출 조건 중 일반적인 기준에 부합하지 않는 것은?

① 추출 온도 : 95~100℃
② 추출 압력 : 9±1bar
③ 추출 시간 : 20~30초
④ 추출량 : 25±5cc

33 에스프레소 크레마에 대한 설명이 틀린 것은?

① 9bar의 강한 추출 압력으로 인해 생기는 오일 성분과 끓인 물이 유화된 상태의 거품이다.
② 크레마가 최대한 많이 나올수록 신선한 원두이므로 좋은 에스프레소로 평가한다.
③ 1947년 이탈리아 아킬레 가찌아(Achille Gaggia)가 처음으로 크레마를 발견하였다.
④ 커피액 위에 떠 있는 크레마는 단열층 역할을 해 커피가 빨리 식는 것을 방지하고, 커피 향의 보존성을 높인다.

34 에스프레소 머신 부품 중에서 샤워 홀더를 통과한 물줄기가 미세한 스크린 망으로 분산되게 하는 역할을 하는 것은?

① 개스킷
② 솔레노이드 밸브
③ 샤워 스크린
④ 플로우미터

35 물량 설정이 가능한 자동 에스프레소 머신에는 있지만, 수동 에스프레소 머신에는 없는 부품은?

① 플로우미터(Flowmeter)
② 솔레노이드 밸브(Solenoid Valve)
③ 로터리 펌프(Rotary Pump)
④ 보일러(Boiler)

36 카푸치노는 미세하고 밀도감 있는 우유 거품이 특징인 커피 음료인데, 이 우유 거품을 만드는 스티밍 과정에 대해 잘못 설명한 것은?

① 스티밍할 때 우유는 차고 신선한 우유일수록 좋다.
② 스티밍은 공기 주입과 혼합 가열(롤링) 두 단계로 이루어지며, 이때 우유에 담긴 스팀 노즐의 깊이와 위치가 중요하다.
③ 거품을 만들 때는 먼저 우유의 온도를 65℃ 이상 올린 후 공기를 주입한다.
④ 스팀 노즐 팁이 우유 표면에서 떠 있지 않도록 주의해야 한다.

37 강하게 로스팅한 원두를 추출했을 때 느껴지는 탄 맛을 나타내는 향기 용어는?

① Herby   ② Chocolaty
③ Turpeny ④ Carbony

38 향을 맡을 때 단계별로 느껴지는 내용에 맞는 용어와 순서가 제대로 연결된 것은?

> ㉠ 마실 때 느껴지는 향기
> ㉡ 마시고 난 입 뒤쪽에서 느껴지는 향기
> ㉢ 분쇄된 커피 향기
> ㉣ 물에 젖은 커피 향기 또는 추출 커피의 표면에서 맡을 수 있는 향기

① ㉠ 플레이버 → ㉡ 애프터테이스트 → ㉢ 아로마 → ㉣ 프래그런스
② ㉢ 프래그런스 → ㉠ 노즈 → ㉣ 아로마 → ㉡ 애프터테이스트
③ ㉢ 프래그런스 → ㉣ 아로마 → ㉠ 노즈 → ㉡ 애프터테이스트
④ ㉣ 아로마 → ㉢ 프래그런스 → ㉠ 부케 → ㉡ 플레이버

39 커피의 맛과 향기의 복합적인 플레이버의 관능 평가에 해당하지 않는 것은?

① 미각   ② 시각
③ 촉각   ④ 후각

40 커피 관능 평가에서 미각에 해당하지 않는 것은?

① 감칠맛   ② 신맛
③ 짠맛   ④ 단맛

41 SCA 커피 커핑의 평가 순서를 바르게 나열한 것은?

> ㉠ 커피를 스푼으로 떠서 빨아들이듯이 슬러핑을 하면서 플레이버 등을 평가한다.
> ㉡ 커핑 볼에 코를 가까이 대고 프래그런스의 속성과 강도를 평가한다.
> ㉢ 커핑 볼 위에 형성된 커피 가루층을 밀어내면서 브레이킹 아로마를 체크한다.
> ㉣ 두 개의 스푼을 겹쳐서 커핑 볼 옆에 떠 있는 가루, 부유물을 없애는 스키밍 과정을 진행한다.

① ㉡-㉢-㉣-㉠
② ㉠-㉡-㉢-㉣
③ ㉡-㉣-㉢-㉠
④ ㉣-㉡-㉢-㉠

42 커피의 부작용에 해당하는 것은?

① 신체 에너지 생성 효과
② 폐경기 여성의 골다공증 위험성 증가
③ 각성 효과와 긴장감 유지
④ 유산균 활성화

43 커피를 과다 섭취했을 경우, 커피의 폴리페놀(Polyphenol) 성분에 의해 체내 흡수 저해를 받는 무기질은 무엇인가?

① 인(P)
② 칼륨(K)
③ 철분(Fe)
④ 마그네슘(Mg)

44 이탈리아 밀라노 대학 연구팀에 의해 커피를 하루 3잔 마셨을 때 간암 발병률을 40%까지 낮출 수 있다고 발표된 커피의 성분은?

① 카페인
② 리놀레산
③ 카페스톨
④ 클로로겐산

45 식품위생법상 영업에 종사할 수 없는 질병은?

① 독감 바이러스
② 탄저병
③ 파라티푸스
④ 렙토스피라증

46 세균이나 바이러스 병원체가 음식물, 식기 및 조리 도구, 음료수, 손 등을 통해 입으로부터 체내에 침입하는 경구 전염병에 해당하지 않는 것은?

① 병원성 대장균
② 콜레라
③ 장티푸스
④ 세균성 이질

47 카페의 식재료를 보관하는 냉동, 냉장고의 관리 및 유지에 관한 설명이 틀린 것은?

① 교차 오염 방지를 위해 식품은 분리 보관한다.
② 내부 용적률의 90% 이하로 채워서 식재료를 보관한다.
③ 주 1회 이상 청소와 소독을 실시한다.
④ 냉장 및 냉동 온도를 주기적으로 체크하고 관리한다.

48 커피 음료를 주문받고 음료를 제공하는 방법에 대한 내용으로 틀린 것은?

① 메뉴의 내용을 완전히 숙지하고 주문을 받는다.
② 가장 연장자부터 고객의 오른쪽에서 주문을 받고, 음료 제공도 오른쪽에서 한다.
③ 주문이 끝나면 한번 더 주문 내용을 확인, 복창한다.
④ 음료 제공 시 트레이는 테이블로 올려 놓고 안전하게 서비스한다.

49 카페 운영과 관련된 법규와 가장 관계가 먼 것은 무엇인가?

① 식품위생법
② 소방법
③ 건축법
④ 관광기본법

50 전기 화재 시 대응 요령으로 잘못된 것은?

① 감전 사고자가 있을 경우 안전에 유의하여 안전한 장소로 구출한다.
② 화재 진압 시 가까운 소화전이나 물을 이용하여 빠르게 진압한다.
③ 분말 소화기를 사용한다.
④ 화재 발생 즉시 119에 신고한다.

모의고사 정답 & 해설

모의고사 1회 186P

01 ④	02 ④	03 ①	04 ③	05 ②
06 ③	07 ④	08 ①	09 ①	10 ②
11 ③	12 ②	13 ②	14 ②	15 ④
16 ④	17 ①	18 ③	19 ①	20 ④
21 ②	22 ①	23 ③	24 ①	25 ①
26 ②	27 ④	28 ④	29 ②	30 ②
31 ③	32 ③	33 ①	34 ①	35 ④
36 ①	37 ②	38 ④	39 ①	40 ③
41 ②	42 ②	43 ④	44 ④	45 ②
46 ①	47 ①	48 ④	49 ③	50 ④

01 ④
커피나무는 AD 600~800년경 에티오피아에서 처음 발견된 것으로 알려져 있다.

02 ④
에티오피아 카파(Kaffa) 지역의 염소지기였던 칼디(Kaldi)는 평소에는 얌전하던 염소들이 처음 보는 열매를 먹은 후 이상하게도 날뛰는 모습을 보았고, 근처 수도원의 한 수도사가 이를 확인한 후 처음으로 그 열매의 효능을 확인하게 되어, '칼디의 전설'이라고 불린다.

03 ①
칼디의 전설, 모하메드의 전설과 더불어 또 하나의 커피의 기원으로 알려진 오마르(Omar)의 전설이다.

04 ③
커피의 어원은 아랍어인 '카와(Qahwah)'에서 시작되어, 오스만튀르크 제국 당시 튀르키예어 '카흐베(Kahve)'로 그 명칭이 변화하였다가, 유럽으로 넘어간 후 '카페(Cafe)'라는 명칭에서 지금의 'Coffee'가 되었다. Koffie는 네덜란드어로 커피를 뜻한다.

05 ②
커피를 최초로 문헌에 기록한 아라비아 의학자 라제스(Rhazes)는 커피를 분춤(Bunchum) 또는 분카(Bunca)라고 소개하였다. 바바 부단(Baba Bucan)은 1585년 예멘 모카에서 커피 종자를 밀반출하여 인도 남부로 가지고 온 인도의 이슬람교 승려이며, 린네(Linne)는 1753년 커피나무를 식물학적으로 분류한 스웨덴의 생물학자이다.

06 ③
베니스의 상인들에 의해 커피가 유럽으로 퍼지던 당시, 카톨릭 문화권이던 유럽에서는 처음에는 커피를 '이교도의 음료'라고 박해하고 금지시켰으나, 교황 클레덴트 8세의 커피나무 세례를 계기로 널리 퍼지게 되었다.

07 ④
네덜란드의 식민지였던 실론(지금의 스리랑카)은 18세기 중반까지 아라비카종의 생산지로 이름을 떨쳤으나, 1869년 커피 생산에 악영향을 끼치는 커피녹병(Coffee Leaf Rust Disease)으로 아라비카종이 멸종되었고, 이후 내성이 있는 로부스타종과 홍차의 주요 산지로 탈바꿈하게 되었다.

08 ①
프랑스 파리의 카페 르 프로코프는 1686년, 이탈리아 베네치아의 카페 플로리안은 1720년, 미국 보스턴의 거트리지 커피하우스는 1691년, 이탈리아 로마의 카페 그레코는 1760년에 개장하였다.

09 ①
커피 칸타타를 작곡한 음악가는 바흐이다.

10 ②
1660년 영국에서 설립된 자연과학협회이며 왕립협회라고도 한다.

11 ③
염색체 개수는 아라비카종이 44개, 로부스타종이 22개이다.

12 ②
800m 이하의 저지대에서 주로 재배하는 품종은 로부스타이고, 아라비카는 800~2,000m의 고지대에서 잘 자란다.

13 ②
로부스타 품종의 적정 강수량은 2,000~3,000mm, 아라비카는 1,500~2,000mm이다. 따라서 가뭄을 더 잘 견디는 품종은 아라비카이다.

225

14 ②

① 아라비카의 원산지는 에티오피아, 로부스타의 원산지는 콩고이다.
③ 향과 맛이 뛰어나며 카페인 함량도 절반 정도인 품종은 아라비카이다.
④ 아라비카는 자가수분, 로부스타는 타가수분에 의해 번식한다.

15 ④

① 커피 열매 껍질 안쪽에 과육이 있고, 그 안쪽으로 점액질, 파치먼트, 실버 스킨, 생두 순으로 구성되어 있다.
② 커피 열매 씨앗은 형태학적으로 핵과이다.
③ 커피 열매는 녹색, 노란색, 주황색, 빨간색으로 익는다.

16 ④

커피 빈은 일반적으로 2개가 들어 있으며, 서로 마주 보는 면은 평평해서 플랫 빈(Flat Bean), 평두라고 부른다.

17 ①

티피카(Typica)에 대한 설명이다. 티피카는 향미가 은은하며, 부드러운 산미와 깔끔하고 섬세한 맛의 특징이 있다.

18 ③

피베리는 커피 체리 안에 1개의 생두만 들어 있는 경우이다. 과거에는 유전적인 결함 등으로 인식해서 결점두로 분류하기도 하였지만, 현재는 결점두로 포함하지 않고, 오히려 단맛이 더 우수해 고가에 거래되기도 한다.

19 ①

문도 노보(Mundo Novo)종은 1943년 브라질에서 발견된 버번종과 티피카 계열 수마트라종과의 자연 교배종이다.

20 ④

카투아이(Catuai)종에 대한 설명이다. 문도 노보와 카투라의 인공교배종으로 1949년에 개발된 브라질의 주력 품종이다. 병충해와 강풍, 홍수, 가뭄에 강한 장점이 있지만, 향미의 큰 특징 없이 무난한 맛을 낸다.

21 ②

카티모르(Catimor) 품종에 대한 설명이다.

22 ①

커피나무는 직사광선이 닿지 않는 완만한 곳에서 잘 자라며, 커피나무에 닿는 강한 햇빛을 막기 위해 셰이드 트리(Shade Tree)를 심기도 한다. 햇빛이 강하면 커피나무가 쉽게 시든다.

23 ③

몬순 커피는 산미가 약하고, 강한 바디감이 느껴지는 특징이 있다.

24 ③

지속 가능 커피(Sustainable Coffee)에 대한 설명이다. 공정무역 커피(Fair-Trade Coffee), 유기농 커피(Organic Coffee), 조류 친화적 커피(Bird-Friendly Coffee), 열대우림 커피(Rainforest Coffee) 등이 여기에 포함된다.

25 ①

커피나무의 개화는 나무를 심고 나서 2~3년 정도부터 시작되고, 커피 열매 수확은 보통 3년 후부터 가능하다.

26 ②

건식법(Dry Method, Natural Processing)에 대한 설명이다.

27 ④

습식법은 24시간 내외로 자연 발효를 하고, 아세트산이 생성되어 pH4의 약산성이 된다.

28 ④

①~③은 기계 수확(Mechanical Picking)에 대한 설명이고, 기계 가격은 커피 원가에 큰 영향을 주지 않는다.

29 ②

펄프드 내추럴 방식(Pulped Natural Method)은 수조에 담가 덜 익은 커피 체리, 이물질 등을 걸러낸 후에 과육을 벗겨 내고 점액질이 붙은 상태의 파치먼트를 자연 건조시키는 방식이다. 2000년대부터 브라질에서 시작하여 다른 국가에서도 종종 사용하는데, 내추럴 방식에 비해 덜 익거나 상한 체리가 섞이는 것을 줄여 고품질 커피를 기대할 수 있다.
① 세미 워시드(Semi Washed) 방식이다.
④ 로부스타 생산 국가에서 많이 이용하는 방식은 건식법이다.

30 ②

화학 약품을 사용하지 않아 안전하게 99% 이상의 카페인을 제거할 수 있어 가장 널리 사용하는 카페인 제거 방법은 물 추출법이다.

31 ③

스크린 사이즈로 No.13 이하부터 피베리(Peaberry)로 분류한다.

32 ③

과테말라, 온두라스, 코스타리카는 재배 고도에 따라 생두를 분류하고, 콜롬비아는 커피 생두 크기(스크린 사이즈)로 등급을 분류한다.

33 ①

① 인도네시아 만델링 G1은 결점두에 따른 분류이다.
② 하와이 코나 Extra Fancy는 생두 사이즈에 따라 분류하는 커피이다.
③ 코스타리카 타라주 SHB는 재배 고도에 따른 분류 표기법이다.
④ 케냐 니에리 AA는 생두 사이즈에 따라 분류하는 커피이다.

34 ①

'Brazil Santos NY2 FC 17/18 Pulped Natural Catuai'
'Santos'는 재배 농장이 아니라 수출 항구 이름이다. FC는 Fine Cup(커피 가공과정 중 발효도에 따른 향미 등급), 카투아이(Catuai)는 아라비카 생두의 품종을 의미한다.

35 ④

에티오피아에 대한 설명이다.

36 ①

말라바(Malabar)는 몬순 커피로 유명한 인도(India)의 커피 생산 지역이다. 인도네시아의 대표적인 커피 생산지로는 수마트라(Sumatra), 술라웨시(Sulawesi), 자바(Java), 발리(Bali) 등이 있다.

37 ②

코스타리카(Costa Rica)는 로부스타 재배가 불법이다.

38 ④

로스팅은 흡열 반응, 발열 반응, 냉각 단계로 이루어진다. 수분 건조는 흡열 반응 초기에 일어난다.

39 ②

로스팅 시 물리적 변화
수분이 가장 많이 감소하고, 무게 감소, 조직이 팽창하면서 부피는 증가, 밀도는 감소하며, 갈변 반응이 일어난다.

40 ③

2차 크랙은 이산화탄소의 방출로 인해 발생하며 이때의 파열음은 1차 크랙에 비해 작은 소리가 난다.

41 ②

블렌딩(Blending)에 대한 설명이다. 블렌딩은 여러 품종과 산지의 원두를 섞어서 새로운 향미를 만들 수 있다. 대부분의 카페, 로스터에서 차별화된 커피를 추구하고 원가 절감 등을 위해서 선택하고 있는 방식이다.

42 ②

과소 추출이 일어난 상황이다. 과소 추출의 원인으로는 높은 추출 압력, 굵은 분쇄도, 낮은 추출 온도, 적은 원두 양 투입, 약한 탬핑 강도 등이 있다.

43 ④

분쇄 입자가 달라지면 물과 만나는 접촉 면적이 달라지므로 커피 맛, 향미에 큰 차이가 나타난다.

44 ④

융 드립, 에스프레소 머신, 모카포트는 여과식 추출 방식이다. 사이펀은 상부 로드와 하부 사이에 필터를 사용하기는 하지만, 상부 플라스크 내에서 커피 가루와 물이 만나 일정 시간 우려내면서 커피가 추출되는 침출식 방식이다.

45 ②

케멕스(Chemex) 추출 기구에 대한 설명이다.

46 ①

바리스타(Barista)에 대한 설명이다.

47 ①

아로마(Aroma)는 향을 맡는 단계에 따른 분류 중에서 물에 젖은 커피 향기(또는 추출 커피 향기)이며, Fruity, Herbal, Nut-Like 등을 느낄 수 있다.

48 ④

카페인은 열에 비교적 안정적이어서 로스팅 정도에 따라 큰 차이가 없다.

49 ③

생두(Green Bean)에는 탄수화물 성분이 50% 이상으로 가장 많이 포함되어 있고, 그중 가용성 성분인 당분은 10%, 섬유소 외의 성분이 50% 정도를 차지한다. 지방과 단백질 성분은 각 13%씩, 무기질은 약 4% 정도를 함유한다.

50 ④

원두는 추출 직전에 분쇄하는 것이 좋으며, 냉장고의 습기 및 음식물 등 기타 재료 냄새를 흡수할 수 있기 때문에 냉장, 냉동 보관이 좋은 방법은 아니다. 하지만 많은 양일 경우 원두 상태로 소분하고 진공 압축 포장하여 공기를 제거한 후 냉동 보관할 수도 있다.

모의고사 2회   194P

01 ②	02 ②	03 ③	04 ④	05 ②
06 ④	07 ①	08 ③	09 ①	10 ③
11 ④	12 ④	13 ②	14 ④	15 ①
16 ③	17 ①	18 ③	19 ④	20 ②
21 ①	22 ①	23 ③	24 ②	25 ③
26 ②	27 ④	28 ①	29 ④	30 ①
31 ④	32 ②	33 ①	34 ②	35 ④
36 ④	37 ③	38 ④	39 ②	40 ③
41 ③	42 ①	43 ②	44 ④	45 ④
46 ①	47 ②	48 ③	49 ④	50 ②

01 ②
스테노필라(Stenophylla) 품종은 1834년 서아프리카 시에라리온에서 처음 발견되었으며 커피 체리가 검은색이다. 아라비카에 비해 병충해, 서리에 강하고 향도 우수하다는 평가를 받았으나 낮은 경제성, 긴 성숙 기간, 심각한 병충해 등으로 인해 차차 사라져서 멸종된 것으로 알려졌다가 2018년에 서아프리카에서 야생 군락지가 발견되었다. 기후변화로 인해 아라비카의 재배가 위협을 받고 있는 와중에 스테노필라종의 재발견은 크게 주목을 받고 있다.

02 ②
에티오피아에서 처음 발견된 커피나무는 6세기경 예멘으로 옮겨져서 경작이 시작되었고, 16세기까지 독점적으로 커피를 생산하다가 1600년경 베니스의 상인들에 의해 이탈리아 베니스에 처음으로 커피가 전파되었다.

03 ③
커피의 기원설은 칼디의 전설, 오마르의 전설, 모하메드의 전설 등이 알려져 있는데, 그중 모하메드의 전설로 알려진 이야기에 대한 내용이다.

04 ④
튀르키예는 지정학적으로 커피 벨트에 속하지 않는다. 최초의 커피 추출 도구인 체즈베 등 유네스코 세계 무형문화유산으로 지정된 튀르키예식 커피 문화를 가지고 있지만, 커피를 생산하는 나라는 아니다. 1517년 오스만튀르크(현 튀르키예) 수도인 콘스탄티노플에 커피하우스가 오픈되었다.

05 ②
영국은 1650년 옥스퍼드에 최초로 커피하우스가 등장했다. 1730년까지 수천 개의 커피하우스가 생길 정도로 성행하였으나, 1730년 이후 홍차의 등장으로 커피에 대한 소비가 급속도로 줄어들었다.

06 ④
일제강점기에 소수만이 접할 수 있었던 커피는 1950년 한국전쟁 이후 미군에 의해 들어온 인스턴트 커피가 시중에 퍼지게 되면서 일반인들도 커피를 쉽게 마실 수 있게 되었다. 2000년 이전까지 국내 커피 시장은 인스턴트 커피가 주를 이루었고, 원두커피는 1998년 들어온 스타벅스 이후로 프랜차이즈 커피 시장이 발전하면서 활발히 소비되기 시작하였다.

07 ①
아라비카(Arabica)에 대한 설명이다.

08 ③
코닐론(Conillon)은 브라질에서 생산되는 로부스타 품종이다.

09 ①
커피 생두의 표면을 덮고 있는 얇은 껍질은 실버 스킨이라고 하고, 생두의 가운데 파인 홈은 센터 컷이라고 부른다.

10 ③
HdT(Hibrido de Timor)에 대한 설명이다. 아라부스타(Arabusta)종은 아라비카와 로부스타의 인공교배 품종으로 아라비카의 부드러운 맛과 향과 로부스타의 높은 생산량, 병충해에 강한 점만을 모아서 만들어졌다.

11 ④
1935년 케냐의 커피 연구소인 스콧 레버러토리에서 재배하여 케냐의 주력 품종이 된 품종으로는 SL28, SL34가 있다.

12 ④
④은 아라비카종의 특징이다. 로부스타는 타가수분에 의해 수정되며, 구수하고 쓴맛이 특징이다.

13 ②
커피의 생육에 가장 치명적인 영향을 끼치는 기후적인 요소는 서리이며, 생두를 보관할 때는 습도를 가장 중요하게 관리한다. 또한 로스팅을 하고 나서 원두 보관 시에는 산소가 커피의 산패를 가속시키는 주요 요인이 된다.

14 ④
- 테라로사(Terra Rossa) : 석회암의 풍화작용으로 형성된 적색 토양
- 테라록사(Terra Roxa) : 현무암과 휘록암이 풍화된 자색 토양
- 라테라이트(Laterite) : 열대지방이나 온난 다습한 사바나 기후 지방의 적색 풍화토
- 레구르 토(Regur Soils) : 현무암이 풍화된 다공질의 흑색 토양

15 ①
강한 바람은 나뭇잎을 떨어트리거나 나무를 쓰러뜨릴 수 있어서 커피 재배에는 온화한 바람이 유리하다.

16 ③
① 커피의 번식은 파치먼트가 있는 상태에서 심는 것이 가장 발아율이 높다
② 묘판에 심어 50cm 정도의 묘목이 되면 커피 밭에 옮겨다 심는다.
④ 직파법은 잘 사용하지 않는 번식 법이다.

17 ①
헤이즐넛 커피(Hazelnut Coffee)는 주로 올드 크롭에 개암나무 열매인 개암, 즉 헤이즐넛 향을 입힌 가향 커피이다.

18 ③
생두 건조가 끝난 후 공정 중에서 실버 스킨을 제거하는 폴리싱(Polishing)에 대한 설명이다.

19 ④
뉴 크롭(New Crop)이 가장 향미 성분이 많고, 커피 품질도 우수한 편이다.

20 ②
습식법은 과육을 먼저 벗긴 후 수조에 담가 발효 과정을 거치면서 점액질을 벗기는 가공법으로 이 점액질을 세척하면서 수질오염 등 환경문제가 많이 발생하는 가공법이다. 세미 워시드는 과육과 점액질을 제거한 후 발효 공정을 거치지 않고, 건조하는 데 물을 적게 사용하기 때문에 효율성 및 환경 보호 측면의 장점이 많아 전 세계적으로 확대되고 있는 가공 방식이다.

21 ①
세계적으로 생두의 등급을 분류하는 기준은 통일되어 있지 않지만 주로 크기, 재배 고도(밀도), 결점두에 따라 분류하며, 생두의 무게로는 등급을 분류하지 않는다.

22 ①
브라질, 인도네시아, 에티오피아는 결점두에 따라 생두 분류를 하며, 콜롬비아는 생두 크기에 따라 분류를 하는 대표적인 국가이다.

23 ③
코스타리카에서 로부스타 재배는 불법이다.

24 ③
SCA 분류에서 스페셜티 등급은 프라이머리 디펙트(Primary Defect)를 허용하지 않는다.

25 ③
세계 지도에서 적도를 기준으로 북위 25°와 남위 25° 사이에 커피 생산지들이 위치해 있기 때문에 이를 커피 벨트 또는 커피 존이라고 부른다.

26 ②
커피 생산국 중 예멘(Yemen)에 대한 설명이다.

27 ④
동물의 배설물 커피로는 사향고양이의 배설물을 이용한 인도네시아의 코피 루왁(Kopi Luwak), 베트남의 다람쥐 똥 커피인 콘삭 커피(Consoc Coffee), 베트남과 라오스의 족제비 똥 커피인 위즐 커피(Weasel Coffee), 태국의 코끼리 똥 커피인 블랙 아이보리 커피(Black Ivory Coffee) 등이 있다.

28 ①
2019~2020 세계 커피 소비 지수에 따르면, 브라질은 유럽과 미국에 이어 소비량이 3위를 차지할 정도로 생산 국가로는 드물게 소비도 많은 나라이다.

29 ④
로스팅 과정은 건조 → 열분해 → 냉각 순으로 진행된다.

30 ①
로스팅 열전달 방식 중에서 전도에 대한 내용이다.

31 ②
생두 상태의 주름은 로스팅이 진행됨에 따라 주름이 점점 펴지고 팽창하면서 부피가 증가한다.

32 ②
로스팅 단계별 분류에서 일본식으로는 명도값(L)에 따라 8단계 분류를 하는데, 명도값이 낮아지고(어두워지고) 로스팅이 점점 진행되는 정도에 따라 Light, Cinnamon, Medium, High, City, Full City, French, Italian으로 표기한다.

33 ①
약 12% 정도였던 생두의 수분함량은 로스팅 후에 1% 정도로 가장 많이 감소한다.

34 ②
로스팅 시 일어나는 갈변 반응 중에서 마이야르 반응(Maillard Reaction)에 대한 설명이다.

35 ④
지질과 카페인은 로스팅 진행 과정에서 일부 소실되기는 하지만, 열에 비교적 안정적이어서 성분 비율은 로스팅 전후로 크게 변화하지 않는다.

36 ④
커피 성분 중 탄수화물에 대한 설명이다.

37 ③
샘플러(Sampler)에 대한 내용이다.

38 ④
디벨롭 타임(Develop Time) 또는 디벨롭먼트 타임(Development Time)이라고 한다.

39 ②
포터필터(Portafilter)는 에스프레소 머신에서 그룹 헤드에 장착하여 커피를 추출하는 구성 부품이다.

40 ③
하리오 드리퍼에 대한 설명이다.

41 ③
핀(Phin)은 베트남에서 흔히 사용되는 커피 추출 도구이다. 곱게 분쇄된 커피 가루를 용기에 넣고 구멍이 뚫려 있는 스트레이너로 평평하게 한 뒤에 뜨거운 물을 스트레이너가 살짝 잠길 정도로 부어 뜸을 들이고 물을 채운 후 뚜껑을 닫고 천천히 추출되도록 기다린다. 베트남에서는 미리 연유를 부어 놓고 핀으로 추출된 커피와 섞어 달콤한 커피로 즐기는데, 이는 로부스타의 쓴맛을 줄이고 부드럽고 달콤하게 즐기기 위함이다.

42 ①
에스프레소의 추출 속도에 영향을 미치는 변수들은 분쇄도, 추출 압력, 온도, 원두의 양, 탬핑 압력 등이 있다. 탬퍼의 재질은 추출 속도와는 관계가 없다.

43 ①
포터필터를 장착하기 전에 추출 버튼을 먼저 눌러서 퍼징을 하는 건 샤워 스크린에 묻어 있는 커피 찌꺼기를 씻기 위함과 과열되어 있을 수 있는 열수를 미리 빼 추출 온도를 유지하기 위한 목적이다.

44 ④
도피오(Doppio)에 대한 내용이며, 추출 시간은 동일하게 해서 에스프레소 투 샷을 한 잔에 제공하는 것이다. 추출 시간과 양을 늘려서 추출하는 음료는 룽고(Lungo)라고 한다.

45 ④
우유의 단백질은 80%가 카세인(Casein)이며, 카세인은 칼슘, 인, 구연산 등과 결합한 형태로 존재하고, 치즈를 만들 때 두부처럼 응고되는 성질이 있다.

46 ①
스티밍할 때 차가운 우유를 사용하지 않고 미지근한 우유를 사용하면 온도가 빠르게 상승해서 스티밍 시간을 충분히 가져갈 수가 없다.

47 ②
마시고 난 후 입 뒤쪽에서 느껴지는 향기는 애프터테이스트(Aftertaste)라고 하고, 주로 향신료 향 (Spicy)과 송진 향 (Turpeny)을 느낄 수 있다.

48 ③
커피에서 느껴지는 점도와 미끈함을 바디라고 하는데, 커피의 지방 함량과 고형 성분의 양에 따라 입안의 말초신경에 의해 다르게 느껴진다.

49 ④
카페인은 부교감 신경을 자극하고, 심근의 직접적인 수축력을 증가시켜 심박수를 빠르게 한다.

50 ②
원두를 사용하지 않을 때에는 산소, 햇빛, 습도가 차단될 수 있는 밀폐 용기에 담아 보관하여야 한다. 그라인더 호퍼에는 당일 사용할 원두의 양만을 담아서 사용하는 것이 좋다.

모의고사 3회   202P

01 ①	02 ①	03 ④	04 ④	05 ④
06 ①	07 ②	08 ②	09 ②	10 ③
11 ④	12 ③	13 ③	14 ②	15 ①
16 ③	17 ④	18 ①	19 ①	20 ④
21 ③	22 ③	23 ④	24 ④	25 ②
26 ②	27 ①	28 ④	29 ②	30 ③
31 ①	32 ④	33 ①	34 ②	35 ④
36 ③	37 ③	38 ④	39 ②	40 ④
41 ②	42 ③	43 ③	44 ①	45 ①
46 ④	47 ②	48 ③	49 ①	50 ③

01 ①
커피는 열매나 잎을 단순히 씹거나 열매와 잎을 뜨거운 물로 우려서 주로 약용이나 식용으로만 소비하였다. 지금처럼 음료로 즐기기 시작한 것은 16세기 정도로 추정된다.

02 ①
커피와 관련된 최초의 기록을 남긴 9세기의 아라비아 의학자 라제스(Rhazes)는 자신의 문헌에서 '분춤(Bunchum 또는 Bunca)'으로 커피를 소개하였다.

03 ④
1683년 오스만튀르크가 오스트리아 수도 비엔나를 포위했을 당시 폴란드인 게오르그 콜쉬츠키(Franz Georg Kolschitzky)가 비엔나를 구하고 그 대가로 명예와 커피를 하사받았으며, 비엔나 최초의 커피 노점을 열었다.

04 ④
1616년 네덜란드의 한 상인이 커피나무를 예멘 모카에서 몰래 빼내어 암스테르담 식물원에서 재배하다가 1658년 실론과 1696년 인도네시아 자바섬에서 재배하기 시작하였다.

05 ④
스웨덴의 생물학자였던 칼 폰 린네(Carl von Linne, 1753년)에 대한 설명이다.

06 ①
독일의 작곡가인 요한 세바스찬 바흐(J.S Bach)가 활동하던 시기에 커피를 마시는 것이 유행했으며, 수많은 커피하우스들이 독일에 생겨나기 시작했다. 1732년 발표한 커피 칸타타는 커피 애호가이기도 했던 바흐의 커피 사랑을 엿볼 수 있음과 동시에 커피를 광고하는 음악이기도 했다.

07 ②
3대 원종 중에서 리베리카(Liberica)에 대한 설명이다.

08 ②
아라비카는 800~2,000m의 고지대에서, 로부스타는 800m 이하의 비교적 저지대에서 재배한다.

09 ②
파카스(Pacas) 품종에 대한 설명이다.

10 ③
미국은 16세기 처음 커피가 들어왔으나 영국의 영향으로 주로 차를 마셨다. 그러나 영국이 파산 위기에 있던 동인도 회사에 차 수출 독점권을 줌으로써 미국의 수입상들은 파산하는 지경에 이르렀고, 1773년 원주민 복장으로 위장하여 보스턴 항에 정박해 있던 배에 불을 지르고 홍차 상자를 바다에 버린 사건이 보스턴 차 사건이다. 이 사건은 미국 독립 전쟁의 단초가 되기도 하였으며 미국 내에서 커피 소비로의 전환점이 되기도 하였다.

11 ④
일반적으로 커피 체리는 다 익었을 때 빨간색을 띠지만, 일부 품종에 한해 노란색, 분홍색으로 익는 경우도 있다. 또한 커피 체리 수확은 보통 1년에 1번이지만, 우기와 건기가 뚜렷하게 구분되지 않는 나라(콜롬비아, 케냐 등)에서는 1년에 2번 수확이 가능하다.

12 ③
③은 습식법의 특징이다.

13 ③
①, ②, ④은 건식법에 대한 설명이다.

14 ②
커피 체리 100kg을 수확하여 가공 과정을 거쳐 얻게 되는 생두의 무게는 내추럴, 워시드 모두 20kg 정도이다.

15 ①
커피의 원산지인 에티오피아는 열악한 시설과 자본 부족으로 전통적으로 건식법으로 커피를 가공해 오다가 1972년 이후 습식법을 도입하여 현재는 70% 정도는 건식법, 30% 정도는 습식법으로 커피를 가공하고 있다. 정부에서는 커피 품질 향상을 위해 습식 가공법을 장려하고 투자가 늘어나고 있다.

16 ③
생산된 커피를 등급을 분류한 후에 포장을 하는데 국제커피기구(ICO)에서 정한 기준 단위는 1bag당 60kg이다. 하지만 일부 생산 국가마다 다르게 사용하기도 하는데 대표적으로 콜롬비아는 1bag당 70kg으로 포장한다.

17 ④

1819년 최초로 독일의 화학자 룽게(Friedrich Ferdinand Runge)가 커피에서 카페인을 분리하였고, 1903년 독일의 로셀리우스(Ludwig Roselius)가 상업적 카페인 제거 기술을 개발하여 디카페인 커피가 탄생하였다. 디카페인 커피 제조법은 용매 추출법, 물 추출법, 초임계 추출법을 사용하고 최근에는 99.9%까지 카페인을 제거한다. 디카페인 공정을 거쳤다 해도 향미는 약 2% 정도만 손실되어 큰 차이를 보이지 않는다.

18 ①

케냐는 AA, A, B, C, PB, 콜롬비아는 Supremo, Excelso, 하와이는 Extra Fancy, Fancy 순으로 분류한다.

19 ①

스크린 사이즈 1은 1/64인치로 약 0.4mm이다. 스크린 사이즈 18은 0.4mm×18로 약 7.2mm이다.

20 ④

베트남, 인도네시아, 에티오피아는 결점두에 따른 분류를 하며, G1~G6로 표기하고, 탄자니아는 스크린 사이즈에 따라 AA, A, B… 로 표기한다.

21 ③

SCA 결점두 분류에서 '블랙 빈'은 수확이 늦었거나 흙과 접촉하여 발효되어 발생하고, 콩 전체가 검은색인 '풀 블랙 빈', 콩의 절반 미만이 검은색인 '파셜 블랙 빈'으로 나뉜다.
① 사우어 빈
② 드라이 체리
④ 이머처/언라이프

22 ③

포린 매터(Foreign Matter)는 향미에 크게 영향을 끼치는 결점두인 프라이머리 디펙트에 해당하며, 이물질(작은 돌, 나뭇잎, 나무 조각 등)을 말한다.

23 ②

에티오피아는 아라비카만을 재배한다.

24 ④

④은 인도네시아 커피에 대한 내용이다.

25 ②

코스타리카에선 로부스타 재배가 불법이다.

26 ②

타라주는 코스타리카, 킬리만자로는 탄자니아, 시다모는 에티오피아의 주요 커피 재배 지역이다.

27 ①

떼루아(Terroir)에 대한 설명이다.

28 ④

로스팅 과정에서 커피는 갈변화로 색깔이 변하며, 무게, 밀도, 수분은 감소하고, 반면 부피와 가용성 성분, 휘발성 성분은 증가한다.

29 ②

로스팅에서 1차 크랙은 수분의 기화에 의해서, 2차 크랙은 이산화탄소 생성에 의한 팽창으로 일어난다.

30 ③

SCA 로스팅 단계는 #95~#25까지 9단계 분류를 하며, 숫자가 낮을수록 로스팅이 더 진행된 다크 로스팅이다. ⓒ Medium 로스팅은 #55, ⓔ Light Medium 로스팅은 #65에 해당한다.

31 ①

갈변 반응 중의 하나인 캐러멜화(Caramelization)에 대한 설명이다.

32 ④

로스팅의 변수 중에는 생두의 밀도, 생두의 수분함량, 결점두 등이 있는데, 수분함량 자체만으로만 본다면, 생두의 수분함량이 많을수록 온도가 천천히 올라가 로스팅 속도가 느려진다.

33 ①

로스팅이 너무 오래 진행되면 생두가 까맣게 타버리고 과열되어 자연발화로 화재가 발생할 수 있다.

34 ②

열풍식 로스팅 머신은 열에 의해 생성된 열풍이 드럼 내부로 전달되어 대류로 인하여 로스팅이 주로 이루어지는 방식이다. 간접적으로 열전도 방식도 일부 같이 이루어진다.

35 ④

추출이란 분쇄된 커피 입자가 물을 만나 접촉하여 커피가 가진 고형 성분(가용성)을 녹여 내어 분리한 후 음료화하는 것을 말한다.

36 ③

난류(Turbulence)에 대한 설명이다.

37 ③

블레이드 커터는 칼날형으로 충격식으로 분쇄하는 그라인더 날의 형태로 균일한 분쇄가 어려운 단점이 있다. 중저가형 가정용 커피 그라인더에서 많이 볼 수 있는 방식이다.

38 ③

커피 추출에는 일반적으로 50~100ppm의 무기물이 함유된 물이 가장 적합하다.

39 ④

여과(투과)식 추출 방식에는 페이퍼 드립, 커피 메이커, 모카포트, 케멕스, 더치, 에스프레소 머신 등이 있으며, 침출(물을 붓고 일정 시간 우려내는 방식)식에는 체즈베, 프렌치 프레스, 사이펀 등이 있다.

40 ④

- 추출 수율 : 커피의 가용 성분 중에서 실제로 커피에 추출된 비율, 즉 사용한 원두 양에서 뽑아낸 커피 고형 성분의 비율을 의미한다.
- 추출 농도(TDS, Total Dissolved Solids) : 추출된 커피 안에 녹아 있는 커피 성분의 양. 뽑아낸 커피 성분이 물과 섞여 있는 비율이다.

41 ②

라이트 로스트에 비해 다크 로스트 원두가 오일이 흘러나와 있고 더 다공질 상태여서 산패가 빨리 진행된다.

42 ②

에스프레소는 고온의 물을 고압을 이용하여 통과시켜 커피를 추출하는데 이 과정 중에 수용성 성분 외에 비수용성 성분인 오일 성분이 거품 형태의 크레마로 함께 추출된다.

43 ③

원두를 담고 포터필터를 장착한 후에는 신속하게 잔을 내리고 추출을 시작하는 것이 좋다. 왜냐하면 샤워 스크린 물기로 인해 원두 가루가 바로 물과 접촉하기 때문이며, 고온을 유지하고 있는 그룹 헤드의 열기로 인해 커피 추출에 영향을 주기 때문이다.

44 ①

과다 추출은 분쇄도가 가늘수록, 탬핑 강도가 너무 강할 경우, 원두 투입량이 많을 경우, 추출 온도가 높을 경우, 추출 압력이 낮은 경우, 추출 시간이 길수록, 필터 구멍이 막혀 있는 경우에 일어난다.

45 ①

원두가 담긴 커피 그라인더 호퍼는 시간이 지날수록 원두의 커피 오일이 밖으로 흘러나와 호퍼를 오염시켜 변색시키고, 쩐 냄새가 배게 된다. 그라인더를 사용하지 않는 경우 호퍼 안의 원두는 밀폐 용기에 옮겨 보관하고, 호퍼는 주기적으로 청소해야 한다.

46 ④

우유의 성분 중 유당에 대한 설명이다. 유당의 분해와 흡수가 잘 되지 않아 통증을 유발하는 경우 이를 유당불내증이라고 한다.

47 ②

향을 맡는 단계에 따른 분류에서 분쇄된 커피 가루에서 느껴지는 향기를 프래그런스(Fragrance), 커피 가루가 물에 젖어 있는 상태 또는 추출된 커피에서 느껴지는 커피 향기를 아로마(Aroma), 마실 때 느껴지는 향기를 노즈(Nose), 마지막으로 마시고 난 뒤 입 뒤쪽에서 느껴지는 향기를 애프터테이스트(Aftertaste)라고 한다.

48 ③

커피를 많이 마시면 소변에서 칼슘 배설을 촉진시키기 때문에 과다 섭취할 경우 폐경기 여성에게서 골다공증의 위험성이 증가한다.

49 ①

식재료 관리는 냉장고에 보관 시에는 5℃ 이하, 냉동고는 -18℃ 이하의 온도를 유지해야 하며, 식품 보관은 일반적으로 온도 15~25℃, 습도 65~75℃를 유지해야 한다.

50 ③

고객들과의 친밀감을 높이기 위해 대화를 할 수도 있지만 상황을 봐야 하며 적극적으로 끼어드는 행위는 바람직하지 않다.

모의고사 4회   210P

01 ④	02 ②	03 ②	04 ①	05 ③
06 ①	07 ④	08 ④	09 ②	10 ③
11 ①	12 ①	13 ④	14 ③	15 ④
16 ③	17 ②	18 ③	19 ④	20 ①
21 ②	22 ④	23 ②	24 ①	25 ③
26 ④	27 ①	28 ②	29 ①	30 ④
31 ③	32 ②	33 ①	34 ④	35 ④
36 ②	37 ①	38 ②	39 ③	40 ②
41 ②	42 ②	43 ②	44 ④	45 ①
46 ①	47 ③	48 ②	49 ③	50 ②

01 ④
커피나무는 AD 600~800년경 에티오피아에서 처음 발견된 것으로 알려져 있고, 6세기경 예멘에서 본격적으로 경작을 시작하게 되었다.

02 ②
커피 체리(Coffee Cherry)를 말한다. 커피 체리는 바깥쪽부터 외과피(Outer Skin), 과육(Pulp), 점액질(Mucilage), 내과피(Parchment), 은피(Silver Skin), 생두(Green Bean)로 되어 있다.

03 ②
커피의 3대 원종은 아라비카(Coffea Arabica), 카네포라(Coffea Canephora), 리베리카(Coffea Liberica)로 나누어진다. 버번(Bourbon)은 아라비카의 하위 품종 중의 하나이다.

04 ①
스테노필라(Stenophylla)에 대한 설명이다.

05 ③
일부 품종의 커피 체리는 성숙했을 때 노란색, 분홍색을 띠기도 한다.

06 ①
커피 체리의 구조는 바깥쪽부터 외과피(Outer Skin), 과육(Pulp), 점액질(Mucilage), 내과피(Parchment), 은피(Silver Skin), 생두(Green Bean)으로 되어 있다.

07 ④
아라비카종은 자가수분을 통해 번식하고, 염색체는 44개이다. 센터 컷은 주로 S자 형태를 보인다.

08 ④
① 생산량은 아라비카종이 60% 이상, 로부스타종이 30~40%를 차지한다.
② 카페인 함량은 로부스타종이 2배가량 많다.
③ 아라비카종이 자가수분한다.

09 ②
이슬람권에서 다른 나라로의 커피 종자 유출을 엄격히 제한하던 당시에 인도 이슬람교 승려 바바 부단(Baba Budan)이 예멘 모카에서 커피 종자를 밀반출하여 인도 남부에 심어 재배한 것을 계기로 커피 산지가 확대되기 시작한다. 또한 유럽의 제국주의 당시 1616년 네덜란드 상인이 커피나무를 몰래 들여와 암스테르담 식물원에 이식하였으며, 커피 재배에 야심이 있었던 네덜란드는 자국의 식민지인 인도네시아 자바(Java)섬과 실론(Ceylon, 현 스리랑카)섬 등에 커피 농장을 만들어 이후 한동안 커피 생산과 무역을 주도하였다.

10 ③
1686년 파리에 최초로 생긴 커피하우스는 '카페 르 프로코프(Café Le Procope)'이다.

11 ①
1896년 아관파천 당시에 러시아 공사관에 머물던 고종황제는 커피를 접하게 되었다고 알려져 있다.

12 ①
커피 파종은 파치먼트 상태에서 파종해야 가장 발아 확률이 높다.

13 ④
많은 커피 산지들이 화산지형과 관계가 깊은데, 유기물이 풍부한 화산성의 충적토가 좋기 때문이다. 용암과 화산재가 풍화된 토양은 부식이 잘 되며, 경작성과 배수성이 좋은 편이고, 뿌리가 쉽게 뻗을 수 있는 다공질 토양인 경우가 많다.

14 ③
마라고지페(Maragogype) 품종에 대한 설명이다. 테키식(Tekisic)은 버번의 개량종으로 높은 생산성과 좋은 향미 품질로 인해 최근 엘살바도르와 과테말라의 주력 품종으로 자리잡은 종이다.

15 ④
같은 품종이라 할지라도 생산 국가에 따라 수확 및 가공 방식, 기후 조건 등이 다르기 때문에 향미와 품질 등에서 차이를 보인다.

16 ③
병충해에 강한 품종을 개발하고 단위면적당 생산량을 늘리기 위해 품종 개량이 이루어진다.

17 ②
내추럴 가공법은 세척→선별→건조 과정을 거치며, 워시드 가공법은 세척→선별→펄핑→발효→세척→건조 과정을 거친다. 탈곡은 건조 후 파치먼트, 은피를 제거하는 것을 말한다.

18 ③
생두 표기법은 '국가 – 농장(또는 항구) – 등급'으로 주로 표기한다. 생두의 분류 기준은 나라별로 크기, 결점두, 재배 고도 등 다르게 분류한다. 케냐는 생두의 크기로 분류하는 나라이며, AA, A, B, C… 등으로 표기한다. SHB는 재배 고도에 따라 분류하는 표기이다.

19 ④
에티오피아 예가체프(Yirgacheffe) 커피는 맛과 향이 세련되고 화사하여 '커피의 귀부인'이라는 별명이 있다.

20 ①
동물이 커피 체리를 먹고 난 뒤 배설물로 나온 커피 생두를 씻어서 만드는 커피 종류들이 있는데, 대표적으로 사향고양이 루왁 커피, 족제비 위즐 커피, 다람쥐 콘삭 커피, 원숭이 몽키 커피, 코끼리 블랙 아이보리 커피가 있다. 헤이즐넛 커피는 헤이즐넛(개암나무 열매)의 향을 입힌 인공적인 가향 커피 중의 하나이다.

21 ②
디카페인 커피는 일반 커피에 비해 87~99%까지 카페인이 제거된다.

22 ④
블랙 빈(Black Bean)은 수확이 늦었거나 흙과 접촉하여 발효된 결점두로 콩의 일부 또는 전체가 검은색이다. 쉘(Shell)은 유전적인 원인으로 발생하며, 조개껍데기같이 바깥쪽 껍데기만 남아 있는 형태를 가진 결점두이다.

23 ②
건식법에 대한 설명이다.

24 ③
에티오피아는 주로 해발 1,500m 이상의 고지대에서 아라비카종을 재배 및 생산한다.

25 ③
코스타리카는 법적으로 로부스타 재배가 금지되어 있다.

26 ④
온두라스, 과테말라, 코스타리카, 멕시코 등은 재배 고도에 따른 등급 분류를 하며, 콜롬비아는 생두 사이즈에 따라 분류를 하는 대표적인 나라이다.

27 ①
지속 가능 커피(Sustainable Coffee)에 대한 설명으로, 공정무역 커피(Fair-Trade Coffee), 유기농 커피(Organic Coffee), 조류 친화적 커피(Bird-Friendly Coffee), 열대우림 커피(Rainforest Coffee) 등을 모두 포함하는 개념을 말한다.

28 ②
로스팅 중 열분해 과정에서는 밀도, 수분, 무게열 감소, 부피와 가용성 성분, 향미를 나타내는 휘발성 성분은 증가한다.

29 ①
로스팅 과정에서 가장 많이 발생하는 가스 성분은 이산화탄소이며, 로스팅이 끝난 원두는 다공질 구조 속에 이산화탄소가 차 있어서 어느 정도 가스가 배출되는 숙성 기간이 필요하다.

30 ④
로스팅 진행에 따라 원두의 색깔은 녹색 → 노란색 → 계피색 → 옅은 갈색 → 갈색 → 진한 갈색 → 검은색으로 변화한다.

31 ③
뉴 크롭(New Crop)일수록 수분함량이 많아서 로스터는 더 많은 열량이 필요하며, 그에 따라 로스팅 시간도 더 길어질 수 있다.

32 ②
로스팅을 하기 전에 로스터는 무엇보다 생두를 잘 이해하고 있어야 한다. 기본적인 재료인 생두의 품종부터 시작해서, 수확 연도, 수분함량, 생두의 밀도, 결점두에 대한 이해와 피킹 정도를 잘 알고 있어야 하고, 로스팅 방향을 설정해서 그에 맞게끔 로스팅을 진행해야 한다.

33 ①
탄수화물, 지질은 아라비카종에 더 많이 있으며 클로로겐산, 카페인은 로부스타에 더 많다.

34 ④
카페인에 대한 설명이다.

35 ④
커피(원두 및 커피 음료)의 색깔은 로스팅 과정 중 갈변 반응에 의해서 나타나는 것이다. 갈변 반응은 멜라노이딘이 형성되는 마이야르 반응, 캐러멜화, 클로로겐산에 의한 갈변 반응이 있다.

36 ②
지질(지방)에 대한 설명이다.

37 ①

커피에 함유된 무기질은 40% 정도로 가장 많은 칼륨(K)과 그밖에 인(P), 칼슘(Ca), 나트륨(Na), 망간(Mn) 등이 있다.

38 ①

생두에 포함된 당류 중에서 가장 많은 자당(Sucrose)는 로스팅 과정에서 갈변 반응을 통해 원두가 갈색을 띠게 하고, 플레이버와 아로마 물질을 형성하며 로스팅 후에는 대부분 소실된다.

39 ③

클로로겐산(Chlorogenic Acid)에 대한 설명이다.

40 ②

융 드립 또는 플란넬(Flannel) 드립 방식이다.

41 ②

페이퍼 드립, 에스프레소 머신, 케멕스는 여과식 추출에 해당하고, 체즈베는 침출식(달임식) 추출 방법이다.

42 ②

크레마를 생성하는 주 요인은 에스프레소 머신의 추출 압력 때문이며, 크레마는 커피의 로스팅 정도, 신선도, 분쇄도, 원두의 양, 물 온도와 양, 추출 시간, 압력 등에 따라 차이가 난다. 예를 들어 로부스타가 아라비카보다 많이, 로스팅한 지 얼마 안 된 원두일수록 두껍게 생성된다.

43 ④

에스프레소 머신에 따라 다른 경우가 있지만, 일반적으로 보일러 안의 열수의 온도는 추출 온도보다 높게 설정되어 있다. 추출을 할 때는 찬물을 섞어 적정 온도(90~95℃)의 온도로 그룹 헤드에 열수를 공급한다. 메인 보일러의 온도가 낮을 경우에는 메인 보일러의 온도를 높게 세팅해야 한다.

44 ④

1947년 이탈리아의 아킬레 가찌아(Achille Gaggia)의 수동 스프링 레버가 달린 압축식 9기압 에스프레소 머신 발명으로 '크레마'가 처음 생성되었다.

45 ①

포터필터의 필터 홀더의 재질은 구리(동)로 되어 있다.

46 ①

연수기의 필터는 양이온 수지를 사용하는데 양이온 수지는 나트륨을 방출하고 칼슘과 마그네슘을 흡수해서 물을 부드럽게 만드는 역할을 한다. 그래서 소금(나트륨)을 넣으면 재생이 가능하다. 베이킹 소다는 커피 머신의 그룹 헤드 및 배수관을 청소할 때 커피의 찌든 때, 커피 오일을 제거하는 데 효과적이다.

47 ③

우유 거품을 만들 때 거품 형성에 가장 중요한 역할을 하는 우유의 성분은 단백질이다. 지방은 거품 유지력을 높인다.

48 ②

커피에서 신맛을 느끼게 하는 산(Acid)은 시트르산(Citric Acid, 구연산), 퀸산(Quinic Acid), 말산(Malic Acid, 사과산), 아세트산(Acetic Acid), 타타르산(Tartaric Acid) 등이 있다. 카페산은 커피의 쓴맛을 나타내는 성분이다.

49 ③

카페 샤케라토(Caffè Shakerato)에 대한 설명이다.

50 ②

아인슈페너(Einspanner)에 대한 설명이다.

모의고사 5회   217P

01 ②	02 ②	03 ④	04 ④	05 ①
06 ②	07 ①	08 ③	09 ③	10 ①
11 ③	12 ②	13 ①	14 ①	15 ④
16 ④	17 ④	18 ②	19 ①	20 ③
21 ①	22 ③	23 ②	24 ③	25 ②
26 ②	27 ③	28 ②	29 ④	30 ④
31 ④	32 ①	33 ③	34 ③	35 ①
36 ③	37 ④	38 ③	39 ②	40 ①
41 ①	42 ③	43 ③	44 ③	45 ③
46 ①	47 ②	48 ②	49 ④	50 ②

01 ②
커피의 재료는 커피 체리 안에 들어 있는 생두(Green Bean)이며, 생두는 커피 열매의 씨앗이다.

02 ②
카스카라(Cascara)는 커피와 티의 중간 형태라고 할 수 있는데, 커피 열매의 외과피와 과육을 벗긴 후 분리하여 남겨진 껍질을 이용하여 차를 우려내듯이 만드는 음료이다. 과거에는 대부분 폐기물로 처리하거나 일부는 퇴비로 이용했고, 커피 산지에서는 커피의 비싼 가격 탓에 커피 노동자들이 커피 대신 카페인을 섭취하는 용도로 오랫동안 이어져 내려왔다. 최근 들어서는 친환경적인 인식과 비교적 낮은 카페인 함량, 수급이 쉽고 가격이 저렴한 덕분에 미국, 유럽, 남미 일부 국가에서 인기를 얻고 있다.

03 ④
커피 꽃의 개화부터 수확까지 소요 기간은 아라비카의 경우 8~9개월, 로부스타는 10~11개월로 로부스타종이 더 길다.

04 ④
커피나무는 아라비카의 경우 5~6m, 로부스타의 경우 10m 높이까지 자라지만, 그에 비해서 뿌리는 대부분 30cm 깊이에 분포해 있다.

05 ①
기후 및 병충해에 취약한 품종은 아라비카이며, 아라비카는 60~70%, 로부스타는 30~40% 정도가 생산된다.

06 ②
커피나무는 심고 2~3년이 지난 후에 갑작스러운 수분 스트레스와 기온의 하강에 의해 개화를 자극받는다. 우기가 시작되는 첫 번째 비를 블로섬 샤워(Blossom Shower)라고 하고, 보통 최소 강우량은 10mm 정도이다. 이후 5~12일 정도가 지나면 개화가 일어난다.

07 ①
칼디의 전설에 관한 내용이다.

08 ③
㉠ 1517년 ㉡ 1652년 ㉢ 1615년 ㉣ 1732년

09 ③
홀 빈(Whole Bean)은 분쇄하지 않은 상태의 원두(Roasted Bean)를 말한다.

10 ①
과거에는 피베리를 결함이 있는 콩이라 생각하였으나, 최근에는 오히려 단맛이 우수한 피베리만을 따로 골라내어 더 높은 가격에 유통된다.

11 ③
카투아이(Catuai)는 문도 노보와 카투라의 인공교배종으로 1949년에 개발된 브라질의 주력 품종이다. 병충해와 강풍 홍수, 가뭄에 강한 장점이 있지만, 향미의 큰 특징 없이 무난한 맛을 낸다.

12 ②
셰이드 그로운(Shade Grown, 그늘 재배)에 대한 설명이다. 이때 심는 나무를 셰이드 트리(Shade Tree)라고 한다. 그늘 재배의 장점은 열매가 천천히 성장하여 커피 성분에 좋은 영향을 주며 큰 콩의 생산 비율이 증가하고, 낙엽이 지표면에 쌓여 잡초의 발생과 각종 해충의 발생을 억제하는 점이다. 단점으로는 셰이드 트리의 뿌리 때문에 물과 영양분을 커피나무와 경쟁하게 되며, 광합성 활동이 저하되고 새싹이 햇볕을 찾아 성장하기 때문에 마디 사이가 길어지고 수확량이 감소할 수 있다. 그늘 재배가 필요한 지역은 기온이 높고 강우량이 많거나 서리, 우박 등의 재해가 심한 지역, 바람이 강한 지역 등이다.

13 ①
CLR(Coffee Leaf Rust), 커피녹병에 대한 설명이다. CBD(Coffee Berry Disease)는 1922년 케냐에서 처음 발견된 탄저병에 걸려 체리가 썩어가는 병충해이다. CBB(Coffee Berry Borer)는 브로카(Broca)라고도 불리는 천공충이 커피 체리 안에 알을 낳아 구멍이 생긴 경우이다. CWD(Coffee Wilt Disease)는 커피 시들음병 또는 잎마름병이라고 하며, 바나나 등의 농작물에서 이 병을 일으키는 곰팡이로부터 유래된 것으로 알려져 있다.

14 ①
㉠은 건식법(Natural Process), ㉡, ㉢, ㉣은 습식법(Washed Process)이다.

15 ④

커피 체리 또는 파치먼트를 자연 건조할 때에는 파티오(Patio)라고 하는 시멘트나 콘크리트, 아스팔트, 타일로 된 바닥에 얇게 펼쳐 놓고 뒤집어 가면서 건조한다. 파티오는 자갈, 모래 등 이물질이 섞이지 않도록 해야 한다.

16 ④

엘살바도르에 대한 설명이다.

17 ④

단일 지역으로만 보면 유럽이 가장 커피 소비량이 많다.

18 ②

기원전 7세기경 에티오피아 목동 칼디는 커피나무를 처음 발견하여 로스팅이 아닌 커피 기원설에 해당한다.

19 ①

열풍식 로스터는 뜨거워진 유체(기체나 액체)의 상하 운동에 의해 드럼 내로 열을 전달하여 생두를 로스팅하는 대류 열전달 방식 비중이 가장 높다.

20 ③

로스팅 단계는 SCA 분류에서는 #95~#25, 8단계로 #25가 가장 강한 단계이고, 일본식 분류에서는 Light, Cinnamon, Medium, High, City, Full City, French, Italian 순으로 강해진다.

21 ①

1982년 뉴욕에 설립된 미국 스페셜티 커피 협회 (SCAA, Specialty Coffee Association of America)와 1998년 영국 런던에서 조직화된 유럽 스페셜티 커피 협회(SCAE, Specialty Coffee of Europe)가 2017년 통합되어 SCA가 출범하였다. 스페셜티 커피는 품질 평가에서 100점 만점에서 80점 이상의 원두를 말한다. 산지 재배와 추적 가능성, 유통 등 과거에 비해 품질이 인증된 커피는 맞지만, 그렇다고 스페셜티 커피가 반드시 맛과 향이 더 뛰어난 커피를 의미하지는 않는다. 소비자의 취향이 다양해졌고, 커피 산업이 발전하면서 스페셜티 커피 시장은 더욱 성장할 것으로 전망된다.

22 ③

로스팅이 되면서 생두는 부피가 증가하며 표면에 있는 주름이 점차 펴진다.

23 ②

로스팅 과정에서 비타민은 거의 파괴되는데 오히려 니아신은 트리고넬린이 분해되어 니아신이 생성되기 때문에 원두에서 더 많은 함량을 보인다.

24 ③

생두 성분 중에서 로스팅을 거쳐도 크게 변하지 않는 성분은 셀룰로오스, 카페인, 펙틴, 회분이 있고, 자당은 갈변 반응을 통해 원두가 갈색을 띠게 하고 아로마 물질을 형성하며 로스팅 후에는 대부분 소실된다.

25 ②

사이클론은 로스팅할 때 발생하는 실버 스킨이나 미세먼지 등을 모아서 가벼운 것은 밖으로 배출하고 무거운 것은 아래 실버 스킨 통(채프받이, Chaff Collector)에 쌓는 장치이다. 로스팅 중에 소량의 콩을 드럼에서 꺼내어 색깔, 향 등을 확인할 수 있는 장치는 샘플러이다.

26 ②

고온 단시간 로스팅은 현재 가장 많이 쓰이는 방식이며, 반열풍이나 열풍식 로스터기에서 열풍에 의해 빠르게 로스팅할 수 있다. 생두 투입 온도를 비교적 높은 온도(200℃ 전후)에서 시작하여 강한 화력을 주어 단시간에 끝내는 방법이며, 향미 손실이 적다. 수분 증발률이 높은 로스팅은 장시간 저온 로스팅이다.

27 ③

㉠ 트리고넬린, ㉡ 카페인

28 ③

클로로겐산은 아라비카에는 5.5~8%, 로부스타종에는 7~10% 정도가 함유되어 있다.

29 ④

로스팅 컬러가 불균일하며, 재고관리 측면에서 단점이 있는 블렌딩 방법은 선 로스팅 후 블렌딩이다.

30 ④

추출은 순서대로 침투, 용해, 분리의 3단계를 거친다.

31 ④

플랫 버, 코니컬 버, 롤러 커터는 두 날의 간격을 조절할 수 있는 간격식 칼날 형태이고, 블레이드 형태는 간격을 조절할 수 없는 충격식 형태의 그라인더 칼날이다.

32 ①

에스프레소의 추출 기준은 나라, 지역, 머신, 바리스타에 따라 조금씩 달라질 수 있지만, 일반적인 기준은 원두의 양 약 7g, 추출 압력 9±1bar, 추출 온도 90~95℃, 추출 시간 20~30초, 추출량 30±5ml이다.

33 ②

에스프레소의 크레마는 분명 좋은 향의 아로마도 포함되어 있지만 부정적이고 텁텁한 이산화탄소의 가스 향도 많이 포함되어 있다. 따라서 에스프레소의 크레마가 풍성하고 많을수록 반드시 좋은 에스프레소로 평가할 수는 없다.

로스팅한 지 얼마 되지 않은 원두는 크레마가 지나치게 많이 나오고 오히려 부정적일 수 있어 보통 에스프레소 머신으로 추출할 때에는 로스팅 후 일정 기간 디개싱(이산화탄소가 빠지는 과정)을 거친다. 보통 이상적인 크레마 두께는 2~4mm 정도이다.

34 ③

샤워 스크린(Shower Screen)
샤워 홀더를 통과한 물을 미세하고 수많은 물줄기로 분사시켜 포터필터에 담긴 원두를 골고루 적셔서 추출이 되도록 한다. 커피의 기름때가 끼는 부분이기 때문에 주기적으로 청소하고, 일정한 주기로 교체해야 한다.

35 ①

플로우미터(Flowmeter)
유량계라고도 하며 커피 추출 물량을 감지하는 부품으로, 고장이 나면 제대로 된 물량 조절이 이루어지지 않는다. 수동 머신에는 없으며, 자동 추출 기능이 있는 에스프레소 머신 이상에서만 볼 수 있다.

36 ③

스티밍할 때에는 차가운 우유를 사용하여 우유의 온도가 40℃가 되기 전에 공기 주입을 하는 것이 좋고, 이후 원하는 온도가 될 때까지 주입된 공기(거품)와 우유가 잘 혼합되도록 신경을 써야 한다.

37 ④

로스팅을 강하게 하면 후반부에 가하는 열에 의해서 생두의 섬유질이 반응하여 분자량이 무겁고 휘발성이 약한 화합물이 생성되는 건열 반응이 생긴다. 이로 인해 커피의 뒷맛에서 송진 향(Turpeny), 향신료 향(Spicy), 탄 향(Carbony)이 느껴진다.

38 ③

향을 맡는 단계에 따라 프래그런스(분쇄된 커피 향기) → 아로마(물에 젖은 커피 향기) → 노즈(마실 때 느껴지는 향기) → 애프터테이스트(마시고 난 뒤 입 뒤쪽에서 느껴지는 향기)로 나뉜다.

39 ②

커피를 마셨을 때 느끼는 향기와 맛의 복합적인 느낌을 플레이버(Flavor)라고 하고, 플레이버의 관능 평가는 후각, 미각, 촉각으로 나뉜다.

40 ①

커피의 기본적인 맛은 쓴맛, 신맛, 단맛, 짠맛이다.

41 ①

SCA 커피 커핑은 원두 및 커핑 준비, 분쇄, 프래그런스 체크, 물 붓기, 브레이킹 아로마 체크, 스키밍, 슬러핑, 종합 평가의 순서를 거친다.

42 ②

커피의 카페인은 위산 분비를 촉진시키기 때문에 공복에 너무 많은 섭취는 위궤양을 유발할 수 있다. 또한 소변에서 칼슘 배설을 촉진시키기 때문에 과다 섭취할 경우 폐경기 여성에게 골다공증의 위험성을 불러일으킨다. 또한 과다 섭취 또는 금단 현상으로 불면증, 두통, 신경과민, 불안감 등의 증세가 발생한다.

43 ③

커피의 폴리페놀(Polyphenol)류는 항산화 효과가 있지만, 인체에 철분 흡수를 방해하는 작용을 하기 때문에 과다 섭취할 경우 빈혈이 올 수 있다.

44 ④

클로로겐산(Chlorogenic Acid)은 커피에 다량 함유된 폴리페놀 화합물이며, 커피콩 특유의 삽을 나타내는 물질이다. 체내에서 과산화지질 생성 억제, 콜레스테롤 생성 및 합성 억제, 혈당조절 기능 개선, 항암 작용을 한다. 특히 많은 연구 결과에서 커피 섭취는 간담으로 인한 사망 위험 감소에 효과가 있는 것으로 알려져 있다.

45 ③

파라티푸스는 격리가 필요한 감염성 질환으로 영업에 종사하지 못한다. 식품위생법에서 정한 '감염병 예방 및 관리에 관한 법률 시행 규칙 제 33조 1항과 50조'에 따르면, 영업에 종사하지 못하는 감염병은 콜레라, 장티푸스, 파라티푸스, 세균성 이질, 장출혈성 대장균감염증, A형간염, 감염성 결핵, 후천성면역결핍증 등이 있다.

46 ①

세균이나 바이러스에 의한 경구 전염병과 달리 세균성 식중독을 유발하는 병원성 대장균은 전염성이 거의 없다.

47 ②

냉장, 냉동고의 내부 용적률은 70% 이하로 관리한다.

48 ②

카페에서 음료 등의 주문은 주빈, 여성, 연장자, 직책이 높은 순으로 고객의 좌방에서 주문을 받고, 서빙할 때에는 고객의 오른쪽에서 여성 고객 우선의 원칙을 지키고, 연장자, 남성 순으로 제공한다.

49 ④

관광기본법은 카페 운영과 관련이 없다.

50 ②

전기로 인한 화재 진압 시 물을 뿌리면 감전의 위험이 있으므로, 분말 소화기를 사용하여 화재를 진압한다. 감전 사고자를 안전한 장소로 구출하여 이동시키고 의식, 화상, 출혈 상태 등을 확인한다. 필요시 인공호흡 등 응급처치를 실시하고 119에 신고한다.

참고문헌

- 호리구치 토시히데 「커피교과서」 2012. 벨라루나
- 황호림 「바리스타 2급 자격시험」 2020. 영진닷컴
- (사)한국커피협회 「바리스타 자격시험 예상문제집」 2021. 커피투데이
- (사)한국커피협회 「커피 바리스타」 2021. 커피투데이
- 임수진 「커피밭 사람들」 2011. 그린비
- 윌리엄 H.우커스 「All About Coffee」 2012. 세상의 아침
- 박영순. 「커피 인문학」 2017. 인물과 사상사
- 정한진 옮김. 야니스 바루치코스 그림 「커피는 어렵지 않아」 2019. Greencook
- 제임스 호프만. 「Coffee Atlas」 2016. 아이비라인
- 유승권. 「Roasting Craft」 2019. 아이비라인